ÉTUDES

SUR

L'HISTOIRE FINANCIÈRE D'ATHÈNES

AU Vᵉ SIÈCLE

LE TRÉSOR D'ATHÈNES DE 480 A 404

MACON, PROTAT FRÈRES, IMPRIMEURS

ÉTUDES

SUR

L'HISTOIRE FINANCIÈRE

D'ATHÈNES AU Ve SIÈCLE

LE TRÉSOR D'ATHÈNES DE 480 A 404

THÈSE PRÉSENTÉE A LA FACULTÉ DES LETTRES DE PARIS

PAR

E. CAVAIGNAC

ANCIEN MEMBRE DE L'ÉCOLE FRANÇAISE D'ATHÈNES

OUVRAGE CONTENANT VINGT-NEUF ILLUSTRATIONS DANS LE TEXTE
ET DEUX PLANCHES HORS TEXTE

PARIS

ANCIENNE LIBRAIRIE THORIN ET FILS

ALBERT FONTEMOING, ÉDITEUR.

Libraire des Écoles françaises d'Athènes et de Rome,
de l'Institut français d'Archéologie orientale du Caire,
du Collège de France et de l'École Normale Supérieure.

4, RUE LE GOFF, 4

1908

AVANT-PROPOS

On croira peut-être discerner dans ce travail une arrière-pensée de polémique : je tiens donc à m'expliquer tout de suite sur ce point.

Depuis l'ouvrage général de l'illustre Boeckh, l'histoire financière d'Athènes avait été l'objet de nombreuses recherches de détail. Le dernier historien qui ait traité la question dans son ensemble (au moins pour le ve siècle) est M. Édouard Meyer : *Forschungen zur alten Geschichte*, t. II (1899), pp. 88-136 ; *Geschichte des Alterthums*, t. II-V (1893-1902). Ce sont ses ouvrages, déjà bien connus, qui ont été le point de départ de mon étude.

Or, voici comment il se représente, et nous représente, l'histoire financière d'Athènes :

1° Athèna, la déesse nationale d'Athènes, a eu, dès l'époque mycénienne, un culte étendu dans le monde égéen (t. II, p. 115, 198). Son trésor, conservé sur l'Acropole, contenait plusieurs milliers de talents à l'époque des guerres médiques (t. III, p. 475).

2° Le trésor fédéral créé en 477 a été transporté sur l'Acropole en 454, par suite de la panique qui suivit le désastre d'Égypte (t. III, p. 606). Mais il ne contenait pas de réserves à cette époque (t. IV, p. 32 ; cf. t. V, p. vi).

3° Le trésor d'Athèna contenait encore 6.000 talents vers 448 (t. IV, p. 33). A partir de ce moment, sans se préoccuper de restituer exactement ce qu'on lui a emprunté lors des guerres de 460-55, on y verse, sur les excédents de recettes de l'Empire, 3.000 talents jusqu'en 434 (p. 37-8). Après le décret de Callias (434) qui prescrit de rembourser 200 talents aux « autres dieux », (p. 281-2 ; cf. p. 38), il reste environ 6.600 talents sur l'Acropole (p. 304 et p. 38).

4° Des 5.600 talents restés disponibles après la constitution du fonds de réserve de 1.000 talents en 431 (t. IV, p. 304), il n'en reste que 700 en 421 (p. 472) : aucune restitution n'a lieu dans l'intervalle de paix qui précède l'expédition de Sicile 415 (p. 488).

Voilà, aussi exactement résumé que possible, ce qui ressort du tableau présenté par M. Meyer. Plusieurs de ses assertions : sur l'existence d'un grand trésor monnayé en 480 (M. Meyer a senti la difficulté : t. IV, p. 33, note), — sur l'absence de réserves dans le trésor transporté de Délos à Athènes, — sur les 9.700 talents de Thucydide II, 13 (cf. la remarque de M. Beloch : *Klio*, 1905, p. 369), — sur l'absence de toute restitution au trésor avant la guerre de Sicile, — soulèvent de graves objections.

Au reste, depuis la publication de ces ouvrages, M. Br. Keil avait publié un fragment de papyrus qui, selon lui, contenait une notice relative au trésor transporté de Délos à Athènes, et en particulier le chiffre des sommes transportées. M. Wilcken vient de déterminer le vrai caractère du texte en question, et a prouvé, en ce qui concerne le paragraphe qui nous intéresse, qu'il faisait seulement allusion aux décrets de 431, déjà connus par Thucydide. Même ainsi, nous croyons qu'il contient un renseignement nouveau. En tout cas, il invitait tout naturellement, comme le remarque M. Wilcken (*Hermès*, 1906, p. 396, n. 1), à reprendre la question « ancienne et toujours actuelle » de l'histoire du trésor de l'Acropole.

C'est l'objet de mon travail. J'avais touché déjà à une partie du sujet (la période 421-415) à propos du décret de Kallias (*Revue de philologie* 1900, p. 135 sqq). Depuis, en étudiant les faits antérieurs et postérieurs, l'époque de Périclès et l'expédition de Sicile, je me suis convaincu que sur plus d'un point mes conclusions étaient trop hâtives. Je me suis convaincu surtout qu'il était extrêmement dangereux de considérer isolément certains chiffres, et qu'il fallait à tout prix, quelque audacieux que fût l'effort, étudier dans son ensemble la période qui va de 480 à 404.

J'ai donc pris successivement les quatre points que j'ai signalés plus haut en parlant de l'ouvrage de M. Meyer : à chacun est consacré un de mes chapitres.

1º Il n'y avait pas de trésor monnayé d'Athèna vers 480. — On ne s'étonnera pas que, pour cette période archaïque, nous ne puissions donner beaucoup de chiffres. Il faut se borner à une étude générale de la société attique, à l'examen de quelques faits. Il faut aussi avoir recours à l'analogie avec d'autres sanctuaires, surtout avec Delphes.

2º Il y avait des réserves importantes dans le trésor fédéral transporté vers 454. — Pour cette seconde partie, nous pouvons être plus précis, donner des chiffres.

3º Il n'y a jamais eu plus de 6.000 talents sur l'Acropole sous Périclès 448-431, et l'on s'est exagéré singulièrement le coût des grands travaux. — Nous ne pourrons encore, dans cette période, suivre l'histoire financière année par année. Mais les points de repère sont assez nombreux et assez bien établis pour permettre, je crois, de donner un tableau d'ensemble.

4° Une reconstitution *partielle* du trésor a eu lieu après la guerre archidamique et a seule rendu possible l'expédition de Sicile. — Ici, nous pouvons retracer l'histoire financière année par année, jusqu'en 412. Tout au plus subsiste-t-il quelque incertitude touchant les revenus d'Athèna.

Il est impossible de retracer l'histoire du trésor athénien sans toucher sans cesse à la question de la population, à celle de la monnaie, etc. : je me suis borné à donner ici les indications indispensables à l'intelligence de mon sujet. Au reste, j'ai été amené à effleurer bien d'autres questions sur lesquelles je ne pouvais songer à remonter aux sources : je me suis purement et simplement référé, sur ces points secondaires pour moi, aux opinions des autorités modernes les plus hautes. Quand j'ai trouvé exprimée, par exemple, la manière de voir de M. de Wilamowitz, ou celle de M. Wilhelm, ou celle de M. Foucart, on me pardonnera, j'espère, de n'avoir pas cherché plus loin.

Les seuls points pour lesquels je me sois efforcé de passer en revue tous les documents actuellement connus et sur lesquels je me sois prononcé uniquement d'après ces documents, à mes risques et périls, sont donc les quatre points que j'ai indiqués plus haut. Si je suis parvenu à rendre ces quatre propositions aussi certaines pour le lecteur qu'elles le sont devenues pour moi après une étude de plusieurs années, l'objet essentiel de mon travail sera atteint.

J'espère qu'on ne taxera ni d'outrecuidance ni de malveillance les critiques que j'adresse à une œuvre hardie et magistrale. C'est dans un esprit tout opposé que je présente cette étude.

M. Ed. Meyer écrivait, il y a une quinzaine d'années (*Gesch. des Alterthums*, t. II, p. 31-2) :

« La culture moderne a conquis son indépendance [au sortir de la période classique], et, au moment même où la science de l'antiquité atteignait son apogée, elle s'en est, inconsciemment d'abord, puis consciemment, de plus en plus éloignée. La division du travail et la spécialisation à outrance, qui s'est imposée là comme partout, a beaucoup contribué à ce résultat. Il a été très regrettable, de part et d'autre, que l'unité des études historiques se soit si complètement rompue ; il n'y a plus guère d'érudits qui, comme Droysen, soient en état de produire également dans le domaine ancien et dans le domaine moderne, ou qui, comme Roscher, possèdent et mettent en œuvre une connaissance approfondie de l'histoire entière [en France, nous songerions ici à Fustel de Coulanges]. Dans la règle, le sens de l'histoire générale fait maintenant défaut au savant qui se consacre au moyen-âge ou aux temps modernes, et surtout, la connaissance *réelle* de l'antiquité : au mieux, l'histoire du monde commence pour lui avec l'empire romain. Il est très remarquable que l'effort de Ranke lui-même, pour écrire une histoire universelle, ait si complètement échoué : l'antiquité n'apparaît dans son ouvrage que comme une préface à peine esquissée à l'histoire des temps chrétiens. Les recherches sur l'histoire ancienne ont beaucoup souffert de cet isolement... ; au lieu d'étudier les problèmes dans leur connexion avec l'histoire générale et de s'éclairer par les phénomènes parallèles, on s'est interdit par principe de sortir des limites du sujet. Il nous paraît extrêmement nécessaire que l'étude de l'histoire, là comme ailleurs, sache de nouveau s'élever à un point de vue synthétique. »

Il semble que l'aspiration qui se fait jour dans ces lignes soit assez répandue outre-Rhin, car les Allemands ont publié, dans ces dernières années, un nombre assez grand d'ouvrages de généralisation. Après une longue série de travaux de détail où s'est dépensé obscurément beaucoup d'ingéniosité et de patience, d'intelligence et de vertu, après une école d'érudition qui reste, avec la musique, ce que leur « grand siècle » aura apporté de plus original et de plus précieux à la civilisation européenne, ils paraissent avoir senti le besoin de coordonner et de conclure. — Ces synthèses sont toujours trop précipitées : mais elles sont périodiquement nécessaires, car, sans elles, les plus méritoires travaux d'érudition auraient été faits en vain. Peut-être deviennent-elles de plus en plus urgentes. Il y a une trentaine d'années déjà, Renan écrivait: « La période des recherches désintéressées sur le passé de l'humanité ne sera peut-être plus très longue. Le goût de l'histoire est le plus aristocratique des goûts : il court des dangers. » Le moment est peut-être plus proche qu'on ne pense où ce qui n'aura pas été rassemblé, et résumé vaille que vaille, se dispersera et tombera dans l'oubli... Quoi qu'il en soit, parmi les multiples travaux dont nous parlions tout à l'heure, quelques-uns sont remarquables à des titres divers, et font ressortir d'une manière digne du sujet la double valeur éducative qu'a pour nous l'histoire grecque : comme précédent — peut-être unique — et comme antécédent. L'effort le plus vigoureux, à mon avis, celui qui est le plus dégagé de partis pris idéalistes ou matérialistes, est celui de M. Ed. Meyer : il est étonnant que son œuvre n'ait pas encore été traduite chez nous.

Quand il paraît un ouvrage général de cette valeur, la meilleure méthode consiste, je crois, à le prendre pour point de départ des recherches qu'on est amené à faire, à propos d'un renseignement nouveau, sur une catégorie spéciale de documents, et, si l'on est conduit à des conclusions divergentes sur certains points de détail, à leur donner le caractère de notes marginales ou d'errata : l'unité et la continuité du travail historique sont à ce prix. Dans le tableau d'ensemble de M. Ed. Meyer, il m'est apparu qu'il y avait quelques chiffres à rectifier, et que ces chiffres valaient d'être signalés à ceux qu'intéresse la politique ou l'art des Grecs. Mais la polémique, ainsi comprise, est un hommage — je dirais même un témoignage d'admiration.

Mars 1908.

J'ai une dette de reconnaissance à acquitter envers tous ceux à l'obligeance desquels mon départ d'Athènes m'a obligé de faire appel pour des vérifications épigraphiques : je remercie donc respectueusement M. le D[r] Ad. Wilhelm ; je remercie très cordialement mes camarades, MM. Bulard et Schulhof.

M. B. Haussoullier, naguère mon maître à l'École des Hautes-Études, a bien voulu s'intéresser à mon travail et m'aider de son expérience : je lui en suis très reconnaissant.

ABRÉVIATIONS DES TITRES D'OUVRAGES CITÉS

AA   Bruno Keil, *Anonymus Argentinensis*, Strasbourg, 1902.

Ἀ.π.   Aristote, Ἀθηναίων πολιτεία. — Je me sers de l'édition suivante :

Supplementum aristotelicum, III, 2. *Aristotelis res publica Atheniensium*. Éd. F. G. Kenyon, Berlin, 1903.

AuA   U. von Wilamowitz-Moellendorff, *Aristoteles und Athen*, 2 vol., Berlin, 1893.

BCH   *Bulletin de Correspondance hellénique*.

CP   *Comptes du Parthénon* (voir *Introduction*, § 44 sqq., et planche II).

EE   P. Guiraud, *Études économiques sur l'antiquité*, 2e édition, Paris, 1905.

FHG   *Fragmenta historicorum graecorum* (dans la collection F. Didot).

GdA   Ed. Meyer, *Geschichte des Alterthums* : — le tome I est consacré à l'histoire de l'Orient ; — tome II, 1893 ; — tome III, 1901 ; — tome IV, 1901 ; — tome V, 1902 ; — une seconde édition est commencée, mais le premier volume seul est déjà paru.

IG   *Inscriptiones Graecae*, Berlin (Reimer). Tome I : *Inscriptiones Atticae Euclidis anno vetustiores*

(1873). — *Supplementa* (1877, 1887, 1891). — Tome II : *Inscriptiones atticae aetatis quae est inter Euclidis et Augusti tempora* (1877-1888). — *Supplementum*, 1895.

MA   *Mittheilungen des archäologischen Institutes in Athen.*

PF   P. Guiraud, *La propriété foncière en Grèce*, Paris, 1893.

RIG   Ch. Michel, *Recueil d'Inscriptions grecques*, Bruxelles, 1900.

SdA   A. Boeckh, *Die Staatshaushaltung der Athener*, 3e édition, publiée par M. Fraenkel, Berlin, 1886.

SG   M. Collignon, *Histoire de la Sculpture grecque*, Paris : tome I (1892) ; — tome II (1897).

TA   W. Judeich, *Topographie von Athen*, Munich, 1905.

INTRODUCTION

Les sources.

1. Si l'on prend le mot *source* dans son sens général, si l'on entend par là tout vestige matériel laissé par un fait du passé et parvenu jusqu'à nous, on peut dire que toutes les catégories de sources sont utilisables pour une étude comme celle que nous abordons : le sol et les monuments, qui, étudiés de plus en plus minutieusement par les architectes, ont fourni bien des indications utiles même pour l'histoire financière des constructions ; — parmi les trouvailles archéologiques maintenant séparées de leur cadre naturel, les monnaies d'Athènes et des autres villes de l'Archipel, dont les séries, cataloguées méthodiquement, laissent entrevoir bien des faits économiques ; — les inscriptions surtout, malheureusement très morcelées, et qu'on ne peut toujours reconstituer avec certitude ; — les textes littéraires contemporains, Aristophane, le pamphlet *Sur la République d'Athènes* qui s'est égaré dans les œuvres de Xénophon, Hérodote et Thucydide ; — enfin les écrivains postérieurs qui ont disposé de documents que nous n'avons plus, et dont la liste s'accroît encore par les découvertes de papyrus.

On n'attendra donc pas de moi que je fasse une revue complète des sources, qui équivaudrait, en fait, à une étude de tous les documents relatifs à l'histoire du ve siècle. Je me bornerai à parler ici de celles sur lesquelles j'ai certaines observations à présenter, avant de pouvoir les utiliser.

1° *Le sol et les monuments.* Pour cette catégorie, mon incompétence m'oblige à me borner à une simple bibliographie des travaux techniques les plus récents que je connaisse. Je dirai les conclusions qui, étudiées sur les lieux, m'ont paru convaincantes, et celles que je ne puis considérer encore comme bien établies.

2° *Les monnaies.* L'étude des monnaies n'éclaire que rarement l'histoire du trésor proprement dit : je les ai donc réservées pour un travail spécial.

3° *Les inscriptions.* Les inscriptions attiques antérieures à Euclide (403-2 av. J.-C.) ont été recueillies dans le *Corpus Inscriptionum Atticarum* et ses *Suppléments* (1873, 1877, 1887, 1891). Depuis, la collection s'est enrichie, surtout par les reconstitutions de monuments épigraphiques dont les fragments étaient déjà connus ; quelques inscriptions qu'on avait crues postérieures à Euclide ont été datées plus correctement, même, quelques documents nouveaux ont été exhumés : malgré tout, le recueil de l'Académie de Berlin reste la base du travail épigraphique. Je partirai de ce travail pour étudier les inscriptions sur lesquelles je crois pouvoir apporter quelques renseignements nouveaux, décret de Kallias, inventaires, relevés d'emprunts, listes de tributs, comptes d'épistates. Quant aux inscriptions de Délos, les deux comptes du ve siècle qui ont été étudiés, l'un dans le *Corpus* (I, n° 283), l'autre par M. Homolle (*Bulletin de Corresp. hellén.*, 1883, p. 283 sqq.), sont restés isolés jusqu'à présent.

4° *Textes littéraires contemporains.* Ils sont nombreux, mais disséminés, et je ne saurais prétendre donner ici une étude sur les divers auteurs que j'aurai à employer. Je renvoie l'examen des quelques points sur lesquels je

serai obligé de m'expliquer au moment où je rencontrerai
les passages visés. Je considère les chiffres donnés par
Hérodote comme se rapportant à une période sensiblement antérieure à 431 (cf. ann. 1). Je n'hésiterai pas à
me servir des chiffres d'Ephore (Diodore), que je regarde
comme généralement indépendants de ceux de Thucydide (cf. ann. 1).

5° *Les textes postérieurs*. Parmi ceux-ci, il en est un
qui, récemment mis au jour, ne me paraît pas encore
fixé d'une manière définitive : j'aurai donc à m'expliquer
sur un passage du *Papyrus de Strasbourg* qui intéresse
directement mon sujet.

En résumé, je parlerai dans cette Introduction des
documents suivants :

I) Le sol et les monuments :
  1) L'Acropole.
  2) Athènes et les ports.
  3) L'Attique, Délos, etc.
II) Les inscriptions :
  1) Décret de Kallias.
  2) Inventaires A) d'Athèna ;
                B) des autres dieux.
  3) Relevés des emprunts.
  4) Listes de tributs : A) de 454 à 425-4 ;
                    B) à partir de 425-4.
  5) Comptes d'épistates : A) Statue de Phidias ;
                    B) Parthénon ;
                    C) Propylées ;
                    D) Erechthéion.
III) Papyrus de Strasbourg.

1) LE SOL ET LES MONUMENTS.

2. L'ordre topographique est ici naturel. J'indiquerai sommairement où en est parvenue la connaissance: d'abord de l'Acropole ; — puis du reste de l'agglomération athénienne ; — enfin, de divers points que nous rencontrerons au cours du récit.

1) *L'Acropole.*

3. *Enceinte pélasgique.* Voir Judeich, TA, plan II. Le tracé est assez bien connu.

Temple primitif. Cf. Judeich, TA, p. 238, n. 2 : M. J. en nie l'existence. Il me paraît difficile de ne pas rapporter le passage : Hérodote VIII, 55, — à un sanctuaire antérieur à l'Hékatompédon.

Hékatompédon. Cf. Wiegand et Schrader, *Die archaïsche Porosarchitektur* (1904), texte et atlas.

Réparations après l'incendie de 480. Cf. Judeich, TA, p. 67 sqq. L'enceinte pélasgique a été réparée, ainsi que l'Ennéapylon, qui limitait le terrain, déclaré sacré, du Pélargikon : le pan de mur qui fait face à l'Aéropage est de cette époque (cf. Fougères, *Athènes et ses environs*, p. 27). Le propylon a été réparé avec soin. Le temple a été relevé sans la colonnade.

4. *Côté sud de l'Acropole et Parthénon.* Cf. Dörpfeld, MA, 1902, p. 379 sqq., surtout le plan de la page 393. Le premier Parthénon a été commencé avant 480 : ce sont les tambours de colonnes préparés pour cet édifice qui ont servi pour le mur du nord, immédiatement après 479. Le mur de Cimon (470-462) avait pour objet d'agrandir l'esplanade destinée au Parthénon. Le second Parthénon a été commencé, sur un plan tout nouveau, en 447.

Entrée de l'Acropole. Cf. R. Bohn, *Die Propyläen*, 1882 ; Jahn-Michaëlis, *Arx Athenarum*, Atlas, plan de la p. xix, 3 ; Köster, *Jahrbuch des archäol. Instit.*, 1906, p. 129 sqq., pl. 1-5. La pente primitive était de 1/6. Le bastion naturel d'Athèna Nikè a été laissé en dehors de l'enceinte pélasgique et n'a été compris que dans l'enceinte de Cimon (cf. pourtant Judeich, TA, pp. 194, 201). Il est probable que le propylon, restauré au temps de Cimon, a été démoli, et la pente adoucie, dès le début des travaux du Parthénon, pour la montée des matériaux (cf. Fougères, *Athènes et ses environs*, p. 34).

Les Propylées. Cf. Dörpfeld, MA, 1885, p. 39 sqq., 131 sqq., Judeich, TA, p. 208 sqq. Le plan primitif a été considérablement réduit.

Temple d'Athèna Nikè. Cf. Judeich, TA, p. 201, n. 8 ; et surtout Köster, *Jahrbuch des archäol. Instit.*, 1906, p. 129 sqq., pl. 1-5. Le temple a été commencé après les Propylées.

Erechthéion. Cf. Judeich, TA, p. 243 sqq. ; Dörpfeld, MA, p. 101 sqq. ; *Amer. Journ. of Archäol.*, 1906, p. 16 ; il est à souhaiter que l'architecte qui a présidé à la restauration du monument, M. Balanos, publie ses observations sur la façon dont les travaux ont été menés dans l'antiquité, la montée des matériaux, etc. : en attendant, on trouvera des photographies intéressantes dans le journal l'*Illustration*, 22 février 1908. Le plan primitif a peut-être été conçu avant 431 ; mais l'Erechthéion s'est élevé pendant la période de la paix de Nicias, et a été achevé de 409 à 407.

La disparition de l'Hékatompédon en 406 (Xén., *Hellén.*, I, 6, 1). On sait que M. Dörpfeld s'est appliqué à démontrer qu'il avait été reconstruit (cf. encore MA, 1904, p. 101 sqq.) — sans succès, je crois.

5. *Opisthodome.* Cf. Ed. Meyer, *Forsch. zur alten*

Geschichte, t. II, p. 137 sqq., dont j'adopte les conclusions. L'opisthodome était l'arrière-partie de l'Hékatompédon, et a abrité le trésor d'Athènes au ve siècle. Il me paraît très naturel qu'après l'incendie de 406, le nom ait passé à l'arrière-partie du Parthénon.

2) *Athènes et les ports.*

6. La question essentielle pour nous est celle de l'enceinte.

Murs d'Athènes (enceinte de Thémistocle). Cf. Judeich. TA, pp. 115-134, en contradiction avec Thucyd., II, 13 (cf. *ibid.*, p. 121, n. 6) ; les fouilles récentes au Dipylon prouvent qu'il faut modifier, au moins dans cette région, le tracé de M. Judeich (MA, 1906, p. 238-9, p. 263 ; cf. Noack, MA, 1907, pp. 123-160). Je m'en tiens, pour la longueur de l'enceinte, au texte traditionnel de Thucydide (II, 13).

Longs-Murs. Cf. Judeich, TA, p. 146, dont je ne puis adopter le tracé. Le parcours du Long-Mur Nord n'est pas contesté. Le mur de Phalère escaladait les hauteurs au sud de la ville, mais il me paraît impossible qu'il allât rejoindre l'enceinte du Pirée. C'est d'ailleurs pour cela qu'a été construit ensuite le Long-Mur Sud.

L'enceinte du Pirée. Cf. Judeich, TA, p. 134 sqq., qui concorde ici avec Thucydide (II, 13) ; Frickenhaus, *Athens Mauern im* 4ten *Jahrb.*, p. 40, n. 1 ; Nachmanson, MA, 1905, p. 391 sqq., et 1906, p. 372. Je m'en tiens, pour la longueur de l'enceinte de Thémistocle, aux données de Thucydide ; quant aux détails du tracé, ils me paraissent encore douteux ; le seul tracé sûr est celui de l'enceinte de Conon.

Héphestiéon. Cf. Judeich, TA, p. 325 sqq.

Plan du Pirée. Cf. Foucart, *Journal des Savants*, 1907, p. 177 sqq.

Docks. Cf. Fougères, *Athènes et ses environs*, p. 161.

3) L'Attique, Délos, etc.

7. *Rhamnonte*. Cf. Fougères, *Athènes et ses environs*, p. 204 sqq.

Sounion. Cf. MA, 1906, p. 363-4 ; les fouilles de M. Staïs continuent.

Le Laurion. Cf. Ardaillon, *Les mines du Laurion dans l'antiquité*, thèse, 1897.

Délos, temple du Ve siècle. Cf. MA, 1902, p. 414 ; les fouilles de l'École française continuent.

Le Pangée. Je ne connais pas de monographie scientifique de la région minière du Pangée.

II) Inscriptions

8. Comme je l'ai dit, pour les inscriptions attiques
antérieures à l'année d'Euclide, je suivrai l'ordre du
Corpus; mais je n'examinerai que celles pour lesquelles
il y a des lectures ou des restitutions nouvelles à signaler.

1) IG,I, 32 (cf. Suppl., p. 12 et 63).

Décret de Kallias.

9. Tout le monde sait à quelles discussions a donné
lieu la date de ce texte, dont l'écriture est plutôt celle de
l'époque de Nicias que celle du temps de Périclès.

Il serait important de savoir si la stèle est complète
ou coupée en bas. La section inférieure, au Musée du
Louvre, est cachée par la maçonnerie : mais le moulage [1],
autant qu'on peut en juger, n'indique pas de trace de
coupure à la scie. La face A contenait encore une
ligne au-dessous de la dernière qu'on lit. Sur la face B, il
manque *au moins* deux lignes au début; il y avait donc
largement place pour l'intitulé d'un décret.

Il est nécessaire d'examiner séparément les deux textes.

La face A ne soulève pas de difficultés de lecture ni
d'interprétation. Malgré le caractère de l'écriture, il faut
décidément dater ce décret de l'époque de Périclès. Nous
aurons à voir comment il se place dans cette période
(chap. III).

10. La face B a été l'objet d'une étude récente de la
part de M. Wilhelm : *Sitzungsberichte der kaiserlichen
Akad. der Wissensch. in Wien (philol.-histor. Classe)*,
1901, juillet, p. 133.

---

1. Il se trouve dans la salle de la sculpture chrétienne. On ne peut rien conclure, pour notre sujet, de ce que dit M. Michon, *Bull. de la Soc. des Antiq.*,
1900, pp. 147-199.

Voici les observations que je crois devoir faire à propos
de ces lectures :

L. 2. Προ. L'o final paraît sûr.

L. 5. ραμενα. Je lis ταμενα.

L. 7. Λει. Je lis ΛΟΙ.

J'ajoute au début quelques restitutions, en m'abste-
nant de donner celles qui me paraissent très douteuses,
puisque M. Wilhelm a promis les siennes. Voir pl. I,
n. 1.

La suite est restituée ainsi par M. Wilhelm :

τοῖς δὲ ἄλλοις χρέμασιν τοῖς τᾶς Ἀθεναίας, τοῖς τε νῦν ὄσιν ἐμ
πόλει καὶ hάττ'ἂν τὸ λοιπὸν ἀναφέρεται, μὲ χρᾶσθαι μεδὲ ἀπαναλίσκεν
ἀπ'αὐτῶν ἐς ἄλλο μεδὲν ἒ ἐς ταῦτα hυπὲρ μυρίας δραχμᾶς, ἒ ἐς ἐπισ-
κευὲν ἐάν τι δέει. Ἐς ἄλλο δὲ μεδὲν χρᾶσθαι τοῖς χρέμασιν, ἐὰν μὲ
τὲν ἄδειαν φσεφίσεται ὁ δᾶμος καθάπερ ἐὰν τὲν ἄδειαν διδῶι ἐσφορᾶς.

Le reste de la face B est restitué dans le *Corpus*. A la
ligne 19-20, je préfère περιόντα à γενόμενα (cf. E. Meyer,
Forsch., II, p. 88-9).

11.   Traduction de la face B :

« [Le Conseil et le Peuple ont décidé (?)] : .....et les
Victoires en or et les Propylées, et, quand ce sera achevé,
on se servira de..... conformément aux décrets, et on
parera l'Acropole..... et on la mettra en état, y dépen-
sant 10 talents par an, jusqu'à ce que..... soit fait et
mis en état.

Les trésoriers d'Athèna surveilleront le travail avec
les épistates, comme pour les Propylées (?) ...L'architecte
veillera, avec les épistates, à ce que l'Acropole soit parée
aussi bien que possible et à ce que..... soit mis en état.

Quant aux autres richesses d'Athèna, celles qui sont
actuellement sur l'Acropole, et celles qui seront apportées
par la suite, on ne s'en servira pour aucun autre objet
que ceux qui viennent d'être indiqués, au-delà de la
somme de 10.000 drachmes, à moins que ce ne soit

pour un travail d'entretien urgent. On ne s'en servira
jamais, à moins que le peuple n'ait voté l'*adeïa*, comme
s'il s'agissait d'une *eisphora*. Si quelqu'un propose un
décret tendant à employer les biens d'Athèna, sans que
le Peuple ait voté l'*adeïa*, qu'il soit exposé aux mêmes
peines que s'il avait déposé un projet d'*eisphora*.

Ce qui restera chaque année du produit des tributs
sera déposé entre les mains des trésoriers d'Athèna par
les hellénotames.

Quand, sur les 200 talents que le Peuple a affectés
par décret aux restitutions envers les autres dieux, on
aura remboursé ce qui est dû, on administrera les biens
d'Athèna dans la partie droite de l'opisthodome, les biens
des autres dieux dans la partie gauche.

[*Article additionnel*] : Tout ce qui reste de biens sacrés
non comptés et non pesés, on le comptera maintenant
avec tous les collèges qui ont rendu leur compte de Panathénées en Panathénées, or, argent, objets argentés, en
pesant..... »

Nous verrons, en étudiant l'époque de la paix de
Nicias, qu'on est amené à placer le décret à cette date
(chap. IV).

12. Je m'étais d'abord rallié à l'opinion des érudits qui
datent les deux textes de l'époque de la paix de Nicias
(*Rev. de Philol.* 1900, p. 135 sqq.). Cette opinion s'ap-
puyait, d'abord sur le caractère de l'écriture (cf. à ce
sujet: chap. IV, p. 54-5), ensuite sur les lectures et restitutions de M. Froehner pour la ligne 3 de la face B. Les
corrections apportées par M. Wilhelm changent complètement les données du problème.

Au reste, la recherche de la date de ces mesures est trop
intimement liée à l'histoire générale des finances d'Athènes
de 450 à 413, pour être traitée à part.

2) IG 117-175 et 194-225.

Inventaires.

13. Les tables des trésoriers d'Athèna et des autres
dieux se sont augmentées, depuis la publication du *Cor-*
pus, de nouveaux fragments : ils ont apporté des modifications dont quelques-unes intéressent notre sujet. Nous
les indiquons donc ici.

A) IG, I, 117-175.

(Cf. p. 222, *ad* n°s 168, 174-5, 547 —
Suppl., pp. 26-30, p. 70, p. 130).

Trésoriers d'Athèna Polias.

Les inventaires du Pronaos, de l'Hékatompédon, du
Parthénon, sont, comme on sait, inscrits sur des tables
différentes.

Pronaos.

14. La première table, première face, contient les
années 434-430, la seconde table, première face, les années
430-426, la troisième table, première face, les années 426-
422 ; la première table, deuxième face, qui est perdue,
contenait les années 422-418 ; la deuxième table,
deuxième face, les années 418-4 ; la troisième table,
seconde face, les années 414-410 ; la quatrième table va
de 410 à 408, et la cinquième de 408 à 406. En 406,
toutes les offrandes du Pronaos ont été données aux
hellénotames, sauf une couronne d'or du poids de
33^dr 3°.

Hékatompédon.

15. La première table, première face, va de 434 à 430 ;
la deuxième table, première face, de 430 à 426 ; la troisième table, première face, qui est perdue, allait de 426 à
422. La quatrième table contient, sur la première face, les

années 422-418, sur la deuxième, les années 418-414. On a, sur une autre table (IG,I, 151-2), les années 414-413 et 413-412 (celle-ci en partie). Une autre table encore (IG,I, 145-6) contenait les années 410-408 (Lehner, *Ueber die Athen. Schatzverz. im* 4ten *Jahrh.*, p. 17). Enfin, une autre (IG,I Suppl., p. 29, 160a) contenait les années 408-406. Après 406, on ne sait rien.

Parthénon.

16. La première table, première face, contient les années 434-430. Les deuxième et troisième table (première face), qui allaient de 430 à 422 sont perdues. La quatrième table, qui allait de 422 à 418, ne se trouve plus au British Museum, mais elle a été copiée (IG,I, 170-3). La cinquième (418-414) est perdue. La première table, première face, va de 414 à 411. Pour la suite, on a de nombreux fragments, IG,I, 174-5, 175 a (Suppl., p. 30), 547 (p. 222), 175 b (Suppl., p. 70) ; IG, II Suppl., 685 b, — mais on ne peut les mettre en ordre. Le fragment IG,I, 169 indique que des offrandes du Parthénon ont été prises par l'État dans cette période (Cf. IG,I, 184, l. 12).

17. Tels qu'ils sont, ces inventaires nous permettent de suivre le mouvement de la richesse d'Athèna pendant une période assez longue, et donnent lieu à certaines observations. On est frappé d'abord du petit nombre et du peu de valeur de ces objets en 434 : l'augmentation exceptionnelle des offrandes du Parthénon en 434-433 vient sans doute de ce qu'une partie des offrandes avait été laissée d'abord dans l'ancien sanctuaire, et a été transportée ensuite. Le peu de valeur des richesses d'Athèna en 434 frappe surtout si on rapproche le fait de l'accroissement moyen de ces richesses dans les 20 ou 25 ans qui suivent : même au bout de ce temps, d'ailleurs, le total des offrandes n'a pu atteindre, à beaucoup près, 100 talents (voir chap. III).

On sait que l'État athénien n'a pas dédaigné ce secours à la fin de la guerre décélique. Les offrandes du Pronaos ont été prises par lui presque en entier, en 406. Le même fait est probable pour celles de l'Hékatompédon. Une partie seulement de celles du Parthénon sont restées. Au reste, on trouvera le relevé des objets qui reparaissent dans les inventaires au IV⁰ siècle, dans Lehner, *Ueber die Athen. Schatzverz. des 4*ᵗᵉⁿ *Jahrh.*, pp. 22-6.

18. IG, I, 176.

En tête de la stèle on lit :

MATA.

Il faut restituer (l. 1-2) :

['Αγάλ]ματα χρυσᾶ ἔστεσαν 'Αθεναῖοι..., etc.

Ces statues d'or dont une commission vérifie le poids (426-425), sont :

d'abord la statue de la déesse, dont l'inventaire est conservé en partie ;

ensuite (je crois) les Victoires en or, qui étaient alors presque toutes faites (cf. chap. III).

B) IG,I, 194-225.

(Cf. Suppl., p. 36, 555 i ; en outre, un
petit fragment a été retrouvé par M. Wilhelm).

Trésoriers des autres dieux.

19. Certains de ces fragments ont été raccordés ensemble au musée épigraphique.

194-5 et 198-9 avec un nouveau fragment forment un tout.

Il en est de même de 196-7 avec 200-1, 202-3, 216-7, 224 et deux autres fragments. De même 208-9 avec 218-9, 222, et un fragment nouveau. Mais tout cela ne permet pas encore de reconstituer la stèle.

Le fragment 194-5 permet d'affirmer : 1° que les trésoriers de 429-428, qui dressent l'inventaire, ne sont pas le premier collège qui ait fonctionné, mais que très probablement ils sont les premiers qui aient écrit leurs comptes sur cette stèle ; 2° qu'on lisait (198, l. 3 + 194, l. 6) [HIE]POIOIOI — et (198, l. 5 + 194, l. 8) [HELLE]NOTAMI[AI], ce qui indique qu'il était fait mention des emprunts contractés auprès des autres dieux par l'État dans cette période.

Pour les autres fragments, on ne sait à quelle date les rapporter.

3) IG,I, 177-193 et 273.

Relevés des emprunts contractés par l'État
auprès d'Athèna et des autres dieux.

20. Il y a deux catégories de documents :

A) Les comptes des trésoriers d'Athèna (ceux des trésoriers des autres dieux sont perdus).

B) Les relevés faits par les logistes.

21. A) IG,I, 177. Comptes de la guerre de Samos, 440-439.

IG,I, 179. Comptes de la guerre de Corcyre, 433. Cf. Busolt, *Griech. Gesch.*, III², p. 770-1, n.

IG,I, Suppl., 179 *a-d* (pp. 31 et surtout 160-1). Comptes de la guerre archidamique, 432-422. La première face commence par l'année 432-1 (cf. Busolt, *Gr. Gesch.*, III², 594, n. 1, 913-4 n.) et allait jusqu'en 427. La seconde contenait les années 427-422. (Sur la face latérale sont notés des emprunts contractés sous les Quatre-Cents, en 411). *Le fragment IG,I, 186 appartenait probablement à la première face : cependant, l'écriture n'est pas identique à celle du commencement de la face* (fig. 1, 2).

Fig. 1.

Fig. 2.

IG,I, 180-3 (cf. Suppl., p. 32, 70). Comptes de 418 à
414. Il est impossible de déterminer la longueur de la
lacune dans les comptes de la 3e année 416-415.

Fig. 3.

IG,I, 184-5 (cf. Suppl., p. 33). Fin des comptes de
414-410 (fig. 3).

Fig. 4.

Fig. 5.

IG,I, 188-9 (cf. Suppl., p. 35 — Busolt, *Gr. Gesch.*, III², p. 594). La première face contient les comptes de 410-409, à peu près complets. La seconde face, d'après les éditeurs, contient les comptes de 407-406 : ceci ne me semble pas prouvé.

IG.I, 190 + 191 (avec un nouveau fragment) appartient à une table contenant des comptes du temps de la guerre décélique. (Cf. E. Meyer, *Forsch. z. alt. Gesch.*, II, 139, 140). Cf. aussi IG.II, 843 et 843ᵇ (Suppl., p. 207).

Quant aux fragments 178, 187, 192, 193, et 191ᵃ (Suppl., p. 70), 193ᵃ (Suppl., p. 145), je ne crois pas possible, pour le moment, de déterminer leur place dans cette série de documents.

22. B) Les logistes avaient fait, après la paix de Nicias (421), un relevé des dettes de l'État envers les dieux, qui remplissait au moins deux tables. Le fragment IG,I, 541 appartenait probablement à la première de ces tables (malgré la présence d'un H) et se rapportait à l'année 427-426 [1] : l'écriture est semblable à celle de IG,I, 273 (fig. 4 et 5). Ce dernier document constitue la seconde table, contenant les années 426-422. Le total que contient la fin de cette table indique, à mon avis, que les comptes n'allaient pas plus loin.

23. M. Bannier a publié (*Rhein. Mus.*, 1906, pp. 202-231) un article où il essaye de tirer parti des formules et des intitulés des inscriptions attiques. Le principe qu'il pose (p. 231) est très juste, mais il l'a appliqué avec beaucoup trop de rigueur [2].

1. M. Meyer (*Forsch. z. a. G.*, II, 132) place ce fragment au temps de la guerre décélique, et le rapporte à l'année 416-415 : il me paraît bien douteux que les logistes aient alors fait de tels relevés.

2. J'ai tiré parti des remarques suivantes : p. 209, sur l'ordre dans lequel sont inscrites les dépenses (dans chaque rubrique, elles sont inscrites par ordre de grandeur décroissante) ; p. 221, n. 5, sur IG, I, 314 (restitution μισθός; à la l. 7).

1º P. 209-210, sur IG,I, 177, M. Bannier attribue la première rubrique aux comptes de la guerre de Samos.

2º P. 216 et 230, sur IG,I, 179ᵃᵇᶜ, B. L'écriture de 179ᵃᵇᶜ, A n'est certainement pas la même que celle de 179ᵃᵇᶜ, B, mais cela ne prouve rien.

3º P. 211-3, sur IG, I. 184-5. Les objections de M. Bannier contre la date adoptée depuis Boeckh ne m'ont pas convaincu (cf. *Zeitschrift für Numismatik*, XXV, p. 58).

4) IG,I, 226-272 et 37, 38.
Listes de tributs.

24. L'ἀπαρχή, le 60ᶜ du tribut, était versé à la déesse par les logistes. Mais les années sont datées, sur les listes que nous avons, par le secrétaire du collège qui encaissait le tribut, c'est-à-dire des hellénotames.

A) 454-424.

25. La première stèle est ainsi reconstituée dans le *Corpus* (226-240) :

Face A = 1ᵉ, 2ᵉ, 3ᵉ, 4ᵉ, 5ᵉ, 6ᵉ années ;

Face droite = 7ᵉ, 8ᵉ années ;

Face B = 9ᵉ, 10ᵉ, 11ᵉ, 12ᵉ, 13ᵉ années ;

Face gauche = 14ᵉ, 15ᵉ années.

Les fragments 3, 5, 20, 25, 71-3 ne peuvent être placés avec certitude.

Cf. IG,I, Suppl., p. 35, p. 71-2, p. 174 :

Le fragment 46 se raccorde au fragment 50 de la face droite ;

Un fragment, 69ᵃ, s'ajoute au bas du fragment 69.

La stèle a été reconstituée au musée épigraphique d'Athènes conformément aux indications du *Corpus*, à très peu de chose près, et se présente ainsi:

A		B	
1re année :	7e année :	9e année :	14e année :
5 colonnes de	2 colonnes	5 colonnes de	2 colonnes
35 lignes environ	de moins de	35 lignes environ	de 100 lignes
2e année :	100 lignes		à peine
id.		10e année :	
3e année :		id.	
id.	8e année :		
4e année :	2 colonnes	11e année :	15e année :
id.	de 115 lignes	id.	2 colonnes
5e année :	environ	12e année :	de 100 lignes
id.		id.	à peine
6e année :		13e année :	
5 colonnes de plus de	(Vac.)	5 colonnes de 35 lignes	
40 lignes.		(Vac.)	

Les lignes sont sensiblement plus espacées sur les deux dernières faces que sur les deux premières (fig. 6 et 7).

26. Dans l'estimation des intervalles, on a été visiblement guidé par la liste de la 13e année, la seule dont les fragments se raccordent de telle manière qu'on puisse calculer exactement le nombre des lignes. Je crois qu'on a eu tort de se fier absolument à cet indice.

Dans la face A, les premières listes ne permettent aucun calcul précis, mais la 6e avait plus de 40 lignes par colonne, donc plus de 200 noms. Dans la face de droite, il en était de même de la 8e liste. Il devait donc en être de même de la 7e, qui était ainsi plus longue qu'elle n'est supposée dans la stèle reconstituée.

Or, les deux premières années de la face A correspondent à peu près, comme longueur, à cette 7e liste, tandis que les trois suivantes correspondent à la 8e. Il me paraît donc sûr que les premières listes étaient plus longues que les suivantes.

De même, dans la face B, les deux premières années (9e et 10e) correspondent, comme longueur, à la 7e et à

une partie de la 8e : la fin de la 10e année correspondait
à la 43e ligne de la 8e (si le fragment 48 est exactement
placé ; en tout cas, l'erreur est petite). Or, les 3 années

Fig. 6.

qui suivent (11e, 12e et 13e) ne tiennent pas beaucoup
plus de place.

Il résulte de tout cela qu'on doit distinguer 3 périodes :

1º 1re et 2e années (454-452), où les listes comprennent environ 250 noms ;

2º 3e-10e années (452-444), où les listes comprennent encore 200 noms au moins ;

Fig. 7.

3e 11e-15e années (444-439), où les listes ne comprennent guère plus de 175 noms.

Il faudrait qu'on découvrît de nouveaux fragments

pour pouvoir donner plus de rigueur à ces conclusions.
Dans l'ensemble, elles sont certaines.

27. La seconde stèle est reconstituée ainsi dans le
Corpus (244-7) :

> Face A = 16e, 17e, 18e années ;
>
> face droite = 19e année ;
>
> face B = 20e, 21e, 22e années (cette dernière entiè-
> rement perdue).
>
> face gauche = 23e année.

La stèle a été reconstituée au Musée épigraphique
conformément à ces indications. Sur la face A, la 2e année
(17e) contient 5 colonnes de 29 lignes, soit moins de
150 noms. L'année suivante (18e) est un peu plus longue
(35 lignes par colonne), mais il faut remarquer que les
rubriques, dans la dernière colonne, tiennent beaucoup
de place.

Sur la face B, la 20e et la 22e années ont été très
visiblement effacées à dessein.

28. La troisième stèle est décrite ainsi dans le *Corpus*
(255-6) :

> face A = 24e, 25e, 26e années, effacées sauf un frag-
> ment de la 25e ;
>
> face droite = 27e année ;

les autres faces n'ont jamais porté d'écriture.

On a retrouvé depuis un fragment de la face droite
(*Ann. Brit. School*, 1904, p. 78 sqq.), qui contient
quelques chiffres intéressants (voir p. xxxviii).

29. La 4e et la 5e stèles sont inscrites au *Corpus* sous
les nos 257 et 259 : la première est attribuée à la 28e ou
29e année, la seconde, considérée comme postérieure au
décret de 425-424 (voir ci-dessous), à la 30e.

On a reconnu déjà que la stèle 259 était antérieure à
425-424. Les deux listes sont donc celles de 427-426 et

426-425 : comme la première porte la mention des Théréens (col. II, l. 22), lesquels n'ont pu être inscrits
qu'après la campagne de Nicias (426), elle doit être attribuée à l'année 426-425. Ainsi la liste 259 est celle de la
28ᵉ année (427-426) et la liste 257 celle de la 29ᵉ (426-
425). On ne voit pas bien pourquoi ces listes, au lieu
d'être inscrites sur la troisième stèle, ont été inscrites sur
des stèles spéciales.

La stèle 257 est entière, mais l'écriture est très effacée.
On distingue pourtant où s'arrêtent les colonnes : il y
avait 3 colonnes, de 50 lignes chacune, soit au plus
150 noms.

La liste 259 est incomplète : un petit fragment sans
intérêt doit y être ajouté (fig. 8). En outre, à en juger

Fig. 8.

par l'écriture, le fragment IG,I, 266 devait se placer
au coin inférieur droit de cette liste.

30. Les fragments 248-254 peuvent appartenir à la
seconde pierre, *sauf les fragments 250 et 251, dont nous
reparlerons* (nᵒˢ 19 et 20 de Pedroli : voir ci-dessous).

Le fragment 267 reste mystérieux. Le fragment 272ᵇ
(IG, I, Suppl., p. 175) appartient à une des pierres antérieures à 425, mais on ne peut le placer exactement.
Le fragment publié dans l'*Hermés* (XXXI, p. 142) appartient au n° 259 (427-6) : fig. 8 et 9.

FIG. 9.

31. Dans ces conditions, il n'y a pas grand'chose à
changer au tableau dressé par M. Pedroli (Beloch, *Studi
di Storia Antica*, 1891, pp. 104-120).

Dans la liste de 454-3, on ajoutera

Παρτανοί   1 talent.

Dans la liste de 432-1, on supprimera tous les noms
précédés de[19] ou[20].

Dans les autres listes, de 454 à 431, il n'y aura rien à

changer, puisqu'on ne sait où placer le fragment IG,I Suppl., 272[f].

Dans la liste de 428-7, il y a à ajouter (*Ann. Brit. Sch.*, 1904, p. 78 sqq.) :

Αἰραῖοι	2 t.	
Ἐλαιέα		1.000 dr.
Κῷοι	3 t.	4.465 dr.
Μαραθήσιοι		2.000 dr.
Κολοφώνιοι	4 t.	

La liste qui porte le titre : *Frammento* (*259*) doit être placée entre les années XXVII et XXVIII-XXIX. Sur cette liste on ajoutera (*Hermès*, XXXI, p. 142) :

Mykonos	1 t.
Chalcis	3 t.
Andros	2 t.
Sériphos	1 t.
Ténos	2 t.
Erétrie	3 t.

La liste marquée XXVIII-XXIX est la liste de l'année XXIX.

Sauf ces points, on peut se servir du tableau de M. Pedroli, et je me bornerai à y renvoyer.

32. Quant à la reconstitution de la liste *normale* de chaque année, les faits suivants sont depuis longtemps reconnus (cf. Pedroli, *loc. cit.*, p. 199) : les tributs ont été diminués en 450 et en 446 ; ils n'ont pas changé lors de la réforme de 443 (cf. chap. III) ; ils ont été augmentés en 439, probablement en 435, puis en 431, en 427. Mais les chiffres donnés par M. Pedroli (*loc. cit.*) sont trop faibles.

Je vais donc essayer de donner la liste de la première année 454-3. Elle est mutilée comme les autres, mais on peut la reconstituer à l'aide des listes suivantes, en se conformant à certains principes. Voici ceux que j'ai suivis :

1° J'ai pris d'abord les chiffres qui figurent sur la partie conservée de la liste de 454-3. Toutefois, pour certaines villes, ces chiffres sont anormalement élevés, soit que ces villes eussent des arriérés à liquider, soit qu'on leur ait demandé, cette année-là, des avances. Comme ce n'est pas la somme payée en 454-3, mais le tarif *normal* adopté à cette époque, qui nous intéresse ici, j'ai corrigé ces chiffres à l'aide des listes suivantes [1].

2° De 454 à 450 le tarif n'a pas changé. Les chiffres qui figurent sur les listes de 453-0 peuvent donc être acceptés pour 454-3.

3° En 450 le tribut a subi une première diminution, et en 446 une seconde. En conséquence, les chiffres qui ne figurent que sur les listes de 450-39 *peuvent* être trop faibles pour la période précédente (celui de Naxos par exemple [2]). Je ne les ai pris que quand on ne pouvait les rectifier à l'aide des listes suivantes, en notant qu'ils représentent un *minimum* [3].

4° En effet, à partir de 439, par des révisions qui avaient lieu en principe tous les quatre ans (439, 435, 431, 427), on a relevé peu à peu beaucoup de tarifs, de manière à retrouver le chiffre total antérieur à 446 ou même à 450 [4]. Donc, *toutes les fois qu'il y a à choisir, pour une ville, entre un chiffre de la période 450-39 et un chiffre de la période suivante, c'est celui-là que j'ai choisi* [5].

5° En 425-4, le tribut, dans l'ensemble, a été doublé.

---

1. Cf. Pedroli, *loc. cit.*, p. 176-199. Remarquer cependant le cas de Singos.

2. Je cite celui-là, parce que, dans ce cas, nous sommes presque sûrs que le chiffre a été abaissé en 450, les Athéniens ayant envoyé une clérouchie vers cette époque.

3. J'ai fait suivre ces chiffres du signe : + ?

4. Cf. *Ann. of Brit. Sch.*, 1903-4, p. 80. Encore n'a-t-on pas repris les chiffres anciens pour toutes les villes.

5. M. Pedroli a fait le contraire, c'est pourquoi, à mon avis, il a trouvé un chiffre trop bas.

Pour les villes qui ne figurent que sur les listes postérieures à 425, j'ai pris la moitié du chiffre marqué [1].

33. D'après ces principes, j'ai reconstitué le tarif de 454-3, comme suit [2] :

LISTE NORMALE DE 454-3

Iles.

No.	Ville	Montant
1	Χαλκιδῆς	10 t (?) [3],
2	Ἐρετριῆς	7 t (?) [3],
3	Διῆς ἀπ. Κην.	1.000 dr.
4	Ἀθηνῖται	2.000 »
5	Ἑστιαιῆς	980 »
6	Διακρῆς ἀπὸ Χαλκ.	800 »
7	Γρυγχῆς	1.000 »
8	Στυρῆς	1 t »
9	Κεῖοι	4 t »
10	Κορήσιοι	2 t »
11	Κύθνιοι	3 t »
12	Σερίφιοι	2 t »
13	Σίφνιοι	3 t » + ?
14	Ἄνδριοι	12 t »
15	Τήνιοι	3 t » + ?
16	Σύριοι	1.500 »
17	Μυκόνιοι	1 t 3.000 »
18	Ῥηναιῆς	1.000 »
19	Πάριοι	16 t »
20	Ἰῆται	1 t »
21	Λήμνιοι [4]	9 t » + ?
22	Ἴμβριοι	1 t » + ?
		76 t 5.280 dr.

Ionie.

No.	Ville	Montant
23	Οἰναῖοι ἐν Ἰκ.	1 t 2.000 dr.
24	Θερμαῖοι ἐν Ἰκ.	3.000 »
25	Νισύριοι	1 t 3.000 »
26	Λέρος	
27	Ταρχιοῦσσα	10 t » + ?
28	Μιλήσιοι	
29	Μυήσιοι	1 t 3.000 »
30	Μαιάνδριοι	4.000 »
31	Πριανῆς	1 t » + ?
32	Μαραθήσιοι	3.000 » + ?
33	Ἰσίνδιοι	1.000 »
34	Πυγελῆς	1 t 3.000 »
35	Ἐφέσιοι	7 t 3.000 »
36	Νοτιῆς	2.000 »
37	Κολοφώνιοι	3 t
38	Διοσιρῖται	1.000 »
39	Λεββέδιοι	3 t »
40	Τήιοι	6 t »
41	Αἱραῖοι	3 t »
42	Ἐρυθραῖοι	10 t »
43	Βουθειῆς	1.000 »
44	Σιδούσιοι	3.000 » + ?
45	Ἐλαιούσιοι	300 dr.
46	Πολιχναῖοι	1 t
47	Κλαζομένιοι	1 t 3.000 »
48	Φωκαιῆς	3 t »
49	Κυμαῖοι	12 t »
50	Μυριναῖοι π. Κύμ.	1 t »
51	Γρυνειῆς	1.000 »
52	Ἐλαιέα π. Μύρ.	1.000 »
53	Πιταναῖοι	1.000 »
54	Ἀστυρηνοί	500 » + ?
55	Γαργαρῆς	4.500 »
56	Ἥσιοι	1 t »
		73 t 1.300 dr.

Carie.

No.	Ville	Montant
57	Ἀστυπαλαιῆς	2 t
58	Τηλάνδριοι	3.000 dr. + ?
59	Καλύδνιοι	1 t 3.000 »
60	Κῷοι	5 t »
61	Τῆλος	1 t »

1. Il est difficile, pour ces villes, de savoir celles qui ont été dégrevées par ἀπόταξις (Pedroli, *l. c.*, p. 159).

2. J'ai suivi autant que possible l'ordre géographique.

3. Chalcis et Érétrie paient 3 talents après 431 (p. xxxviii). Mais nous sommes ici *avant* les événements de 446.

4. Cf. Pedroli, *loc. cit.*, p. 133.

62	Σύμη	1.800 »
63	Χαλκεᾶται	3.000 »
64	Σάριοι	300 »
65	Καρπάθιοι	1.000 »
66	Βρυκούντιοι	500 »
67	Ἐτεοκαρπάθιοι	1.000 »
68	Ἀρκέσεια	1.000 »
69	Κάσιοι	1.000 »
70	Καμιρῆς	6 t »
71	Ἰηλύσιοι	10 t »
72	Λίνδιοι	10 t »
73	Βρικινδάριοι	3.000 » (?)
74	Διάκριοι ἐ. Ρ.	1 t »
75	Ἐρινῆς	4.130 » (?)
76	Πεδιῆς ἐ. Λ.	5.000 » (?)
77	Οἰᾶται Λινδ.	3.300 dr.
78	Λάτμιοι	1 t »
79	Χαλκήτορες	2.100 » + ?
80	Ὑρωμῆς	2.500 » + ?
81	Ἰασῆς	1 t »
82	Μυλασῆς	1 t » + ?
83	Πηδασῆς	1 t » + ?
84	Βαργυλιῆς	1.000 »
85	Καρυανδῆς	1.000 »
86	Μύνδιοι	500 »
87	Τερμερῆς	2 t 3.000 »
88	Συαγγελῆς	1 t »
89	Ἀμυνανδῆς	3.050 » (?)
90	Κεράμιοι	1 t 3.000 »
91	Παργασῆς	500 » + ?
92	Ἰδυμῆς	1 t 890 »
93	Χερρονήσιοι	3 t »
94	Κνίδιοι	3 t »
95	Τύμνιοι	?
96	Καύνιοι	3.000 »
97	Καρβασυανδῆς	1.000 »
98	Κλαυνδῆς	1 t » + ?
99	Κρυῆς	2.000 »
100	Λωρυμῆς	?
101	Τελεμήσσιοι	1 t » + ?
102	Πασανδῆς	3.000 dr.
103	Ὑδαιῆς	1.000 » (?)
104	Χῖοι	2.000 » (?)
105	Κεδριᾶται	3.000 »
106	Μαδνασῆς	2 t »
107	Κινδυῆς	1 t » + ?
108	Ναξιᾶται	500 »
109	Ἄρλισσος	600 » + ?
110	Αὐλιᾶται	500 »
111	Θασθαρῆς	500 »
112	Θρανειῆται	1.030 »
113	Ἰτύρα	2.000 » ?
114	Κᾶρες ὧν Τύμνης ἄρχ.	3.000 »
115	Κασολαβῆς	2.500 » (?)
116	Κοδαπῆς	1.000 » + ?
117	Κυλλάνδιοι	2 t »
118	Κυρβισσῆς	2.000 »
119	Ληψιμανδῆς	1.500 »
120	Μυδόνες	1.500 »
121	Μυγισσῆς	?
122	Ναρισβαρῆς	1.000 »
123	Παρπαριῶται	1.000 »
124	Πελεᾶται	3.000 »
125	Πλαγαρῆς	2.000 » + ?
126	Πύρνιοι	1.000 »
127	Τρυβανῆς	1.030 »
128	Ὑδισσῆς	1 t » + ?
129	Ἐδριῆς Ὑμησσῆς	3 t »
130	Εὐρυμαγῖται	1.000 » + ?
131	Σαμβακτύς	1 t
132	Χασταί	2 t 2.480 »
		───────────
		80 t 2.710 dr.

Hellespont.

133	Μυσοί	2.000 dr.
134	Λαμπωνειῆς	1.000 »
135	Νεανδρειῆς	2.000 »
136	Τενέδιοι	4 t 300 »
137	Σιγειῆς	1.000 »
138	Δαρδανῆς	1 t 3.000 »
139	Ἀβυδηνοί	4 t » + ?
140	Ἀρισβαῖοι	2 t » + ?
141	Περκώσιοι	1.000 »
142	Παλαιπερκώσιοι	500 »
143	Λαμψακηνοί	12 t »
144	Παισηνοί	1.000 »
145	Παριανοί	1 t »
146	Πριαπῆς	500 » + ?
147	Διδυμοτειχῖται	1.000 »
148	Ἁρπαγιανοί	300 »
149	Ζελειᾶται	?
150	Κυζικηνοί	9 t
151	Ἀρταχηνοί	2.000 »
152	Προκοννήσιοι	3 t
153	Βύσβικος	3.000 » (?)
154	Δασκυλειανοί	500 »

No.		Amount
155	Βρυλλειανοί	3.000 » (?)
156	Κιανοί	1.000 »
157	Ἀστακηνοί	1 t 3.000 »
158	Χαλκηδόνιοι	9 t »
159	Σηλυμβριανοί	9 t » (?)
160	Δαυνιοτειχῖται	1.000 »
161	Περίνθιοι	10 t »
162	Τυρόδιζα	1.000 »
163	Βισάνθη	1 t » (?)
164	Νεάπολις π. Χ.	1.000 » + ?
165	Καλλιπολῖται	1.000 »
166	Σήστιοι	1.000 »
167	Μαδύτιοι	2.000 »
168	Ἐλαιούσιοι	3.000 »
169	Λιμναῖοι	2.000 » + ?
170	Ἀλωπεκοννήσιοι	3.240 » + ?
171	Χερρονησῖται [1]	18 t » (?)
172	Βηρύσιοι	1.000 »
173	Γεντίνιοι	500 »
174	Σκάψιοι	1 t
175	Ἀζειῆς	400 »
176	Εἰς Τένεδον	2.160 »
		92 t 3.400. dr.

Thrace.

No.		Amount
177	Αἴνιοι	12 t » »
178	Μιλκώριοι	3.000 »
179	Γαλαῖοι	3.000 »
180	Μαρωνῖται	1 t 3.000 »
181	Δίκαια π. Ἀ.	3.000 »
182	Ἀβδηρῖται	15 t »
183	Κυστίριοι	300 » + ?
184	Νεάπολις π. Ἀ.	1.000 »
185	Πιέρες ἐν Περγ.	?
186	Φαρβήλιοι	1.000 »
187	Φηγήτιοι	1.600 »
188	Σαμοθρᾶκης	6 t »
189	Ἴκιοι	1.500 »
190	Πεπαρήθιοι	3 t »
191	Σκιάθιοι	1.000 »
192	Τριποχί	800 » (?)
193	Αἰολῖται	500 »
194	Ἐδρώλιοι	1.000 »
195	Καμαχαί	600 » (?)
196	Ὀθόριοι	700 » + ?
197	Πίστασος	500 »
198	Πλεύμη	1.000 »
199	Πράσσιλος	600 » (?)
200	Σερμαῖοι	500 »
201	Βεργαῖοι	3.000 dr.
202	Ἀργίλιοι	10 t 3.000 » (?)
203	Σταγιρῖται	1 t
204	Ἀκάνθιοι	3 t
205	Ὀλοφύξιοι	2.000 »
206	Ἀκροθῷοι	?
207	Κλεωναί	500 »
208	Θύσσιοι	4.000 »
209	Διῆς ἑ. τ. Ἄ	1 t »
210	Σαναῖοι	1 t »
211	Ἀσσηρῖται	2.400 »
212	Πίλωρος	600 »
213	Σίγγιοι	4 t » (?)
214	Σαρταῖοι	1.500 »
215	Τορωναῖοι	6 t »
216	Γαλήψιοι	1 t 3.000 »
217	Σερμυλιῆς	5 t 5.500 » (?)
218	Μηκυπερναῖοι	1 t » + ?
219	Στώλιοι	1 t » + ?
220	Ὀλύνθιοι	2 t »
221	Ἀφυταῖοι	3 t »
222	Νεάπολις Μ.	3.000 »
223	Αἰγάντιοι	3.000 »
224	Θραμβαῖοι	⎱ 6 t »
225	Σκιωναῖοι	⎰
226	Μενδαῖοι	8 t »
227	Σκαβλαῖοι	3.000 »
228	Ποτειδαιᾶται	6 t »
229	Σπαρτώλιοι / Βοττιαῖοι	⎱ 2 t »
230	Δίκαια Ἐρ.	4 t 1.000 »
231	Σκαψαῖοι	1.000 »
232	Αἰνεᾶται	3 t »
233	Αἶσα, etc.	3.000 »
234	Μεθωναῖοι	1 t » (?)
235	Αἰσώνιοι	1.500 »
236	Σῖνος	1.500 »
237	Στρεψαῖοι	1 t »
		118 t 1.400 dr.

1. Cf. Pedroli, *loc. cit.*, p. 157. Il me paraît très douteux que ce nom englobât les cités précédentes.

	Villes devenues tributaires certainement après 477.				Iles	76 t 5.289 dr.
238	Καρύστιοι	7 t 3.000 »			Ionie	73 t 1.300 »
239	Αἰγινῆται	30 t			Caire	80 t 2.710 »
240	Νάξιοι	6 t 4.000 » + ?			Hellespont	92 t 3.400 »
241	Λύκιοι κ. συντ.	10 t »			Thrace	118 t 1.400 »
242	Φασηλῖται	6 t »				441 t 2.090 »
243	Ἁλικαρνασσῆς	11 t 4.000 »			Villes devenues tributaires certainement après 477.	79 t 5.000 »
244	Βυζάντιοι	15 t + ?				521 t 1.090 dr.
245	Θάσιοι	3 t				
		79 t 5.000 dr.				

34. Ainsi, je trouve déjà un total de près de 525 talents. En outre,

1º j'ai été forcé, pour plusieurs villes, d'inscrire un chiffre de la période 450-439, lequel peut être trop bas ;

2º plus d'un nom peut nous manquer. On nous dit que la ligue atteignit vers 454 sa plus grande étendue (Diod., XI, 85). C'est pourquoi je n'ai pas hésité, quand un nom apparaissait sur les listes postérieures, à l'inscrire sur celle-là [1]. Des fragments nouveaux pourront nous donner des noms à ajouter à la liste. Il s'agit, encore une fois, de la liste *normale* : en réalité, il y avait tous les ans des retards de paiements, des défections même, etc.

Le chiffre total qui *aurait dû* être payé en 454-3 pouvait donc atteindre et dépasser 550 talents. Ce serait le moyen d'utiliser les 560 talents de Diodore (XI, 47 ; cf. XII, 40) : on voit généralement dans ce chiffre une corruption des 460 talents des autres auteurs, mais je suis convaincu que les chiffres de Diodore ont une origine indépendante des grands historiens classiques (voir ann. 1).

Ce chiffre de 560 talents expliquerait le chiffre de 600 talents donné par Thucydide (II, 13), pour le produit des tributs au début de la guerre archidamique, époque

---

1. Et certaines de ces villes étaient importantes. Cf. les Ἑδρῆς, qui paient 6 talents en 425-4.

où, comme nous l'avons vu, on s'efforçait de retrouver les tarifs antérieurs à 450. En effet, si l'on essaye de reconstituer les listes normales des périodes suivantes, suivant les principes que nous venons d'appliquer à la période 454-0, on trouvera partout des totaux supérieurs à ceux de M. Pedroli (*l. c.*, p. 199). Pourtant, même en 431, même en 427, le tribut ne produisit pas autant qu'en 454-3, en raison des nombreuses clérouchies envoyées dans l'intervalle. Il est vrai que l'indemnité samienne compensait la différence.

35. Il s'agit des chiffres *sur le papier*. Les chiffres réels se rapprochaient beaucoup plus de ceux que donne M. Pedroli, mais étaient encore un peu supérieurs. Par exemple, le chiffre de 442-1, qu'on peut retrouver facilement, était de 435 t. au moins, au lieu de 414 t. 5170 dr. qu'il indique (cf. chap. III).

B) Après 425-4.

36. Le décret IG,I. 38 s'est augmenté d'un fragment nouveau (*Mittheil. des Inst. in Ath.*, 1903, p. 301-2). Je n'ai pu trouver de restitution satisfaisante pour le passage relatif aux Samiens et aux Théréens (fgt *c*, l. 10).

37. Sur la révision des tributs en 425-4, cf. IG,I, 37, et Suppl., p. 13, 54, 66, 140; *Berichte der Wiener Akad. der Wissensch.*, 1897, 26 *Anzeiger*. Je donne la stèle telle qu'elle a été reconstituée au musée épigraphique d'Athènes (pl. I, n° 2) : le fragment z'''' du *Corpus* n'a peut-être pas été bien placé dans cette reconstitution (4e col., l. 36 sqq.).

Les restitutions sont celles de MM. Hicks et Hill (*Manual of Greek histor. Inscr.*, 1902, p. 64) : j'ai reproduit celles qui m'ont paru le mieux établies. J'ai ajouté, à la ligne 34 : ἐπειδὰν hέκει hε στρατία (d'après IG,I. 31, A l. 26-8).

Je ne pourrai examiner les questions relatives à la
date du décret et à la liste qu'en étudiant l'époque de
la guerre archidamique (cf. chap. IV). Dans l'ensemble,
le tribut a été à peu près doublé.

38. On a pu remarquer que certains fragments avaient
été attribués à tort, dans le *Corpus*, au décret IG,I 37
(fig. 10 et 11). Trois d'entre eux (IG,I, 37, *s''* —IG, I.

FIG. 10.

543 — IG,I, Suppl., p. 140) se raccordent pour former
l'inscription : pl. I, nº 3. C'est un fragment d'une autre
τάξις φόρου : à supposer qu'elle soit disposée comme la précédente, nous aurions là les 3e et 4e colonnes de la liste,
l'Hellespont et la Thrace. Nous avons le total du tribut
de l'Hellespont, plus de 296 t. : c'est presque *le triple*
de ce que ce district payait avant 424. Parmi les villes
de Thrace, il semble bien que Singos, Mékyberna et
Galè paient 10 t., ce qui serait une augmentation

énorme, surtout pour la dernière. En somme, il se peut
fort bien que les villes aient fini par payer, *sur le
papier*, les 1.200 ou 1.300 t. dont parlent les orateurs.
On ne sait pas d'ailleurs si le tarif en question est celui
de 420 ou de 416.

Fig. 11.

39. A partir de 425, il y eut encore 12 listes de tributs,
jusqu'au remplacement du tribut par le vingtième en
413. Il semble qu'après 427, l'usage s'était établi d'inscrire chaque liste sur une pierre spéciale, ce qui rend
plus difficile le classement des fragments qui nous restent
pour cette période.

Le seul qui soit daté est IG,I, 260, qui est de 421-0, et
ne contient que quelques noms.

Le fragment IG,I, 250 se raccorde à IG,I suppl., 272ᵈ et 272ᵉ :

	Noms	Chiffres	Noms
		H	Ηέσσιοι
	Γρίαπος	H	Μυριναῖοι παρὰ Κύμε
…II	ΓαρὰΓάριο[ν]	///|||||||	Γρυνεῖς
	Σεριοτειχῖ[ται]	X	Ιελύσιοι
	Διδυμοτειχῖ[ται]	HH	Κνίδιοι
	Βέσβικος	Γ	Σάριοι
	Δαμνιοτειχῖ[ται]	ΡΔΔΓ	Γαργαρε̃ς
	βια	⊢IIII	Νοτιε̃ς
	ἔς	⊢⊢II	Κολοφόνι[οι]
			[Διο]σιρῖτα[ι]
		ΡΗ	Κλαζομέ[νιοι]
	ἔς	XHH	'Ερυθραῖοι
	['Ασ]τυπαλαιε̃ς	ΔΓ⊢IIII	Βουθειε̃ς
	Νισύριοι	ΗΡ	Γολιχνῖται
IIII	'Αναφαῖοι ηαίδε τῶν πόλεον Χερρονέ[σο]		
..II	Μύνδιοι συντελε̃ς ὅσαι ἀπέδοσαν[τὸμ φόρον]		
	ΔΔΔΓ⊢⊢III "Αμιοι		
	ΔΓ⊢⊢⊢IIC Λε ι		

Le fragment IG,I, 251 est de la même époque.

Les fragments 261-5, 272ᵃᵇᶜ, le fragment *Hermès*, XXXI, p. 147, sont impossibles à classer.

40. Enfin, nous avons un fragment postérieur à l'établissement du vingtième : IG,I, 258, qui contient la liste des villes de l'Hellespont reconquises par Alcibiade en 409. Il est à remarquer, pour le chiffre correspondant à Byzance, que la première lettre, aujourd'hui perdue, fut notée par Pittakis comme ayant une barre verticale : serait-elle T, 1 t. ? En ce cas, le chiffre du tribut payé par Byzance dans la période qui précéda immédiatement sa défection aurait été de 66 t. et plus.

En somme, notre connaissance des tributs payés à partir de 424 est, jusqu'à présent, très imparfaite.

5) IG,I, 284-331.
Comptes des épistates des travaux publics.

41. IG,I, 284-8. Ces fragments appartiennent certainement à deux pierres différentes. On peut ajouter quelques
restitutions à celles du *Corpus*, mais elles ne permettent
pas de reconstituer l'ensemble, ni de déterminer de quel
travail il était question.

Il en est de même de

IG,I, 289-96,

quoiqu'on puisse se faire une idée de l'ensemble du
monument.

A) IG,I, 297-9.
La statue de Phidias.

42. IG,I, 298. Première rédaction, inachevée, d'un
compte qu'on a retrouvé tout entier (Suppl., p. 146).
IG,I, 299.
IG,I, Suppl., p. 147, 299 a.
IG,I, Suppl., 537 b (p. 53) : doit appartenir à une
stèle de la même série.
Peut-être IG,I, 556. Cf. Bannier, MA, 1902, p. 304.
Nous savons seulement que ces stèles appartiennent
toutes aux années qui ont précédé 438. Malheureusement,
il n'est pas encore possible d'en établir l'ordre.

43. Mais nous avons la stèle sur laquelle étaient résu-
mées les comptes des épistates de la statue :
IG,I, 297.
La stèle à laquelle appartenait ces deux fragments a
été reconstituée au musée : ils ont été placés à une dizaine
de centimètres l'un de l'autre, je ne sais d'après quel
principe.
En tête était la désignation des épistates qui avaient
dressé la stèle ; elle est perdue.

Puis vient le total de l'argent qu'ils avaient reçu pendant la durée du travail : la somme était comprise entre 700 et 1.000 talents. Il s'y ajoutait : 1° une somme d'or de provenance inconnue, et peu importante ; 2° une somme qu'un riche particulier, appelé probablement Kallaiskhros (le père de Kritias ?), avait donnée.

Le détail des principales dépenses est malheureusement perdu. L'achèvement dernier du travail n'avait coûté

Fig. 12.

IG, I, 297 (avec un fragment des comptes du Parthénon à gauche, pour faire ressortir la grandeur des lettres).

qu'une somme comprise entre 770 et 800 dr. Le κατάβ-[λημα], c'est-à-dire la frange du manteau (ce qui indique déjà qu'il s'agissait d'une statue), avait coûté à lui seul entre 30 et 50 talents.

Dans la rubrique suivante, la 2ᵉ ligne commence par

MATI,

mais la coupure de la pierre est telle que la première lettre ne pouvait être qu'un ϳ, et dès lors la restitution [ἀγά]λματι s'impose (fig. 12). Il s'agissait donc de l'or qui avait été employé pour la statue à laquelle se rapportait cette stèle.

Au-dessous venait peut-être la mention du reliquat qui était resté aux épistates.

Étant donnée l'importance de la somme mentionnée en tête, *je crois qu'on ne peut songer qu'à la grande statue d'Athèna Parthénos, le chef-d'œuvre de Phidias.* Le total des dépenses de ce travail était, comme on sait, inscrit sur une stèle de bronze placée dans l'opisthodome : nous avons sans doute ici une copie de cette inscription sur marbre, copie qui avait été placée dans l'Erechthéion, où les fragments ont été retrouvés.

Comme la statue de Phidias portait un poids d'or de la valeur de 616 talents, il n'est pas surprenant que le prix total du chef-d'œuvre, matière et travail, ait atteint près de 1.000 talents.

B) IG, I, 300-311.

Le Parthénon.

(Pl. II : CP).

44. On a trouvé maintenant un grand nombre de fragments appartenant aux comptes du Parthénon : IG, I, 300-311, et suppl., p. 37 (297 a b), 74 (311 a), 147 (300-2 a). Le fragment IG, I, 327 en fait aussi partie (Bannier, MA 1903, p. 304) ; il en est de même de deux ou trois fragments que je n'ai trouvés édités nulle part (voir fig. 20 et 26). Il s'agit de mettre ces fragments à leur place dans la stèle à laquelle ils appartenaient tous.

45. Partons du fragment 300-302, et du fragment 300-302 a, lequel, comme on l'a reconnu de suite, se place à peu de distance au-dessous du précédent. Leur ensemble présente :

1° Sur la face du milieu (face C), la moitié des comptes de la 14e année (434-3) et l'intitulé des comptes de la

15e (433-2) ; l'écriture est sensiblement plus petite que sur les faces latérales (fig. 13).

2° Sur la face de droite (face A) quelques lettres seulement. Le fragment 300-2 contenait visiblement, en haut, un intitulé, et au-dessous des chiffres : le premier

Fig. 13.

de ces chiffres, transcrit Δ Δ sur le *Corpus*, est en réalité $\frac{\Delta\ \Delta}{MM}$. (fig. 14). Au-dessous du dernier chiffre marqué par le *Corpus* (MM), à une distance assez grande qui indique qu'on passe des recettes aux dépenses, on lit le chiffre M, qui n'est pas marqué sur le *Corpus*. Le fragment 300-2 *a*, A, contient un intitulé, qui, vu la distance, est celui de l'année qui suit immédiatement celle du fragment 300-2, A.

3° Sur la face de gauche (face B), quelques lettres

aussi. Sur le fragment 300-2, on ne distingue rien, sinon
que NTI (l. 4) doit être la fin d'un participe comme
[ἐργολαβήσα]ντι, ce qui indique que nous avons là les

Fig. 14.

dépenses d'une année. Sur le fragment 300-2 *a*, *B*, nous
avons la fin d'un intitulé, celui de l'année qui suit celle
du fragment 300-2, B.

Voici maintenant la constatation importante. Sur la face

A, nous avons deux types d'écriture : l'écriture du fragment 300-2 est plus espacée et plus basse, plus *écrasée*, peut-on dire, que celle du fragment 300-2 *a* (fig. 14 et 15, cf. fig. 23, à gauche et à droite). Celle-ci, haute,

FIG. 15.

fine, élégante, est très facilement reconnaissable. *Or, sur la face, B, en haut (fragment 300-2), l'écriture est la même (peut-être un peu plus haute) que celle-là* (fig. 16) ; en revanche, l'écriture du fragment 300-2 *a*, face B, est d'un type nouveau, sensiblement plus petite, plus arrondie aussi (fig. 15 et 17). Nous distinguerons ces trois types d'écriture par les n°ˢ 1, 2, 3 : l'écriture de la face C (fig. 18 et 19) donnerait un 4ᵉ (et peut-être un

Fig. 16.

Fig. 18.

Fig. 19.

5°) type. *Comme l'écriture du bas de la face A et celle du haut de la face B sont de la même main, la face A était la première et la face B la seconde.*

Fig. 20.

46. Prenons maintenant le fragment 310 et le fragment 308-9, ce dernier complété par un petit fragment

(inédit, je crois), qui se place en haut et à gauche de lui
(fig. 20). On a reconnu depuis longtemps que le fragment 310 appartenait aux comptes de la 4ᵉ année (444-3)
et le fragment 309 aux comptes de la 5ᵉ (443-2) : cf.
J. Christ, *De publicis pop. Ath. rationibus*, 1879, p. 34.

Or, l'écriture de ces fragments est du type n° 2 (fig.
21 et 22; fig. 23, milieu) ; ils se placent donc, ou en bas

Fig. 21.

de la face A, ou en haut de la face B. S'ils se plaçaient
en haut de la face B, on aurait, sur la face A, les années
1, 2, 3, et, sur la face B, les années 4 et 5, plus deux
autres (celles des fragments 300-2, 300-2 *a*), et, comme
nous verrons, d'autres encore : les deux fragments se
placent donc en bas de la face A.

Or, le fragment 310 ne peut faire immédiatement suite
au fragment 300-2 *a*. Les statères d'or de Cyzique et de
Lampsaque qui figurent 310, l. 41-2 de ma copie, cor-

respondent aux chiffres 70 et 27+1 hecté, dont le début se lit 300-2 *a*, face A, l. 29-30 (voir le fragment 300-2,

Fig. 22.

face C). Mais, si on place les fragments de manière à faire correspondre ces deux lignes, la ligne 40 de 310, qui contenait Παρ [ὰ τῶν προτέρων ἐπιστατῶν], *ne tombe pas en face du chiffre* $\frac{\Delta\Lambda}{MM}$ [....] *de 300-2 a, face A, l. 28.* Donc 310 se place à quelque distance au-dessous de 300-2 a (fig. 23, au milieu et à droite).

Il y avait donc, sur la face A : une première année, perdue ; une seconde, qui est celle de 300-2 ; une troisième, dont l'intitulé est sur 300-2 a, face A ; une qua-

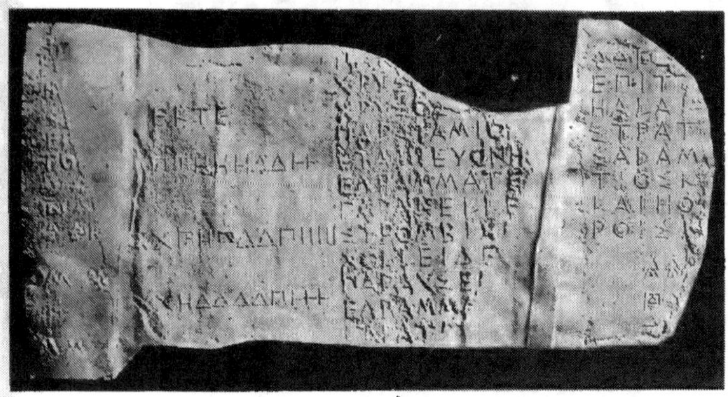

Fig. 23.

trième = 310 + 308 ; une cinquième = 309. L'année de 300-2, face B, est *au moins* la 6e, l'année dont l'intitulé se lit sur 300-2 a, face B, *au moins* la 7e.

47. Le fragment 303-5 est particulièrement intéressant, parce qu'il est opisthographe. L'écriture de la face 303-4 est du type 3 (fig. 17 et 24) : ce morceau appartient donc au bas de la face B, et se place au-dessous de 300-2 a. Le collège d'hellénotames dont il est question aux lignes 26-7 a pour secrétaire un Μυρρινόσιος : si l'on se reporte aux listes de tributs, où sont donnés les secrétaires des hellénotames, on verra que l'année ne peut être que la 7ᵉ ou la 9ᵉ. Comme nous avons déjà l'intitulé de la 7ᵉ, c'est la 9ᵉ (439-8).

On pourrait concevoir que la face 305, où on lit ANA[ΙΟΜΑΤΑ], s'emboîtât entre les fragments 310 et 308-9, bien qu'alors la face 303-4 dût se trouver bien bas dans la face B : l'espace réservé à trois années *au plus* (6, 7 et 8) en haut de la face B se trouverait allongé de manière disproportionnée. Mais, en essayant l'emboîtement, on voit qu'il ne se fait pas (encore qu'il ne soit pas absolument impossible). Le fragment 305 se place donc au-dessus de 310, et commence les dépenses de la 3ᵉ année : le fragment 303-4 se trouve placé à peu de distance au-dessous de 300-2 *a*, face B.

48. Le fragment 297 *a* se raccorde au fragment 303-4, et contient les dépenses de la 9ᵉ année (fig. 24 et 25). Le fragment 297 *b*, complété par un fragment inédit, présente la partie droite d'une année entière, qui peut être au plus tôt la 10ᵉ (fig. 26). Mais le fragment inédit qui se raccorde au fragment 308-9 est opisthographe, et les deux lettres de sa face postérieure qui ont été conservées ne peuvent se placer dans le fragment 297 *b* [1] : cela suffit à nous obliger à placer ce fragment un peu plus bas, et à l'attribuer à la 11ᵉ année (437-6). Le nom du premier secrétaire du Conseil s'y termine par ὑιάδης : il en est de même dans les comptes de la 1ʳᵉ année des Propylées = 437-6 (IG, I, 314). Cette remarque, que j'ai faite seulement après coup, est une vérification satisfaisante de tout mon arrangement.

Il devait y avoir sur cette face une 12ᵉ année, car en haut de la face C il n'y avait guère place que pour une année : en effet, le fragment 311 *a*, où l'écriture est la

---

1. A la vérité, la première fois que j'ai lu le fragment, les deux lettres ne se distinguaient qu'avec une grande difficulté : il paraît que maintenant elles sont complètement effacées.

Fig. 24

Fig. 25.

Fig. 26.

même que sur les fragments 304 et 297 *a* et *b*, peut-être un peu plus serrée, se place ici[1]. Pour tenir compte de la correspondance entre les deux faces, A et B, on est forcé de supposer que le fragment 327 (fig. 28), *qui est*

Fig. 27.

l'angle inférieur droit de la face A, contient la fin, non de la 5e, mais de la 6e année (442-1).

49. Tel est donc l'arrangement qui me paraît s'imposer :

Face A : ans 1, 2, 3, 4, 5, 6   447-1

1. Il pourrait, à la rigueur, appartenir à la 10e année (fig. 21 et 27).

Face B : ans 7, 8, 9, 10, 11, 12   441-435
Face C : ans 13, 14, 15   435-2

En arrangeant ainsi, on trouvera que l'an 7 est un peu

Fig. 28.

long (correspondant presque à deux années de la face A),
et que l'année suivante, 8. est un peu courte (correspondant à la moitié d'une année). Mais l'an 7 (441-0) est

bien une année où les travaux ont dû être poussés activement, et l'an 8 (440-39) est l'année où ils ont subi le
contre-coup de la guerre samienne, et ont peut-être été
complètement interrompus. L'anomalie en question se
prête donc bien à une explication historique.

50. Quant aux fragments 311 et 306-7 (fig. 29), on
verra qu'ils ne peuvent plus guère trouver place que là

Fig. 29.

où je les ai mis (le fragment 306-7 pourrait aussi contenir
sur la face A, le début de la 2e année, et, sur la face C,
la fin de la 13e). Les fragments IG.I, 312-3 ne peuvent
appartenir à la stèle (l'épaisseur n'est pas la même), non
plus que les fragments 315 *abc* (pour la même raison).

J'ai reconstitué la stèle d'après ces principes, en *ne
numérotant que les lignes qui sont réellement conservées en tout ou en partie* (pl. II : CP).

51. Cette comptabilité est disposée par années.
Chaque année est divisée ainsi :

1º Intitulé.

2º Reste de l'année précédente.

3° Recettes.

4° Dépenses.

5° Reste de l'année révolue.

52. 1) *L'intitulé* donne la date relative, la date absolue, le nom des épistates et de leur secrétaire.

Pour indiquer le numéro d'ordre de l'année dans la série, on se sert de deux formules : ἐπὶ τῆς ἀρχῆς, ou ἐπὶ τῆς βολῆς. On a un exemple de la première en l'an 9 : ἐπὶ τῆς ἐνάτης ἀρχῆς ἦ, etc. La seconde semble la plus usitée (an 5, an 14, an 15).

La date absolue est donnée par le nom du premier secrétaire du Conseil ou par celui de l'archonte. Le nom du secrétaire du Conseil apparaît partout. Il est à remarquer qu'on ne donne pas le démotique (an 14, an 15) : ιθιάδης, en l'an 11, est bien la terminaison du nom du secrétaire. Quant au nom de l'archonte, nous le rencontrons pour la première fois en l'an 11 (437-6), mais à partir de là, on le donne régulièrement.

Le nom des épistates est généralement donné. Le collège ne se renouvelait pas en entier chaque année, mais d'autre part il n'est pas resté le même pendant toute la durée des travaux. Y avait-il 10 épistates ? L'espace disponible est un peu court pour 10 noms en l'an 2, en l'an 5, en l'an 9 : je ferai remarquer, pour l'an 5, que ΠΡΟΤΟ ne se rapporte pas au secrétaire du Conseil, mais est le début d'un nom d'épistate, par exemple Πρωτο.... secrétaire des hellénotames en 434-3 (IG,I, 315). En revanche, en l'an 3, l'espace disponible est bien long pour 10 noms : il est vrai qu'il y a une formule additionnelle, dont nous ne voyons pas le sens. A la fin des travaux, on juge inutile de donner les noms des épistates.

Le nom du secrétaire des épistates est donné également. On ne peut affirmer que celui-ci fût d'abord annuel : cependant on n'aurait probablement pas pris l'habitude

de désigner le numéro d'ordre de l'année en se servant
de son nom (cf. an 9) sans cela. A la fin des travaux il
est resté le même (Antiklès en 434-3 et 433-2).

53. 2) En tête des recettes est inscrit le *reliquat de
l'année précédente*. Il semble bien que, suivant que le
collège d'épistates a ou n'a pas changé, on emploie régulièrement la formule : παρά τῶν προτέρων ἐπιστατῶν ou περιγενόμενον ἐκ τῦ προτέρο ἐνιαυτῦ. On trouve aussi la formule
intermédiaire (an 11) : περιγενόμενον ἐκ τῆς προτέρας ἀρχῆς.

La formule apparaît même là où elle n'est pas accom-
pagnée d'un chiffre, car il restait toujours en caisse les
70 statères de Lampsaque et les 27 statères + 1 hecté de
Cyzique, dont, paraît-il, les épistates n'ont pu se débarrasser.

54. 3) Parmi les *recettes* des épistates, les plus régulières, celles qui sont toujours inscrites en tête, sont
celles qui viennent des trésoriers de la déesse. En l'an 5,
on mentionne deux collèges de trésoriers : sans oser proposer une restitution de la première formule, nous présu-
mons que ΕΛΒΑ vient du verbe ἐγβαίνω, et que le premier
collège était celui des trésoriers *sortants*, et le second
celui des trésoriers de l'année.

Le second versement de l'an 2 vient peut-être des
côlacrêtres. Sauf (peut-être) en cet endroit, il est à noter
que le nom de ceux-ci n'apparaît nulle part.

Les hellénotames apparaissent pour la première fois en
l'an 4, et ont versé régulièrement depuis. Ils versent
même seuls en l'an 9 (439-8).

En l'an 4, est mentionné un versement ΠΑΡΑ ΧΣΕΝ.
Je restitue παρὰ ξεν[οδίκων] : je reconnaîtrais volontiers dans
cette magistrature le tribunal chargé des nombreuses γραφαὶ
ξενίας qui se greffèrent sur la loi des bâtards en 444 (Phi-
lochore, fgt. 90), et, dans l'argent versé par lui, le produit
des ventes d'esclaves au profit du Trésor. En l'an 4, on

désigne ce collège spécial par le nom de son secrétaire :
en l'an 5, on n'a pas inscrit le secrétaire, probablement
parce que le collège, qu'on supposait d'abord devoir
fonctionner pendant plusieurs années, a achevé sa tâche
en quelques mois. On connaît des ξενοδίκαι dans la Grèce
occidentale : cf. Monceaux, *Les Proxénies grecques*,
p. 174.

On trouve des versements faits par les commissions
chargées de la construction des trières (an 4) et du mur
du milieu (an 5). Ces travaux approchaient alors de leur
fin, et les commissions ont remis le reliquat de leur caisse
aux épistates du Parthénon.

Une autre source de recettes est la vente de certains
matériaux. On la constate pour la première fois dans la
9e année, celle qui suit l'inauguration solennelle du
monument (438) : en l'an 11, toutes les ressources des
épistates proviennent de là. En l'an 14, on vend un peu
d'or et d'ivoire, qui restait probablement de la statue.

Quant aux deux particuliers qui sont mentionnés en
l'an 9, ce sont des donateurs. Je ne crois pas qu'on puisse
songer à des débiteurs de la déesse, car les créances
étaient recouvrées par les trésoriers de celle-ci, et l'argent ne pouvait être remis directement aux épistates du
temple.

55. 4) Les *dépenses* étaient, au début, enregistrées
très sommairement. On marquait en bloc : 1° les achats,
2° les salaires — et on ajoutait quelques dépenses particu-
lières dont il n'est pas facile de voir l'objet. Par la suite,
on a détaillé davantage les deux chapitres principaux.
En l'an 7, par exemple, on a noté à part certains achats
(B, l. 8-9). En l'an 9, on trouve notées à part les quatre
opérations relatives aux blocs de marbre destinés aux
frontons :

1° extraction et taille des blocs ;

2° leur transport du Pentélique à Athènes :

3° leur transport au haut de l'Acropole ;

4° (probablement) le travail des sculpteurs sur l'Acropole, et la mise en place des frontons.

De même en l'an 11.

En l'an 12, on constate un nouveau progrès comme détail et comme méthode. On note à part :

    I) Les achats, qui étaient détaillés ;

    II) Salaires :

        1° travail du bois ;

        2° travail de la pierre, divisé en quatre chapitres comme pour les années précédentes ;

        3° travail de l'or et de l'argent ;

        4° autres salaires.

On n'a malheureusement jamais poussé jusqu'aux détails que nous offrent les derniers comptes de l'Érechthéion. Comme en outre le document est très mutilé, on entrevoit seulement qu'en l'an 6 on travaillait aux colonnes, et depuis l'an 9 jusqu'à l'an 11 aux frontons.

56. 5) A la fin de chaque année, on inscrivait le *reliquat*, dans lequel les statères de Lampsaque et de Cyzique ont figuré au moins jusqu'à la 14ᵉ année. Il y avait encore un petit reste à la fin de la 15ᵉ année (C, l. 46) : cette année fut très probablement la dernière (432) : en tout cas, il n'y avait rien d'inscrit sur la 3ᵉ face à la hauteur de l'an 11.

Je ne pourrai examiner les questions relatives aux chiffres qu'au chapitre III.

C) IG, I, 314-5.
Les Propylées.

57. IG, I, 314-5.

    Cf. IG, I, 554 (p. 222).

Cf. IG,I, 316 + IG,I, Suppl., 331ᵈ (p. 77) : voir Bannier, MA, 1903, p. 302 sqq.

Je me bornerai à faire sur la stèle, qui est reconstituée au musée épigraphique d'Athènes, les observations qui suivent.

En tête de la face antérieure, comme de la face postérieure, il y a une invocation à la divinité, dans laquelle Athèna est nommée.

58. Pour la première année (437-6), le nom du premier secrétaire du Conseil finit en οθιάδης (voir plus haut, p. LX).

Le collège était composé de cinq épistates qui n'étaient pas nommés pour toute la durée des travaux. Leur secrétaire était annuel.

Les recettes de la première année se composent :

1° de la location des domaines sacrés, car il faut restituer [χώρ]ας à la ligne 7, à cause de la correspondance avec [ὠνη]μάτων à la ligne 10 (cf. pourtant Bannier, *Rhein. Mus.*, 1906, p. 221) ;

2° probablement du montant des créances de la déesse, car on est tenté de restituer [πινά]κων τιμή (cf. IG,I, 313, l. 8), quoiqu'il faille supposer alors l'I de πινάκων en surcharge.

Il semble que toutes les recettes courantes de la déesse aient été cette année-là, versées aux épistates par les trésoriers.

Parmi les dépenses, le scribe commence par mentionner en bloc les achats et les salaires (le second μ de μισθωμάτων est encore distinct), puis enregistre les dépenses de détail, soit dans l'ordre de grandeur des chiffres, soit dans un ordre méthodique, comme pendant les dernières années des travaux du Parthénon.

Le fragment 554 appartenait, d'après le caractère de l'écriture, à la face antérieure de la stèle. Le démotique du secrétaire des hellénotames, qui commence par AI, empêche de le rapporter à l'an 436-435 (voir IG, I, 244) : le fragment appartient donc à la 3e année des travaux.

59. Dans l'intitulé de l'an 4, le nombre des épistates paraît bien être encore 5. Le nom du secrétaire des hellénotames, que Kirchhoff a restitué Πρωτο[γένης], était autre : on distingue un trait *vertical* après le deuxième 0. Les hellénotames ont versé directement aux épistates le soixantième du tribut, dû à la déesse : de même en l'an 3 et 5 (cf. chap. III). Nous retrouvons enfin des dons de particuliers, comme pour la statue et pour le Parthénon.

Le fragment reconstitué et commenté par M. Bannier (MA, 1903, p. 303), appartient, d'après les caractères de l'écriture, à la face postérieure, donc à la 5e année.

D) IG, I, 321-4.

L'Érechthéion.

60. Il devait exister des comptes pour la construction de l'Érechthéion, comme pour celle du Parthénon et des Propylées, mais des comptes plus détaillés et surtout plus méthodiques, en raison de la construction plus récente du monument (421-414).

Malheureusement, parmi les fragments de comptes d'épistates que nous avons, et qui ne se rapportent ni au Parthénon ni aux Propylées (IG, I, 312-3, 317, 325, 326, 328, 329, 330, 345. — Suppl., p. 38, 315 abc, 317 a ; p. 56, 555 h ; p. 124, 545 a ; p. 128, 555 l ; p. 178, 331 f, 331 g), aucun ne peut être attribué avec certitude à ces comptes.

61. On sait que le travail n'était pas achevé en 413, quand il fut interrompu par la guerre décélique, et qu'il ne fut repris qu'en 409. Sur cette deuxième partie des travaux, nous sommes au contraire bien renseignés par les inscriptions suivantes :

IG,I, 60 (Suppl., p. 18) ;
282 ;
322 (Suppl., p. 38, p. 152) ;
321 (Suppl., p. 75, p. 148);
324 ;

ces deux dernières mises en ordre par M. Kolbe (MA, 1901, 223 sqq.) ;
323, 331 c (Suppl. p. 39);
plus un fragment publié dans l'*Amer. Journ. of Archaeol.*, 1906, p. 1 sqq.

Il faut joindre à cette série la pièce IG,II, 829, relative aux travaux de réparation (du IVe siècle).

Mais, si précieux que soient ces documents à d'autres égards, ils ne nous seront guère utiles, car il ne s'y agit que de travaux de détail, et nous restons sans renseignements pour le gros œuvre.

Nous n'aurons donc, sur la marche des grands travaux de l'Érechthéion, que les renseignements d'ordre archéologique fournis par les travaux actuellement en cours : cf. *Amer. Journ. of Archaeol.*, 1906, p. 47 sqq.

62. IG,I, 318-319. Comptes des épistates des deux statues d'Héphaistos et d'Athèna. Cf. Judeich, TA, p. 326, n. 5.

Les fragments IG,I, Suppl. 331[a,b] (p. 39) se rapportent à une autre statue chryséléphantine.

IG,I, 320. Relatif à la réfection des πομπεῖα (420-419).

IG,I Suppl., 331e (p. 77) ; un autre fragment a été publié : BCH, 1888, p. 283 sqq., et le tout commenté par M. Foucart. Ces documents, qu'aujourd'hui l'on considère plutôt comme datant de l'époque de la paix de Nicias, sont relatifs à l'érection des dernières victoires en or (cf. chap. IV).

III

Papyrus de Strasbourg.

63. On sait que M. Bruno Keil, qui avait publié ce fragment (*Anonymus Argentinensis*, 1902), avait cru pouvoir en tirer certains renseignements sur le transfert du trésor de Délos. M. Wilcken vient de publier (*Hermès*, 1907, p. 374 sqq.) un article où il démontre que le fragment en question contient une série de notes sur un commentaire du discours de Démosthène contre Androtion, ce qui jette un jour nouveau sur les différents paragraphes.

Le premier est désormais sans intérêt pour notre sujet. Quant au second, il faudrait, pour tenter une restitution, être sûr de la lecture du chiffre, de la lecture η à la fin de la ligne 4, et surtout de la lecture κων (au début de la ligne 5), contestée par M. Keil.

64. En ce qui concerne le § 3, M. Wilcken démontre qu'il se rapporte aux décrets de 431. Il s'attache à prouver que cette notice remonte en dernière analyse au texte même du décret.

Je propose de compléter ainsi la restitution de la première partie du paragraphe :

῞Οτι ἐπ' Εὐ]ουδήμου Περικλέους γνώμην εἰσ-
[ηγουμένου ἔδοξεν τῶι δήμωι]τά ἐν δημοσίωι ἀποκείμενα τάλαν-
[τα τριακοσίων ἀποδέοντα πε]ντακισχείλια κατὰ τὴν Ἀριστεί-
[δου τάξιν συνηγμένα ἀνάλισκ]ειν εἰς τὴν πόλιν….

Je me bornerai ici à faire remarquer que la restitution proposée donne bien le nombre de lettres que M. Wilcken considère comme manquant à la gauche du texte. Elle ne pourra être justifiée que dans le cours du récit (cf. p. 144).

ÉTUDES

SUR

L'HISTOIRE FINANCIÈRE D'ATHÈNES

AU V° SIÈCLE

LE TRÉSOR D'ATHÈNES DE 480 A 404

CHAPITRE I

Athèna

(DES ORIGINES A 478-7)

> 'Ατ.) Καὶ τί πρὸς τούτοισιν ἄλλο; πλοῦ-
> τος ἐξαρχῆς δόμοις;
> Χορ.) Ἀργύρου πηγή τις αὐτοῖς ἐστι,
> θησαυρὸς χθονός.
> Eschyle, *Perses*, 237-8 (472 av. J.-C.)

> Γόνος τε γᾶς
> πλουτόχθων ἑρμαίαν
> δαιμόνων δόσιν τίοι.
> Eschyle, *Eumén.*, 946-8 (458 av. J.-C.).

I. *Le trésor athénien jusqu'en 483.* — Les naucraries.
II. *La découverte de Maronée (483) et les débuts de la marine attique.* — Construction de la flotte. — Campagnes de 480-78.
III. *La construction des murs d'Athènes et du Pirée.*
IV. *Les trésors sacrés; le trésor d'Athèna en 480.* — Les trésors sacrés : Delphes. — Le trésor d'Athèna n'existe pas encore en 480 : commencement de sa formation.

Pour cette période ancienne, les faits précis et certains, les chiffres en particulier, sont rares. Nous nous bornerons à recueillir avec soin tous les indices qui permettent d'acquérir une idée approchée de la réalité. A défaut d'affirmations, il est certaines impossibilités qu'il est important de souligner.

I

LE TRÉSOR ATHÉNIEN JUSQU'EN 483

Une longue suite de siècles nous échappe absolument. Nous sommes très mal renseignés, non seulement sur l'époque de la monarchie primitive, non seulement sur celle de l'aristocratie, mais même sur l'époque solonienne. Et d'ailleurs, entre cette première période de l'histoire d'Athènes et celle que nous aurons à étudier, il s'est passé un fait capital : l'usurpation des Pisistratides. Sans doute, Pisistrate respecta autant qu'il le put les lois et les formes traditionnelles ; il n'en est pas moins vrai qu'il introduisit les deux institutions inséparables de la monarchie absolue : l'armée permanente, l'impôt permanent. On nous dit que les tyrans levaient sur tous les produits du sol une taxe du vingtième, taxe que la mémoire rancunière du paysan d'Attique éleva plus tard au double [1]. Une pareille institution a suffi pour changer profondément l'économie de l'État athénien.

En réalité, nous ne pouvons commencer notre étude qu'avec les réformes de Clisthène (507-6), qui ont fixé définitivement les traits principaux de la cité athénienne. A partir de ce moment, nous connaissons un nombre suffisant de faits bien établis pour nous permettre certaines affirmations, et surtout certaines négations, au sujet du trésor athénien.

La puissance de l'autorité exécutive a survécu assez longtemps à la chute de la monarchie et à l'établissement du régime électif. Pendant vingt ans encore après Clisthène, les neuf archontes ont vraiment gouverné Athènes. Or, il est à remarquer qu'on ne trouve pas trace, en ce qui les concerne, d'attributions financières, sauf une exception dont nous reparlerons [2]. Il n'en est pas tout à fait de même de l'Aréopage, conseil des anciens archontes et, depuis 487, seule autorité qui pût faire office de gouvernement : certains faits tendent à prouver que l'Aréopage eut à cette époque la haute main sur l'administration du trésor [3]. C'est en ce sens qu'on peut présenter

1. Thuc., VI, 54. Aristote, 'A. π., XVI.
2. Cf. p. 4, n. 5.
3. La distribution d'argent de 480, les amendes versées « au trésor de l'Acropole », les accusations d'Ephialtès : nous parlerons de ces faits dans ce chapitre et dans le suivant.

les *côlacrètes* comme les caissiers de l'Aréopage[1]. Ces antiques magistrats paraissent bien avoir été les premiers intendants de l'État athénien : la location des domaines publics était pourtant déjà confiée à un collège spécial, celui des *pôlètes*[2].

Tous les fonctionnaires qui maniaient des fonds publics paraissent d'ailleurs avoir joui alors d'une indépendance bien plus grande que par la suite. Voici par exemple une anecdote qui nous met sous les yeux les pratiques courantes avant 480 :

« Thémistocle était arrivé à Sardes [après son exil] et s'y promenait, contemplant la parure des temples et les nombreuses offrandes qui s'y trouvaient. Il vit entre autres choses, dans le temple de la Mère des dieux, une statue appelée l'Hydrophore ; c'était une jeune fille, en bronze, haute de deux coudées, que *lui-même avait fait faire jadis lorsqu'il était inspecteur des eaux à Athènes, avec le produit des amendes qu'il infligeait à ceux qui avaient capté et dérivé l'eau des conduits publics*[3]... »

Voilà donc un magistrat qui prononce des amendes, les perçoit, en fait faire un ex-voto. Il se peut que les expressions de celui qui nous a conservé l'anecdote ne soient pas très rigoureuses. Mais certainement le fait rapporté par lui serait difficilement conciliable avec les règles de comptabilité compliquées que nous trouvons établies au ive siècle.

En théorie, le peuple est dès lors souverain, et son autorité est représentée d'une manière permanente par le Conseil des Cinq-Cents. Mais la surveillance rigoureuse de celui-ci sur les finances publiques ne s'établira qu'en 462-1[4], et même alors ne sera pas universelle. Elle sera facilitée par l'institution des *apodectes*, collège chargé de centraliser les revenus publics, dont on attribua plus tard la création à Clisthène, mais qui paraît pour la première fois en 418-7[5]. Quant au contrôle du Peuple même, il nous apparaît déjà organisé dans les dèmes[6], mais les précautions multipliées contre tous les dépositaires

1. Cf. Wilamowitz, AuA, II, p. 191.
2. Arist., 'Α. π., VII, 3.
3. Plut., *Thémist.*, 31.
4. Cf. Wilamowitz, AuA, II, p. 191.
5. FHG, I 371 cf. Bruno Keil, A A, p. 166. I G, I Suppl., p. 67 (53ª) l. 15-8.
6. I G, I Suppl., p. 4 (2), face B (cf. I G, I, p. 5).

de la richesse publique se développeront seulement par la suite, parallèlement aux progrès de la démocratie.

Ce sont là déjà des indices du peu d'importance qu'avait le service des finances dans la république primitive. Les contemporains de Lycurgue ne pouvaient plus se représenter cet état de choses et n'en tenaient point compte dans leurs légendes [1]. Il est pourtant bien prouvé, et demande à être expliqué.

Les gouvernants d'Athènes font face aux nécessités de la vie de l'État, dans la règle, par la réquisition directe des citoyens. Les fonctions publiques sont purement honorifiques. L'armée est composée des hommes assez riches pour s'équiper à leurs frais [2]. Dans les tribunaux populaires n'entrent encore que les jurés capables de consacrer leur temps au service public [3]. Pour les travaux publics seulement, le principe de la corvée semble inconnu [4] : le système habituel est l'adjudication.

Quant aux services entraînant des frais sérieux, l'État s'en décharge directement sur les riches par les *liturgies*. Les premiers magistrats de l'État, les archontes, ont donc à dresser chaque année la liste des liturges [5]. Ceux-ci pourvoient aux frais des banquets des tribus (*hestiasis*), des représentations dramatiques (*chorégie*), des jeux et des fêtes (*gymnasiarchie*), des ambassades aux grands sanctuaires (*archithéorie*), etc... S'il y a contestation entre les citoyens désignés, l'un prétendant être surtaxé au profit d'un autre, l'autorité publique leur défère l'*antidosis*, l'échange des fortunes [6].

Ainsi, l'État libre se trouve déchargé, en temps ordinaire, des principales dépenses.

En revanche l'autorité ne lève aucun impôt direct : le vingtième des Pisistratides n'a bientôt plus été pour les Athéniens qu'un souvenir indécis. Tout au plus prévoyait-on la levée

---

1. Cf. p. ex. : Plut., *Arist.*, 4 (d'après Idoménée).

2. Cf. I G, I Suppl., p. 57 (1ᵃ), l. 8-12 (qui est probablement de l'époque clisthénienne : cf. Wilhelm, M A 1898, p. 486). La longueur des premières lignes semble fixée par la bonne restitution de M. Horner pour l. 1-5 (*Quaestiones Salaminiae*, 1901, p. 17). Je restitue le passage qui nous intéresse ici : [Τ]ὰ δὲ [h]όπλα π[αρέχεσ]θα[ι ἒ τίνεν : τ]ριά'κ]οντα : δρ[αχμὰς] hό[στε ἀπὸ τõ]νδε [τ]òν ἄρχο[ντα αὐτοῖσι παρέχ]εν :

3. Arist., 'A. π., XXVII, 4.

4. Sauf des cas exceptionnels, comme la reconstruction des murs en 479 (voir plus loin).

5. Arist., 'A. π., LVI, 3 sqq.

6. Cette institution était attribuée à Solon (Dém., XLII, 1 ; éd. Didot, p. 541) : elle est certainement très ancienne.

d'une taxe directe comme un expédient extrême en cas de guerre : en fait, on n'y eut recours qu'au temps de la guerre du Péloponnèse [1]. Lorsqu'on rencontre, dans une inscription du VIᵉ siècle, le mot τελῶ, il s'applique aux quelques droits qu'avaient à acquitter les citoyens [2]. Une inscription de Cyzique, qui remonte à cette époque, nous donne quelque idée de ce qu'étaient ces droits. Il accorde aux enfants d'Aisépos « l'atélie, sauf pour le νχύσσον (?), le droit à acquitter quand on se sert de la balance publique, le droit du quart (?), les droits sur la vente des chevaux et des esclaves. Ils seront exempts de tous les autres droits [3]. » D'une manière générale, l'impôt direct était, pour les Grecs de ce temps, le signe de la servitude [4]. Seulement, dans un État encore tout continental comme Athènes, l'absence d'impôt foncier réduisait à peu de chose les ressources normales de la cité libre.

Malgré tout, il existe à Athènes comme ailleurs un trésor public (δημόσιον). Il faut bien pourvoir à certaines dépenses courantes d'administration, entretien des appariteurs, des archers, qui sont ordinairement des esclaves publics, entretien de certains travaux d'utilité publique, primes pour la destruction des loups, dons à des poètes ou à des médecins, subventions aux invalides, et surtout offrandes et sacrifices aux divinités nationales ou panhelléniques : les lois du VIᵉ siècle prévoyaient trois talents par an pour les dépenses religieuses [5], et, depuis, d'autres sacrifices ont été institués, par exemple celui des divinités d'Eleusis [6]. Ainsi, même en temps de paix, le trésor public supporte certaines charges.

Et, d'autre part, il a certaines ressources régulières. Au premier rang, les mines du Laurion, qui lui fournissent l'argent avec lequel sont frappées les chouettes déjà réputées d'Athènes, et qui vont devenir une source de profit

---

1. Thuc., III, 19. Cela n'empêche pas que l'expédient ne pût être *prévu* auparavant dans les lois athéniennes.

2. Cf. p. ex. I G, I Suppl., 1ᵃ (cf. ci-dessus, p. 4, n. 2), l. 3.

3. Dittenberger, *Sylloge Inscr. gr.* (2ᵉ édit.), 464 (t. II, p. 72).

4. Le seul fait qui pourrait en faire douter est le passage d'Hérodote sur les Thasiens (VI, 46), où il remarque expressément qu'ils étaient exempts d'impôt foncier : mais Hérodote avait été habitué à vivre dans des contrées ayant connu la domination perse.

5. Lys., XXX, 19-20.

6. Cf. la loi reconstituée par v. Prott (M A 1899, p. 253).

considérable. L'État a d'autres domaines qu'il afferme ; à une époque où la propriété foncière est encore prépondérante, ils constituent le plus important de ses revenus. Il perçoit certains droits, analogues à ceux que nous indique l'inscription de Cyzique, mais peu importants à Athènes, où le commerce est encore très faible. Enfin, il prélève des frais de justice (πρυτανεῖα) [1] et des amendes parfois considérables (Phrynichos est condamné en 493 à payer 1.000 dr., Miltiade en 489 à payer 50 talents [2]). Ces trois sources de revenus, domaines, droits, frais de justice et amendes, sont les seules qui alimentent régulièrement le trésor.

Quelque réduit qu'il soit dans la république athénienne, il n'en existe pas moins, et les premiers succès d'Athènes y font affluer l'argent.

Mais il ressort évidemment de tous les faits connus que les Athéniens ne songeaient pas alors à l'accroître. Lors de la victoire sur les Béotiens et les Chalcidiens en 506, ils font plus de 700 prisonniers, dont la rançon est de deux mines : cet argent est employé à bâtir un portique à Delphes. Les terres des aristocrates de Chalcis, confisquées par l'État athénien, sont aussitôt distribuées par lui à des citoyens pauvres [3]. Plus tard, au moment même où Athènes provoque le roi de Perse, les ressources de l'État sont employées à bâtir le premier théâtre en pierre (498-7) [4] : c'est aussi le moment où est aménagée la Tholos, la Pnyx, etc. La bataille de Marathon (490) met aux mains des vainqueurs un butin qui leur paraît fabuleux : on le consacre à élever à Delphes un nouveau monument, le Trésor des Athéniens [5], monument petit, mais d'une exécution très soignée, et dont la reconstruction vient de coûter 40.000 francs.

On voit que la pensée de constituer un trésor de réserve est encore étrangère aux hommes d'État athéniens : on s'explique ainsi que, lors de la découverte des mines de Maronée (483), leur première idée ait été de consacrer les bénéfices à une distribution d'argent au peuple, exactement comme faisaient

---

1. Les πρυτανεῖα serviront plus tard à payer le salaire des juges : [Xén.], 'A. π., I, 16.
2. Hérod., VI, 21, 136.
3. Wilam., AuA, II, p. 287. Hérod. V, 77.
4. Judeich, T A, p. 65.
5. Cf. Homolle, B C H, 1892, p. 612 ; 1896, p. 612.

les Siphniens au siècle précédent [1]. Sparte, dont l'évolution politique s'est arrêtée à peu près à ce moment, n'a pas eu de trésor important jusqu'au IVe siècle.

Il est pourtant un service qui exige absolument une organisation financière plus développée et des prévisions à longue portée : c'est la marine. Aussi bien, c'est à ce service qu'est rattachée la première organisation administrative dont nous trouvions la trace à Athènes : dès le VIIe siècle, l'Attique était divisée en 48 naucraries, fournissant chacune une pentécontore et un homme par vaisseau [2]. La marine athénienne semble avoir été ensuite négligée à l'époque solonienne et même au temps des Pisistratides, mais la vieille organisation subsista et fut adaptée aux cadres nouveaux de Clisthène (507) : il y eut alors 50 naucraries. Les naucrares faisaient les collectes nécessaires à l'armement des très modestes escadres attiques, et disposaient parfois de certains excédents [3].

Autre chose est de savoir si Athènes disposait réellement de 50 vaisseaux de guerre. En 499, elle n'en envoya que 20 au secours des Ioniens [4]. Mais, en 489, il semble que Miltiade en conduisit 50 contre Paros [5]. En tous cas, Athènes se trouva prise au dépourvu quand commença la lutte contre Égine (487) : le récit d'Hérodote sur les événements qui se passèrent alors est assez précis pour mériter confiance et assez instructif pour être cité en entier [6]. Il raconte comment les Athéniens devaient débarquer à Égine à jour fixe, et il ajoute :

« Mais ils n'arrivèrent pas à temps. En effet, ils n'avaient pas les navires nécessaires pour se mesurer avec les Éginètes. Pendant qu'ils négociaient avec les Corinthiens pour leur en emprunter, l'occasion favorable fut perdue. Les Corinthiens, qui étaient alors grands amis d'Athènes, lui accordèrent 20 vaisseaux, en demandant 5 drachmes pour chacun, car leur loi ne permettait pas de *donner* des vaisseaux. Les Athéniens, joignant ces navires aux leurs, arrivèrent à armer 70 navires

---

1. Hérod., III, 57.
2. Cf. Glotz, *Études soc. et jurid.*, p. 243 sqq.
3. F H G, I, 371.
4. Hérod., V, 97.
5. Hér. (VI, 132) dit 70, parce qu'il a placé la guerre contre Égine *avant* Marathon (cf. E. Meyer, GdA, § 204 note).
6. Hérod., VI, 89 .

en tout, et firent voile pour Égine, où ils arrivèrent le lendemain du jour convenu. »

Cette guerre contre Égine se prolongea plusieurs années
avant que les Athéniens pussent faire les efforts nécessaires.
Il y avait bien un parti qui réclamait la constitution d'une
marine puissante : l'archonte de 493-2, Thémistocle, avait
commencé des travaux au Pirée [1], mais d'autres idées avaient
prévalu depuis dans les conseils de la République.

En effet, l'entretien d'une escadre puissante eût exigé des
ressources régulières tout autres que celles dont disposait
l'État athénien — ressources qu'apporta seulement la découverte des mines de Maronée en 483. A la même époque, les
Thasiens comptaient sur les deux ou trois cents talents que leur
fournissaient les mines du Pangée pour former une flotte
capable de les protéger contre les Perses [2]. Et, jusqu'à ce
moment, il n'existait pas de flotte grecque qui fût constituée
uniquement avec des trières [3], les navires modernes, dont se
servaient couramment les Phéniciens.

II

LA DÉCOUVERTE DE MARONÉE (483) ET LES DÉBUTS
DE LA MARINE ATTIQUE.

Il faut donc insister sur le fait capital de la découverte de
Maronée (483).

Nous en avons deux récits : l'un, celui d'Hérodote, est
postérieur au fait d'un demi-siècle à peine, l'autre, celui
d'Aristote, nous a conservé la tradition nationale d'Athènes ;
les autres témoignages n'entrent pas en ligne de compte à côté
de ceux-là.

Hérodote (VII, 144) :

« Thémistocle avait fait déjà auparavant prévaloir un avis
opportun, lorsque les Athéniens, voyant affluer dans leur trésor de grandes richesses, qui provenaient des mines du Laurion, voulurent les partager entre les citoyens, par tête, cha-

1. Cf. Judeich, TA, p. 65.
2. Hérod., VI, 46.
3. Thuc., I, 14.

cun recevant 10 drachmes. Alors Thémistocle, les dissuadant
de ce projet, leur conseilla de se servir de cet argent pour
construire 200 vaisseaux en vue de la guerre (il parlait de
la guerre d'Egine) : cette guerre, survenue alors, sauva la
Grèce en forçant les Athéniens à devenir marins. Les navires
ne servirent pas à l'objet pour lequel ils avaient été faits,
mais la Grèce les trouva en temps utile. Ainsi les Athéniens
disposaient de cette flotte, faite à l'avance, mais il fallut
encore construire d'autres vaisseaux... »

Aristote ('A.π., 22) :

« Trois ans après [l'exil de Xanthippe], sous l'archontat de
Nikodèmos, lorsque les mines de Maronée furent découvertes
et que la ville retira 100 talents des travaux, d'aucuns propo-
sèrent de distribuer l'argent au peuple : Thémistocle s'y
opposa, sans dire à quoi il emploierait ces richesses, mais en
conseillant de les prêter aux cent plus riches Athéniens, à
raison de 1 talent par tête ; si l'emploi qu'ils en feraient était
jugé utile, l'État en ferait son profit, sinon, il redemanderait
l'argent. Ayant reçu l'argent à ces conditions, il fit construire
100 trières : chacun des cent en construisit une ; ce furent
ces vaisseaux qui combattirent à Salamine contre le Barbare.
En ces conjonctures fut ostracisé Aristide, fils de Lysimaque :
mais quatre ans après, sous Hypsichidès, on rappela tous les
ostracisés, à l'occasion de l'invasion de Xerxès... »

Voici les faits qu'on entrevoit à travers ces récits.

La nouvelle de la découverte des mines de Maronée fut
réellement subite. Sans doute on exploitait depuis un temps
immémorial les gisements de plomb argentifère du district
du Laurion : dès le vi[e] siècle, c'est avec l'argent lauréotique
que l'Etat athénien frappait sa monnaie. Mais l'exploitation
n'était pas très active : c'était Siphnos, c'était Thasos qui alors
approvisionnaient de métal le marché égéen[1]. Les hauteurs
du Laurion sont constituées par des couches successives de
schistes et de calcaires, aux contacts desquelles se rencontre
le minerai utile : suivant une conjecture très vraisemblable de
M. Ardaillon, on ne connut longtemps que le premier contact,
le moins riche ; et c'est seulement à l'époque où nous sommes
qu'on tomba sur le troisième, aux environs de Camaréza,
dans la région qui, encore maintenant, est la plus produc-

____

1. Ardaillon, *Les mines du Laurium*, p. 133, 143.

tive [1]. Après s'être longtemps acharné sur les mêmes gisements, on commençait à se décourager, quand un hasard heureux, comme il arrive souvent en pareil cas, mit en présence de veines bien plus opulentes.

On ne sait pas depuis combien de temps l'État athénien s'était approprié ces mines, ni s'il les possédait en entier : en tout cas, l'exemple de Siphnos et de Thasos montre que le droit de l'État sur les mines était dès lors la règle générale en Grèce [2]. Nous avons dit aussi qu'en principe l'État affermait ses domaines ; un collège de magistrats très ancien, les *pôlètes*, était chargé de l'adjudication. Quelle était la part de l'État dans le bénéfice du locataire ? On a conclu d'un texte de Suidas qu'elle était le 24ᵉ du produit [3], et que, par conséquent, le système appliqué était celui de la rente proportionnelle, en vigueur aussi dans l'Empire romain [4]. Mais il me paraît impossible de comprendre comment ce système pourrait se concilier avec celui de la mise aux enchères, qui implique essentiellement la variabilité du rapport [5]. Je crois qu'il faut renoncer à connaître la proportion entre le bénéfice réalisé par l'État et le produit réel des mines : seulement, on peut affirmer que, lorsqu'il se produisait ce que les Américains appellent un *rush*, comme ce fut le cas à ce moment, la proportion était fort élevée.

Nous n'avons donc aucun moyen de contrôler le chiffre de 100 talents donné par Aristote. Partant de la proportion du 24ᵉ, et admettant que le bénéfice de 100 talents représentait un produit de 2.400 talents, soit plus de 60.000 kilogrammes d'argent, on a remarqué que, même avec les procédés modernes, ce chiffre supposait plus de 30.000 tonnes de plomb d'œuvre, et plus de 600.000 tonnes de minerai argentifère [6].

1. Ardaillon, *Les mines du Laurium*, p. 37 sqq., 136 sqq.
2. Cf. id., *ibid.*, p. 175-7.
3. Suidas, s. v. Ἀγράφου μετάλλου δίκη.
4. Cf. Code Justinien, XI, 6.
5. M. Ardaillon, qui se sert du texte de Suidas, est forcé de supposer que le 24ᵉ était seulement le point de départ des enchères (*l. l.*, p. 195-6).
6. Voici les chiffres de 1881, pour l'exploitation de la Société française :

Extraction de		116.100 tonnes		
dont	Calamine..	51.400	»	
	Minerais de plomb....................................	55.000	»	62.800
	Minerais mixtes (zinc et plomb).................	7.800	»	
	Fer..	1.900	»	

Les minerais de plomb ont donné 1.900 tonnes de plomb d'œuvre : on retire 2 kilogr. d'argent par tonne de plomb d'œuvre. Cf. *Rev. marit. et colon.*, 1883, 3, p. 617 sqq.

Les ingénieurs qui connaissent le mieux le Laurion s'accordent à déclarer un pareil chiffre invraisemblable, même pour l'époque où le troisième contact était encore vierge. Mais, encore une fois, nous ne savons pas du tout dans quelle mesure le produit réel a dépassé le bénéfice de l'État, fixé à 100 talents. Certainement, à la nouvelle de la découverte de Maronée, quiconque à Athènes avait quelques esclaves ou le moyen de s'en procurer avait recherché une concession, car les lots étaient généralement petits : peut-être beaucoup des adjudicataires furent-ils déçus.

En tout cas, la somme encaissée par l'État cette année a été énorme par rapport aux revenus ordinaires, et plus grande aussi que dans les années suivantes, lorsqu'on connut plus exactement la production du Laurion.

La majorité des membres de l'Aréopage trouva tout naturel de faire bénéficier immédiatement du trésor nouveau les membres du « souverain ». Hérodote parle d'une distribution de 10 drachmes par tête. Ce chiffre a paru inconciliable avec les 100 talents d'Aristote (600.000 drachmes) : il supposerait un chiffre de 60.000 citoyens, qui est en effet invraisemblable [1]. Seulement il nous paraît certain qu'on procéda alors comme après la défaite des Chalcidiens : on fit la part des dieux, on garda ce qui était nécessaire pour parer aux dépenses courantes de l'État, et c'est le reste seulement que l'on se proposait de distribuer aux citoyens les moins aisés.

Mais Thémistocle mit tout en œuvre pour que les ressources nouvelles qui permettaient enfin de réaliser ses projets ne fussent pas gaspillées : et d'ailleurs la guerre contre Égine rendait sensible le besoin d'une marine même à ceux des Athéniens qui ne croyaient plus au péril perse.

C'est ce débat que le peuple athénien trancha par l'ostracisme d'Aristide (janvier 482). Aristote dit bien que les mines de Maronée ayant été découvertes sous Nikodèmos (483-2), et Aristide ayant été ostracisé *dans ces conjonctures*, il fut rappelé *dans la quatrième année* après son bannissement (sous Hypsichidès en 480). Mais ces données sont contradictoires. Il vaut mieux lire, avec Plutarque, *dans la troisième année*,

---

1. Du chiffre d'Hérodote et de celui des 30.000 citoyens (cf. Hérod., V, 79), on déduirait un revenu total de 50 talents pour le Laurion (Beulé, *Les monnaies d'Athènes*, p. 14). Entre les deux, c'est en tout cas le chiffre d'Hérodote qu'il faut garder.

et admettre qu'Aristote a été entraîné par les mots qui suivent (*à l'occasion de l'invasion de Xerxès*) à songer à l'archontat de Kalliadès (480-79). L'ostracisme tombe ainsi en 483-2 [1] : or, l'ostracisme était décidé dans la sixième prytanie (janvier). D'autre part, on peut croire que, sous Nikodèmos comme au IVe siècle, la location des mines avait lieu dans la deuxième prytanie, et que les revenus rentraient dans la neuvième [2]. Nous plaçons donc ainsi les faits :

Le bruit de la découverte de Maronée se répand au printemps de 483, et le *rush* se produit lors de la location d'août-septembre 483. Le peuple se prononce pour Thémistocle contre Aristide en janvier 482, et l'argent nécessaire pour la construction de la flotte rentre *au plus tard* au printemps de 482.

Ce qui est certain, c'est que l'affectation des ressources nouvelles à la construction d'une flotte fut décidée.

Étant donnée l'organisation de l'État athénien à cette époque, il est très naturel qu'il se soit déchargé sur des particuliers du travail à accomplir. Il n'y a aucune raison de douter que le traité passé entre Thémistocle et les cent plus riches citoyens ne soit réel : ces cent hommes n'étaient pas tous des armateurs, mais tous étaient en mesure de se procurer des esclaves ou de louer des ouvriers libres en nombre suffisant. On ne saurait préciser les conditions du marché : plus tard, quand la *triérarchie* fut une liturgie surérogatoire, mais régulière, l'État fournit le bâtiment mâté, et le triérarque dut l'entretenir et l'équiper à ses frais [3]. On peut être sûr qu'au lendemain de Marathon, à la veille de Salamine, les premiers triérarques d'Athènes ont fait plus qu'il ne leur était demandé.

On a vu que, d'après la tradition attique, on remit un talent à chacun des constructeurs : 100 talents pour construire 100 vaisseaux, ces chiffres sont bien ronds pour être pris à la rigueur — surtout si, comme nous le croyons, une certaine part du bénéfice de l'État avait été prélevée pour les dieux et pour d'autres dépenses. Au IVe siècle, la réfection complète

1. Cf. pourtant Kolbe, *De Athen. re navali* (Tubingue, 1899), p. 6. Je ne puis juger autrement que je l'ai fait dans le texte.
2. Ardaillon, *l. l.*, p. 179.
3. Sur la triérarchie, cf. en dernier lieu Kolbe, *de Athen. re navali*, p. 25 **sqq**.

d'une trière coûtait 5.000 à 5.500 drachmes [1], mais nous sommes sûrs qu'alors le prix de l'argent avait beaucoup baissé, quoique nous ne sachions pas dans quelle proportion. De plus, la forme des bâtiments avait changé.

Le vaisseau commandé était la *trière*, le bâtiment long à trois rangs de rameurs : c'était le type le plus élevé qu'eût alors réalisé l'art nautique. Il faut nous représenter ces trières comme de grands caïques de 40 mètres de long sur 5 de large, et de 5 mètres de haut environ [2] : à l'intérieur, il y avait de chaque côté trois rangées de bancs superposées pour les rameurs, et deux ou trois mâts pour les voiles ; dans les navires les plus soignés seulement, le pont couvrait tout de l'avant à l'arrière [3]. Le bois pouvait être fourni par les montagnes de l'Attique, bien moins dénudées alors qu'au temps même de Platon [4]. Quant à la main-d'œuvre, les grands propriétaires d'Athènes la trouvaient parmi les petits tenanciers de leurs domaines.

Il fallut six mois pour construire l'*Eikasore*, le vaisseau monstre de Ptolémée [5] : une trière était certainement plus vite prête, même en 482. Les cent vaisseaux commandés furent donc assez promptement réunis. Mais, outre ceux-là, il en existait déjà d'autres : si les 60 ou 70 bâtiments qui avaient combattu contre Égine étaient pour la plupart des *pentécontores* à un ou deux rangs de rames [6], difficiles à aménager en trières, quelques-uns avaient déjà trois rangs de rames ; à en croire Charon, les 20 vaisseaux qui avaient fait l'expédition de Sardes (499) étaient de ce nombre [7]. D'autre part, si les revenus du Laurion ont diminué une fois « la fièvre de l'argent » tombée, ils ont été assez abondants encore en 481, et même en 480, pour permettre des constructions nouvelles : l'activité redoubla sur les chantiers attiques quand le bruit

1. Boeckh, SdA (éd. Fraenkel), I, p. 141. Il n'est pas impossible que les atthidographes du iv⁰ siècle aient déduit les 100 talents précisément des prix de construction de leur époque.

2. Torr, *Anc. Ships*, pp. 20-25. Cf. Cartault, *La trière ath.*, p. 245 sqq.

3. Thuc., I, 14. Cf. Torr, *l. l.*, p. 50, n. 118, dont l'explication me semble compliquer les choses inutilement.

4. Platon, *Critias*, p. 111 c. Cf. Guiraud, PF, p. 503.

5. Cf. Cartault, *La trière athén.*, p. 19 : on travailla encore 6 mois pour perfectionner le bateau.

6. Une pentécontore à 2 rangs de rames est représentée sur le vase suivant : *British Museum*, B 436.

7. Plut., *de Herod. malign.*, 24. Cf. Kolbe, *de Athen. re nav.*, p. 4.

des préparatifs du Roi commença à se répandre. Ce qu'on sait, c'est qu'Athènes avait, en 480, 147 trières [1]. En deux ans, elle était devenue la première puissance maritime du monde grec.

Pour monter ces vaisseaux, on comptait avant tout sur les citoyens de la quatrième classe, les *thètes*. Ceux des trittyes paraliennes avaient été déjà, au temps des naucraries, soumis à une sorte d'inscription maritime ; l'institution dut être généralisée, et étendue aux populations de l'intérieur, quand le péril perse se rapprocha [2]. Or, ces hommes étaient de pauvres diables, vivant de la main à la bouche, qu'on ne pouvait faire servir sans solde.

Le minimum d'entretien d'un homme était alors estimé à 2 oboles (ce fut le chiffre accordé en 480 par les Trézéniens aux Athéniens réfugiés chez eux [3]). De telles dépenses n'étaient pas lourdes quand il s'agissait de coups de main sur Égine ou Mégare, ou de flibusteries fructueuses. Mais tout changeait dès que l'on avait affaire à l'empire perse : la guerre allait entraîner des opérations prolongées, tenir les escadres pendant des mois en mer. On le vit dès 480.

Les préparatifs de Xerxès ne commencèrent qu'en 483 : dès 482 ou 481 le bruit s'en répandit en Grèce, forçant tous les États qui ne voulaient pas se soumettre à se rallier autour de Sparte, Athènes en tête [4]. Dès le début de 480, Thémistocle conduisit en Thessalie une partie de la flotte nouvelle. Un peu plus tard, à la nouvelle de l'approche de Xerxès, eut lieu la mobilisation générale. Il y eut 127 vaisseaux athéniens réunis à l'Artémision [5], soit une masse de 26.000 hommes.

---

1. Hérod., VIII, 1. Quant aux 53 prétendus vaisseaux de réserve, cf. Bury, *Ann. Brit. Sch.*, 1895-6, p. 83 sqq., dont la démonstration me paraît convaincante.

2. Sur l'inscription maritime avant 483, cf. Glotz, *Études soc. et jurid.*, p. 243 sqq. — Sur l'inscription maritime immédiatement après 483, cf. les bornes des trittyes, IG, I, 517, 518, et Suppl., p. 120-1, 517*b* (en dernier lieu : Foucart, *Journ. des Sav.*, 1907, p. 180).

3. Plut., *Thémist.*, 10 (bonne source). C'est d'ailleurs le chiffre primitif du salaire des juges à Athènes (voir p. 53). Nous reviendrons sur ce chiffre au chap. II.

4. Hérod., VII, 20) parle de 4 ans de préparatifs : mais Khabbisha n'a succombé qu'en 483 (Maspero, *Hist. anc. de l'Orient class.*, t. III, pp. 715, 716 . — Il n'y a aucune raison de douter que la nouvelle des préparatifs ne soit arrivée à Athènes *après* la loi sur la flotte.

5. Cf. p. 14, n. 1. Les Athéniens avaient prêté 20 vaisseaux aux Chalcidiens (Hérod., VIII, 1).

représentant une dépense de plus de 40 talents par mois : la principale ressource de la république, le Laurion, ne fournissait guère plus d'argent pendant l'année.

Il était donc inutile de supposer que Thémistocle gardait l'argent ou l'employait autrement, pour expliquer que la solde ne fut pas toujours servie. Une anecdote rapportée par Plutarque est suggestive à cet égard [1] :

« Un des citoyens, Architélès, résistait à Thémistocle : c'était le triérarque du vaisseau sacré (?). N'ayant pas de quoi payer ses matelots, il songeait à retourner à Athènes. Thémistocle alors excita les hommes contre lui, tant qu'enfin ils se mutinèrent et lui enlevèrent son repas. Architélès était indigné de cet affront : mais Thémistocle lui envoya dans une corbeille du pain et de la viande, sous laquelle était caché un talent d'argent (*sic*), avec l'ordre de dîner tranquillement, et, le lendemain, de s'occuper de son équipage ; sinon il l'accuserait devant les citoyens d'avoir reçu de l'argent des ennemis. Ceci d'après Phanias de Lesbos [2]. »

Le témoignage est un peu posthume et plus d'un détail a pu être altéré, mais la précision du récit est une garantie de vérité — au moins dans l'ensemble.

Quelques jours plus tard, au moment de l'évacuation d'Athènes, l'Aréopage distribua aux matelots 8 drachmes par tête, près d'un mois de solde [3]. Le fait est bien établi : dès le IVᵉ siècle, on se demandait d'où étaient venus les 30 ou 40 talents ainsi distribués. La légende aristocratique que suit Aristote veut que les aréopagites aient pu fournir cet argent sur leur fortune personnelle. Mais on serait étonné que la tradition nationale n'eût pas imaginé à ce sujet une ruse de Thémistocle ; Plutarque nous l'atteste [4] :

« Les Athéniens n'avaient plus rien dans le trésor public. Aristote dit que l'Aréopage fournit 8 drachmes à chacun des combattants, et que par conséquent ce fut grâce à lui que la flotte put être équipée. Mais Kleidèmos attribue encore cela à l'astuce de Thémistocle. Quand les Athéniens furent descendus au Pirée (*sic*), dit-il, le masque de Gorgone qui ornait la

<hr>

1. Plut., *Thémist.*, 7.
2. Phanias, péripatéticien, était généralement bien informé sur la tradition attique. Cf. FHG, II, 293.
3. Arist., 'A. π., XXIII.
4. Plut., *Thémist.*, 10.

statue de la déesse se trouva perdu. Thémistocle alors feignit
de le chercher et passa une revue générale : il trouva beaucoup d'argent caché dans les bagages de chacun, et, l'argent
ramassé, il eut de quoi donner un subside aux équipages. »

Il est inutile de chercher quelle parcelle de vérité peut
contenir cette anecdote bizarre. Il est bien probable qu'à ce
moment décisif, les chefs, tout simplement, n'hésitèrent pas
à distribuer ce qui restait des revenus publics, pour rendre
matériellement possible la continuation des opérations.
Quelques jours après, la bataille de Salamine (septembre 480)
forçait les Barbares à la retraite ; mais leur armée restait en
Thessalie, leur flotte sur la côte d'Ionie, et les vaisseaux
d'Athènes, avant la mauvaise saison, opérèrent encore dans
l'Archipel [1].

Cette campagne de l'Archipel nous intéresse par son objet.
Voici le récit d'Hérodote [2] :

« Les Grecs, après avoir renoncé à poursuivre plus loin la
flotte des Barbares et à aller sur l'Hellespont rompre le pont,
entourèrent Andros et cherchèrent à la prendre. Les Andriens,
les premiers des insulaires, mis à contribution par Thémistocle, avaient refusé de donner de l'argent. Thémistocle leur
disait que les Athéniens venaient à eux avec deux grandes
divinités, la Persuasion et la Force, et que, par conséquent,
il n'y avait qu'à payer. « Nous savons, répondirent-ils,
« qu'Athènes est une cité grande et heureuse, et que des dieux
« favorables y résident ; en revanche, les Andriens ont un sol
« ingrat et restent gueux, parce que deux divinités d'un mau-
« vais secours ne quittent pas l'île et apparemment s'y com-
« plaisent : la Pauvreté et l'Impuissance. Sujets de ces déesses,
« nous ne saurions payer. Notre misère n'est pas moins forte,
« que votre puissance. » Comme ils s'en tenaient à cette réponse,
on les bloqua. Thémistocle, toujours en quête d'argent,
envoya aux autres îles les mêmes messagers, les mêmes
demandes, les mêmes sommations qu'à Andros : « Si vous ne
payez pas, disait-il, j'amènerai l'armée des Grecs, on vous
assiégera et on vous forcera. » Par ces menaces il obtint de
grosses sommes des Carystiens et des Pariens qui, apprenant
qu'Andros était assiégée pour avoir pris le parti du Mède, et

1. Hérod., VIII, 111, 121.
2. Hérod., VIII, 111-112, 121.

que Thémistocle était le plus écouté des chefs, s'exécutèrent par crainte. Je ne saurais dire si d'autres, parmi les insulaires, durent payer; mais je crois bien que ceux-là ne furent pas les seuls. Les Carystiens, d'ailleurs, n'évitèrent pas pour cela des désastres; mais les Pariens, ayant satisfait Thémistocle, échappèrent à la visite de l'armée. Thémistocle, à Andros, obtint ainsi de l'argent des insulaires à l'insu des autres généraux..... Les Grecs ne purent prendre Andros, mais allèrent ravager le territoire de Karystos, puis revinrent à Salamine. »

Il est possible que Thémistocle n'ait pas négligé ses intérêts dans ces conjonctures; mais le but de l'expédition était évidemment de réunir des fonds pour la campagne suivante [1]. Pendant l'hiver on partagea aussi le butin de Salamine qui put apporter un appoint considérable : l'an d'après, la part des seuls Platéens, dans le butin fait sur Mardonius, s'éleva à 80 talents [2]. Malgré tout, quand le printemps revint (479), les Grecs ne mirent en mer que 110 navires [3] : si la proportion resta la même qu'à Salamine, il n'y avait pas sur ce nombre plus d'une cinquantaine de trières d'Athènes. Même ainsi, on s'étonnera que les Athéniens, qui ne purent rentrer en possession de leur territoire et de ses revenus avant la défaite de Mardonius (septembre 479), soient parvenus à assurer la subsistance de cette flotte, laquelle, comme on sait, prolongea la campagne bien avant dans l'hiver [4].

Les circonstances étaient bien plus favorables en 478, et cependant Athènes ne fournit qu'un contingent de 30 navires à Pausanias, qui commença cette année-là la guerre offensive contre les Perses [5]. D'ailleurs, les autres cités confédérées devaient se heurter aux mêmes difficultés qu'elle. Nous ne voyons donc aucune raison de douter que les Spartiates, qui avaient encore la direction des opérations maritimes, n'aient pourvu à la subsistance de la flotte par des contributions demandées aux villes qui ne fournissaient pas de trières [6].

---

1. Cf. E. Meyer, GdA, III, p. 396.
2. Plut., *Arist.*, XX, 4.
3. Hérod., VIII, 131.
4. C'est pourquoi je considère comme très probable la conjecture de M. Meyer (GdA, III, pp. 403, 406), d'après lequel la flotte ne partit qu'en juillet.
5. Thuc., I, 94.
6. Le seul témoignage est Plut., *Arist.*, XXIV, 1. Mais je ne vois pas de raison de le rejeter.

Les événements de ces années nous sont, en somme, exceptionnellement bien connus : Hérodote, qui les raconte, s'intéresse évidemment à tout autre chose qu'aux questions de stratégie et surtout aux problèmes de l'intendance, mais il n'est pas sans avoir, comme nos historiens romantiques, des échappées de réalisme. Je me suis attaché à relever tous les faits qui peuvent nous renseigner sur le côté matériel de ces combats bien connus : ils suffisent, je crois, à montrer à quel point les ressources et l'organisation de l'État athénien, comme des autres États grecs, étaient hors de proportion avec les difficultés créées par la lutte contre la monarchie perse. Sparte se rebuta tout de suite devant ces difficultés : nous verrons par quels moyens Athènes les surmonta.

III

LA CONSTRUCTION DES MURS D'ATHÈNES ET DU PIRÉE

Lorsque les Athéniens rentrèrent dans leurs foyers au lendemain de Platées (fin de l'été 479), la première tâche qui s'imposa à eux fut la reconstruction des murs de la capitale.

On sait en quels termes Thucydide a raconté cet épisode, une cinquantaine d'années après l'événement [1]. La critique moderne s'est exercée sur son récit : elle a entrepris de lui apprendre qu'elle avait dû être la psychologie des Spartiates et des Corinthiens en 479 [2]. L'argument principal est que la construction du mur dans le délai d'un mois, que suppose le récit, est « une impossibilité technique ». Le résultat excellent de ces discussions a été que l'on a examiné de très près en quoi avait consisté le travail, et soumis la question à des hommes du métier. M. Busolt a ainsi démontré que l'effort supposé par le récit de Thucydide était non seulement possible, mais même des plus modérés [3]. Je crois qu'il s'est encore exagéré le travail à effectuer [4], mais que, d'autre

1. Thuc., I, 89 sqq.
 2. On a été jusqu'à accuser Thucydide d'avoir inventé Habronichos cf. Bruno Keil, A A, p. 294, n. 1).
3. Busolt, *Beitr. z. all. Gesch.*, 1905, p. 255 sqq., surtout p. 277.
4. Cf. MA, 1907, p. 137, n. 1.

part, il a supposé trop grand le nombre des bras disponibles [1].

Les autorités avaient résolu de comprendre cette fois dans l'enceinte toute l'agglomération urbaine, qui s'était beaucoup accrue depuis l'époque solonienne. L'enceinte nouvelle devait avoir environ 7 kilomètres de tour [2]. Sur le parcours ainsi déterminé, il fallait :

1° creuser un fossé de 1m 70 de profondeur, de 2m 40 de largeur environ [3];

2° y jeter les fondements, pour lesquels on emploierait toutes les pierres que fournissaient les décombres de la ville [4];

3° sur ces fondements, élever un appareil en briques crues qu'on poussa d'abord jusqu'à la hauteur strictement nécessaire pour défier l'escalade, soit 3m 50 [5]; les portes et les tours pourraient être achevées ensuite;

4° la poliorcétique rudimentaire du temps rendait inutiles les fossés, et, d'une manière générale, tout travail en avant du mur [6].

Remarquons du reste qu'au moment où les Spartiates intervinrent (octobre 479), le travail était certainement commencé. Le fossé était sans doute creusé, puisqu'en certains endroits, par exemple au Céramique, on avait déjà jeté les fondements : le soin avec lequel ils semblent avoir été faits indique qu'ils sont antérieurs au travail précipité que provoqua l'intervention spartiate [7]. En outre, le travail de confection de celles des briques crues que ne fournissaient pas les décombres était sans doute commencé.

Il restait à faire la plus grande partie des fondements, (ce sont justement les fondements qui, au dire de Thucydide, portaient les traces de la hâte du travail [8]); et surtout à poser les briques jusqu'à la hauteur de 3m 50.

Pour cela on disposait : 1° des 8.000 hommes qui avaient combattu à Platées [9];

---

1. Il est curieux, par exemple, de voir les historiens modernes, convaincus qu'Athènes était déjà une ville pleine d'esclaves, les chercher dans les récits relatifs aux guerres médiques (Curtius, *Gr. Gesch.*, II, p. 50 : Busolt, *l. l.*, p. 269).

2. Cf. Introd., § 4.

3. Cf. Judeich, T A, p. 123; M A, 1907, p. 130, 136 (cf. p. 137, n. 1).

4. Thuc., I, 93.

5. Thuc., I, 90.

6. Judeich, T A, p. 125.

7. Judeich, T A, p. 124, n. 9.

8. Cf. M A, 1907, p. 123 sqq.

9. Hérod., IX, 28.

2° de 15.000 autres environ. En effet, en 480, les Athéniens avaient armé 127 trières ; c'était une force de 26.000 hommes, parmi lesquels ne figuraient qu'une petite partie des hoplites [1] ; si l'on admet, ce qui est vraisemblable, que, dans la flotte de 110 vaisseaux qui combattait en ce moment en Asie, le contingent athénien était de près de 50 trières, il faut défalquer presque 10.000 hommes. Il reste près de 15.000 individus, thètes, métèques ou esclaves [2] ;

3° Outre ces 20.000 à 25.000 adultes, on pouvait employer de bien des manières les femmes et les enfants [3].

Le travail fut réparti par tribus [4].

Le travail à exécuter à partir du départ de Thémistocle fut en réalité presque de moitié moindre que ne suppose M. Busolt, tandis que le nombre des travailleurs n'a pas été exagéré par lui dans la même mesure — à beaucoup près. Un grand nombre de ces travailleurs devaient être exercés au travail de maçonnerie : or, d'après les documents du IVe siècle, un ouvrier exercé, avec deux aides, posait 1.000 briques en 3 jours [5]. Ainsi, le travail du mur même, le plus important, n'aurait pas exigé plus de 9 jours..... En voilà assez pour montrer ce qu'il faut penser de « l'impossibilité technique » opposée au récit si précis de Thucydide [6].

La partie principale de l'enceinte d'Athènes était donc achevée à l'entrée de la mauvaise saison de 479. Après l'effort intense dont nous venons de parler, il restait à achever le mur jusqu'à la hauteur définitive, que nous ne connaissons pas, et qui, du reste, devait varier suivant les lieux ; — à reprendre le travail des portes et des tours, des escaliers et d'autres détails de construction, etc. Tout cela put être achevé à loisir et sans réquisitionner plus longtemps toute la population.

Il est inutile de parler de la dépense occasionnée à l'État par un travail exécuté dans ces conditions : seuls, les derniers travaux dont nous venons de parler ont dû être faits par des manœuvres rémunérés [7].

---

1. On sait que le gros était à Psyttalie avec Aristide (Hérod., VIII, 95).
2. Cf. plus haut, p. 14 et 17.
3. Thuc., I, 90.
4. Judeich, T A, p. 123.
5. Frickenhaus, *Athens Mauern im IV^{ten} Jahrh.*, p. 13.
6. Cf. aussi Ed. Meyer, *Hermès*, 1905, p. 861.
7. La pose des briques jusqu'à la hauteur de 3^m 50 (ce qui suppose à peine 19 millions de briques, au lieu des 16-17 millions de M. Busolt : cf. p. 18), avec

L'Acropole continuait à être regardée comme le réduit de
la défense d'Athènes. On répara ses murs en hâte, et avec les
ruines laissées par les Perses [1]. C'est ainsi que les tambours de
colonnes préparés pour le nouveau temple d'Athéna ont été
employés pour le mur du Nord [2].

Dans l'intérieur de la ville, on se borna alors à la restauration des édifices les plus indispensables, au nombre desquels
fut le théâtre. On nous dit seulement que l'on fit refaire le
groupe des Tyrannoctones que Xerxès avait emporté [3]. Il en
fut sans doute des bâtiments publics comme des maisons par-
ticulières qui se relevèrent sur le même emplacement : l'aspect
général d'Athènes, avec ses ruelles irrégulières et étroites, n'a
pas été changé par la catastrophe de l'invasion perse [4].

La première tâche qui s'imposait aux Athéniens, après la
reconstruction de l'enceinte de leur ville, était d'assurer un
abri digne d'elle à la flotte énorme qui se trouva réunie au
Phalère dans l'hiver de 479-8, quand les vainqueurs de Mycale
et de Sestos furent de retour. Cet abri, Thémistocle en avait
déjà fixé l'emplacement : ce devait être la péninsule rocheuse
qui projetait dans la mer, à l'ouest du Phalère, ses trois ports
naturels, destinés à devenir les ports du Pirée [5].

Le Pirée avait été longtemps une île, et, même à l'époque
historique, il était encore séparé d'Athènes par des terrains
marécageux [6]. D'ailleurs, ses rades profondes étaient inutiles
aux barques plates de l'époque homérique [7]. Le premier, à
notre connaissance, qui jeta les yeux sur cet emplacement fut
Hippias, qui construisit une forteresse sur la colline de
Munychie : le travail dut être assez considérable, si vraiment la conduite qui amenait l'eau à cette citadelle remonte
à cette époque [8]. Mais la République abandonna ces construc-

les prix du IVe siècle (cf. Nachmanson, M A, 1905, p. 391 sqq), représenterait
30 talents environ (transport non compris) : or, c'est bien là la partie principale
du travail. Cf. plus bas, p. 24.

1. A ce moment fut reconstruit l'ouvrage avancé qui délimitait le terrain
déjà sacré du Pélargikon (cf. Fougères, *Athènes et ses environs*, plan de la
p. 26, n° 5).
2. Cf. plus bas, p. 32.
3. Judeich, T A, p. 69.
4. Judeich, T A, p. 89.
5. Thuc., I, 93.
6. Judeich, T A, p. 44.
7. Cf. Bérard, *les Phén. et l'Odyssée*, t. I, p. 181.
8. Judeich, T A, p. 152.

tions jusqu'au moment où l'imminence du péril perse fit naître chez Thémistocle l'idée de faire d'Athènes une puissance navale. Archonte en 493-2, il commença de fortifier le Pirée : il commença par le Nord, puisque l'Hermès qui fut consacré de ce côté marqua le commencement des travaux [1]. Le projet fut très vite abandonné, et la construction de la flotte eut probablement un autre théâtre. D'ailleurs, la côte fut, comme le reste de l'Attique, saccagée par les Barbares en 480 et 479 [2]. Il est donc très vraisemblable que la flotte mouilla encore au Phalère lors du retour des Athéniens : nous verrons même que le Phalère a conservé une certaine importance longtemps après la construction du Pirée [3].

Cette fois, l'Aréopage et le Peuple comprirent que l'aménagement d'un port de guerre important était la conséquence naturelle de la construction des trières. Il fallait avant tout lui donner une enceinte, afin que la flotte pût y être à l'abri, et que la population maritime pût s'y rassembler peu à peu, protégée contre toutes les attaques du côté de la terre comme du côté de la mer [4].

L'enceinte devait commencer immédiatement à l'ouest de la presqu'île Eétionéa, contourner probablement la petite anse de Krommydaru (qui alors n'était pas ensablée) et aller ensuite suivant un tracé aussi rectiligne que possible rejoindre la Munychie dont elle escaladait les pentes nord pour retomber sur la baie de Phalère. Du côté de la mer, il fallait qu'elle embrassât les trois ports de Munychie, Zéa et Kantharos, mais on a conjecturé avec vraisemblance qu'elle laissait en dehors la langue de terre comprise entre Munychie et Zéa, ainsi que la moitié de l'Akté. En effet, on nous atteste qu'elle avait seulement un parcours de 60 stades (plus de 10 kilomètres [5]).

Le creusement du fossé devait présenter certaines difficultés : du côté de la terre, au moins sur le bord de la baie du Phalère, le sol était marécageux, il devait être préparé ; du côté de la mer, on creuserait presque partout dans la roche vive en se tenant à une trentaine de mètres du rivage, pour

1. Judeich, T A, p. 65.
2. Cf. la légende rapportée par Pausanias, X, 35, 2.
3. Cf. p. 55.
4. Thucydide (I, 93) ne parle que de l'enceinte.
5. Judeich, TA, p. 138 ,cf. pourtant Frickenhaus, *Athens Mauern*, p. 40, n. 1. Le chiffre dans Thuc., II, 13. Cf. *Introd.*, § 4.

éviter le battement du flot. Le fossé eut par endroits 2 mètres
de profondeur [1].

Quant à la largeur, le texte de Thucydide indique qu'elle
fut considérable, et on a constaté en effet des largeurs de 3 à
4 mètres et par endroits de 8 mètres — toujours du côté de la
terre [2]. Les grosses pierres qu'on employa, au moins pour les
fondements et la base, suivant le mode indiqué par Thucydide [3], étaient fournies par les carrières voisines de l'Akté.
Les briques crues auraient été bien plus difficiles à trouver au
Pirée qu'à Athènes : on ne saurait dire si, à partir d'une certaine hauteur, on en employa [4]. La hauteur varia suivant les
endroits (dans le mur reconstruit par Conon, elle était de
6^{m}47 [5]). Les tours et les portes furent plus rapprochées qu'à
Athènes, et des môles fermèrent l'entrée des trois ports [6].
Mais, pas plus qu'à Athènes, on ne jugea nécessaires des
ouvrages de fortification en avant des murs.

Pour exécuter ces projets, on ne pouvait pas réquisitionner
toute la population, comme pour le mur d'Athènes ; mais on
avait la majorité des thètes, 15 à 20.000 adultes ; c'est alors
que, renonçant à rebâtir leurs masures brûlées par les Perses,
beaucoup d'entre eux commencèrent à se construire des
cabanes autour des trois ports. Très probablement, si l'on ne
donna que 30 vaisseaux à Pausanias au début de 478 — ce
qui enlevait déjà 6.000 hommes, — la préoccupation de garder la main-d'œuvre fut le motif déterminant [7]. Les métèques
aussi commencèrent à affluer au Pirée, attirés par le gain que
permettaient d'espérer les travaux de fortification.

Malgré tout, le plan de Thémistocle est resté inachevé sur
plus d'un point : le fait nous est attesté au moins pour la
hauteur [8].

Il importait de préciser les conditions du travail pour montrer que, d'une part, il fut beaucoup plus difficile et plus coûteux
que celui du mur d'Athènes, mais que, d'autre part, il le fut
moins que celui qu'exécuta Conon en 394. Or, la reconstruc-

1. Judeich, T A, p. 138, n. 4.
2. Judeich, T A, p. 138 (largeurs exceptionnelles).
3. Cf. M A, 1907, p. 154-5.
4. Frickenhaus, *Ath. Mauern*, p. 43-4.
5. App., *Mithr.*. 30, commenté par Ross., *Arch. Aufs*, I, 230.
6. Thuc., II, 93-4.
7. Cf. plus haut, p. 20 et p. 17.
8. Thuc., I, 93.

tion des murs du Pirée *et des Longs Murs* par Conon a duré trois ans et a été exécutée presque exclusivement avec les 50 talents du Roi [1].

Quoique le plan du Pirée ait été tracé dès le temps de Thémistocle [2], ce ne fut que lorsque la population indigène ou immigrée y eût afflué que les principaux monuments s'élevèrent. Dans les ports, on éleva de suite des hangars pour les agrès et des cales provisoires pour les trières [3], mais les grands docks ne furent bâtis que 30 ans plus tard. Pour l'instant, on jugea plus utile d'augmenter la flotte : une loi de Thémistocle prescrivit la construction annuelle de 20 trières [4].

Il m'a paru nécessaire d'indiquer avec toute la précision possible en quoi avait consisté ces travaux de fortification d'Athènes et du Pirée, afin de montrer combien était modeste en somme l'effort qu'ils représentaient. Ils ont paru grandioses aux hommes de ce temps ; mais, dès le ive siècle, ils n'étaient plus en rapport avec la poliorcétique d'un Denys ou d'un Philippe [5]. En outre, bien des détails attestent que les projets formés ont été réduits sur plus d'un point important, et que, même pour les travaux militaires, on s'est borné au strict nécessaire.

Il en fut de même, à plus forte raison, des autres réparations et constructions qui s'imposaient après les ravages de l'invasion. C'est que, même réduites au minimum, de telles entreprises étaient très lourdes pour un État organisé financièrement comme celui que nous avons essayé de décrire. Sans doute, le butin fait sur les Perses était un appoint important pour un trésor aussi modeste. Sans doute, l'exploitation des mines du Laurion fut reprise immédiatement, et, si l'État ne retrouva plus les bénéfices énormes du début, en revanche la production se régularisa et devint la ressource la plus stable d'Athènes. Mais le temps était encore loin où des ressources de cet ordre permettraient à Athènes des constructions de luxe [6].

---

1. Cf. Frickenhaus, *Ath. Mauern*, p. 43-4.
2. Foucart, *Journ. des Sav.*, 1907, p. 177 sqq.
3. Eschyle (édit. Didot, p. 239). Cf. Kolbe, *de Athen. re navali*, p. 35.
4. Diod., XI, 43 : je ne vois aucune raison de douter de ce renseignement.
5. Cf. Frickenhaus, *Athens Mauern*, p. 44 sqq.
6. Le fait a été mis en lumière, même pour les constructions et offrandes privées, par M. Lechat, *La Sculpture attique*, p. 424 sqq.

IV

LES TRÉSORS SACRÉS ; LE TRÉSOR D'ATHÈNA EN 480

Toute cette histoire serait difficilement explicable en admettant l'existence d'un grand trésor *monnayé* d'Athèna sur l'Acropole. L'hypothèse en question ayant été pourtant émise par les modernes, il faut l'examiner de près [1].

Il est certain que le fait d'une grande accumulation de capital inactif ne serait pas, à cette époque, aussi extraordinaire qu'il nous semble d'abord, à nous modernes, habitués à considérer que l'or et l'argent doivent « travailler ». Hérodote, qui écrivait une génération après l'époque des guerres médiques, considère encore comme normal que les grands aient des trésors qui leur servent à briller plutôt qu'à agir [2] : or, Hérodote appartenait à une famille puissante, avait eu un patrimoine important à gérer, et n'écrivait pas sur la richesse avec l'incompétence forcée de tant de pauvres diables d'écrivains anciens ou modernes. Il est à remarquer pourtant que, lorsqu'il parle des trésors des rois de Perse, il s'agit de métaux précieux non monnayés : lorsque le grand Roi prend la peine de faire frapper l'or ou l'argent, c'est pour le faire circuler [3].

Mais l'analogie qui a été invoquée est avant tout celle des grands sanctuaires grecs. Il en est un au moins pour lequel nous pouvons examiner de près la question : celui de Delphes.

La réputation de l'oracle de Delphes avait une très haute antiquité : on sait que, dans Homère, il est déjà question des richesses que contient la rocheuse Pytho [4]. Mais nous n'avons pas à remonter aux temps antérieurs à l'apparition de la monnaie.

Au VIIe et au VIe siècles, il est certaines des offrandes envoyées à Delphes sur lesquelles nous sommes renseignés

---

1. Cf. préf., p. III sqq.
2. Cf. aussi le discours caractéristique de Solon à Crésus sur la richesse (I, 32).
3. Hérod., III, 96.
4. Θ, 404.

avec quelque détail ; ce sont les offrandes des rois de Lydie. Gygès, par exemple, envoya 6 cratères en or, du poids de 30 talents. Crésus envoya 117 lingots, 4 d'or affiné, pesant chacun 2 talents 1/2, 113 d'or blanc, pesant chacun 2 talents, plus un lion d'or pur pesant 10 talents, plus un cratère d'or pur pesant 8 talents et 42 mines, sans parler des offrandes en argent [1]. Nous connaissons d'autres offrandes de rois barbares ou de tyrans grecs : nulle part il n'est question d'argent monnayé.

Vers 548, le premier temple de Delphes fut détruit par un incendie. Les Amphictyons firent un marché pour sa reconstruction moyennant 300 talents (éginétiques), mettant à la charge des Delphiéns le quart de la somme ; ceux-ci se procurèrent cet argent par des collectes dans le monde grec et barbare. Le chiffre n'est pas sûr, mais il n'y a aucune raison de douter du fait [2]. Les Alcméonides se chargèrent de la reconstruction, et, au lieu du marbre commun spécifié dans le devis, élevèrent la façade en marbre de Paros. On nous dit que vers 513 ils avaient entre les mains 10 talents, et l'on a conjecturé avec vraisemblance que c'était là la somme qui leur était avancée annuellement pour les travaux [3]. Quoi qu'il en soit du chiffre, la participation des Alcméonides à la reconstruction, et leur munificence, nous sont attestées par le témoignage presque contemporain de Pindare [4]. Or, tous ces faits ne s'expliqueraient pas si l'autorité amphictyonique avait déjà disposé à l'avance de grandes réserves monnayées.

En 480, les Perses firent une tentative sur Delphes : Xerxès était mieux renseigné sur les objets précieux contenus dans le temple que sur ceux qu'il avait dans son palais, car on lui en parlait sans cesse, surtout des offrandes de Crésus. Les Delphiens demandèrent à l'oracle s'ils devaient enfouir ces trésors ou les transporter ailleurs : le dieu déclara qu'il saurait défendre ses richesses [5]. Voilà encore un récit qui ne se comprendrait guère s'il s'agissait simplement de la mise en sûreté d'une caisse.

Remarquons qu'Hérodote, de qui nous tenons tous ces

<hr>

1. Hérod., I, 14, 50-51.
2. Hérod., II, 180.
3. Hérod., V, 62-3. Bourguet, *Admin. financ. du sanct. pyth.*, p. 156.
4. Pind., *Pyth.* VII, antistr.
5. Hérod., VIII, 35-9.

détails, a puisé ses renseignements sur Delphes à la source
même, et s'est informé avec la plus grande exactitude [1].

J'ai hâte d'arriver aux événements du IVe siècle, sur lesquels nous sommes renseignés bien plus exactement encore,
non seulement par les récits de Diodore, mais encore par les
inscriptions que M. Bourguet a mises maintenant à notre
portée [2]. Voici le tableau qui me paraît ressortir de ses expli-
cations (je réduis les chiffres, qui sont tous donnés dans le
système éginétique, aux chiffres attiques, en prenant pour
base le rapport usuel au IVe siècle [3] :

3 drachmes égin. = 4 dr. attiques).

En 373, le temple des Alcméonides avait été démoli (nous
ne savons jusqu'à quel point) par un tremblement de terre :
les Amphictyons avaient à le reconstruire. Or, à cette époque,
les revenus du dieu, provenant du fermage des terres, ne
s'élevaient pas à plus de 1 talent par an [4]. On a supposé qu'il
y avait aussi des intérêts à toucher pour des capitaux prêtés,
mais on ne trouve pas trace de cette autre source de revenus
dans les documents [5].

Les Amphictyons essayèrent d'abord de se procurer l'argent en frappant les Spartiates d'une amende de 500, puis de
1000 talents, pour l'occupation de la Cadmée [6]. Mais l'amende
ne fut pas payée. On chercha un autre moyen, et en 369 fut
créé le collège des *naopes*, chargé de faire des collectes dans
tout le monde grec, pour la reconstruction du temple [7]. Ces
collectes ne fournirent guère plus de 5 talents par an, mais
elles les fournirent assez régulièrement pendant tout le cours
du siècle [8]. Vers 360, les naopes auraient dû avoir plus de
40 talents : ils n'en avaient que 28, parce que les travaux
étaient déjà engagés [9]. Sur ces 28 talents, 14 ou 15 furent
laissés disponibles (le reste étant réservé pour l'entretien du

1. Voir sur Hérodote, historien de Delphes, en particulier Pomtow, *Rhein.
Mus.*, 1896, 333, n. 1 ; 343, etc.
2. Bourguet , *L'administration financière du sanctuaire pythique au
IVe siècle*, 1905.
3. Bourguet, *l. l.*, p. 20, 22.
4. Bourguet, *l. l.*, p. 31.
5. Bourguet. *l. l.*, p. 171.
6. Diodore, XVI, 29.
7. Cf. Bourguet, *l. l.*, p. 36.
8. Bourguet. *l. l.*, p. 35, 36.
9. Bourguet. *l. l.*, p. 81

bâtiment reconstruit), et les quinze années suivantes durent
ajouter 70 talents à ce fonds de dépôt, ce qui permit de continuer lentement les travaux [1].

Mais, en 356, les Phocidiens font valoir leurs antiques droits
au patronage du temple de Delphes, et les Amphictyons pro-
clament contre eux la guerre sacrée. Le chef phocidien Philo-
mélos déclare d'abord qu'il ne touchera pas à l'argent sacré,
mais dès 354, son successeur Onomarque, moins scrupuleux,
commence à mettre la main sur les offrandes d'or et d'argent
du temple [2]. Lui et ses successeurs monnayent ces offrandes
pour pouvoir entretenir les armées de mercenaires avec lesquelles ils se défendent jusqu'en 346. On estima à 4.000
talents l'argent obtenu en fondant les offrandes en or, à plus
de 10.000 talents la valeur totale de ce qui fut dérobé par les
Phocidiens [3]. En 346, les Phocidiens, vaincus par Philippe
de Macédoine, furent condamnés à rembourser le dieu de
Delphes, en payant une amende de 80 talents environ par an :
les versements commencèrent en 343 [4]. Dès lors, les travaux
du temple furent menés plus activement et sur une échelle
plus vaste : lorsqu'en 339 on superposa aux naopes le collège des trésoriers, chargés de centraliser toutes les sommes
versées au dieu, celui-ci, au lieu de 350 talents au moins qu'il
aurait dû recevoir en entrant en fonctions, n'en reçut que 205 à
206 [5].

En 338, année où la soumission d'Amphissa ouvrit au trésor sacré de nouvelles ressources, les Phocidiens furent autorisés à ne plus payer que 14 ou 15 talents par an [6], somme
déjà considérable, si l'on se représente ce qu'est la Phocide et
quelle place tient aujourd'hui cette région dans la Grèce. Nous
trouvons, dans les années suivantes : une année, des dépenses
de 5 à 6 talents [7]; une autre, de 14 à 25 talents, etc. En 330-
29, le travail du temple était achevé ; il avait coûté 530 talents
en tout [8]. Il est difficile de croire qu'il ait été, à ce prix, refait
entièrement : Alexandre prévoyait, pour le temple qu'il se
proposait d'élever à Delphes, une dépense de 1.500 talents.

---

1. Je tiens compte de la perturbation de la guerre sacrée (356-346).
2. Diod., XVI, 33.
3. Diod., XVI, 56.
4. Cf. Bourguet, l. l., pp. 115, 113.
5. Bourguet, l. l., p. 115, 118. Cf. p. 181.
6. Bourguet, l. l., p. 139.
7. Bourguet, l. l., p. 123.
8. Bourguet, l. l., p. 105.

Le temple reconstruit, une dépense annuelle de 50 à 55 mines fut prévue pour l'entretien [1]. De plus, d'autres constructions avaient été entreprises, entre autres la reconstruction d'un palais pour les Amphictyons, lequel coûta, une année, plus de 4 talents [2]. Ces travaux furent payés d'abord avec l'amende phocidienne, perçue jusqu'en 326 : cette année-là, le collège des trésoriers cessa d'exister; les naopes restèrent depuis lors chargés des travaux et de l'administration de la fortune sacrée. Ils perçurent des collectes jusqu'en 305 [3].

Il est possible que, dans ce tableau, quelques détails ne soient pas encore bien établis [4]; d'autres restent encore inconnus, que nous voudrions avoir, mais, dans l'ensemble, l'impression est suffisamment nette. Mis en présence du travail énorme de la reconstruction du temple sur un plan plus grand et plus beau, les Amphictyons ont d'abord été réduits au produit des collectes. Quant aux antiques offrandes qui ornaient le sanctuaire du dieu et composaient son trésor, ils n'auraient osé y toucher : « heureusement », dit M. Bourguet, les Phocidiens se chargèrent de convertir ces richesses en monnaie, et, quand ils eurent été condamnés à les rembourser, les travaux purent être menés activement et développés. Quiconque étudie cette histoire de la reconstruction du temple sans prévention en tirera cette conclusion que, même au IVe siècle, il n'existait pas de réserves monnayées à Delphes.

Athéna ne saurait aucunement se comparer à l'Apollon de Delphes ; c'était une déesse essentiellement nationale, dont le culte était lié étroitement à la vie de l'État attique [5]. Elle n'avait pu devenir, comme Apollon au VIIe et au VIe siècles, une divinité panhellénique, elle n'avait pas été comblée par les rois de l'Orient. Par contre, elle avait sa part dans tous les gains d'Athènes, on dirait même, en lisant les dédicaces retrouvées sur l'Acropole, dans les gains de tous les citoyens athéniens : mais il s'en fallait, jusqu'au Ve siècle, que ce fût pour elle une compensation. Au reste, nous allons réunir les

1. Bourguet, *l. l.*, p. 167.
2. Bourguet, *l. l.*, p. 132.
3. Bourguet, *l. l.*, p. 139. Cf. p. 35.
4. Par exemple, les 105 t. de l'archontat de Dion (BCH, 1900, p. 134; p. 143).
5. Cf. E. Meyer, G d A II, § 73 n.

faits, trop rares, qui peuvent nous renseigner directement sur sa richesse.

La divinité locale de l'Acropole avait été certainement connue et honorée à une époque très reculée [1]. Peu à peu, la piété des fidèles, Athéniens ou autres, lui constitua un capital que gardaient les ταμίαι : ce nom a dû désigner d'abord des sacrificateurs subalternes, mais à l'époque historique nous ne le rencontrons que dans l'acception de *trésoriers*. Ces trésoriers nous sont signalés parmi les fonctionnaires publics dont Solon avait réglé le mode de nomination [2]. Ce qui est certain, c'est que nous possédons d'eux une dédicace qui date à peu près du début du vie siècle [3].

A ce moment, il y avait bien peu de temps que la monnaie circulait en Attique : mais les trésoriers avaient d'autres richesses sous leur garde. Les richesses d'Athèna sont même ce que nous connaissons peut-être maintenant avec le plus de précision au vie siècle. Nous connaissons d'abord le temple, inauguré peut-être vers 566 [4], embelli par les Pisistratides, l'Hékatompédon : nous pouvons nous faire une idée nette de l'ensemble, si les détails nous échappent encore. Nous connaissons encore un grand nombre de statues qui, soit au temps des Pisistratides, soit dans les trente premières années de la démocratie, vinrent entourer le sanctuaire de la déesse [5]. Tout cela n'éveille pas — il s'en faut — l'idée d'une grande somptuosité.

Nous devons supposer l'existence d'autres offrandes plus petites, mais probablement plus précieuses, conservées sur l'Acropole dans des édifices spéciaux. Il est question, en effet, de ces édifices, dans un des deux grands décrets relatifs au trésor d'Athèna, dont les fragments nous sont parvenus (485-4) [6]. Ces édifices, qu'on prescrivait d'ouvrir aux visiteurs, contenaient évidemment les objets petits et précieux appartenant à Athèna.

Le second des deux décrets est impossible à restituer — malheureusement, car il traitait sans doute de la gestion des

1. Cf. E. Meyer, GdA, II, § 128.
2. Arist., 'Α. π., VII.
3. IG, I, Suppl., p. 199, 373[238].
4. Date de l'institution des Panathénées (Eusèbe, *ad* ol. 53).
5. Ce sont les statues qui sont aujourd'hui bien connues grâce aux ouvrages de M. Lechat : *Au Musée de l'Acropole*, et : *La Sculpture attique avant Phidias*.
6. IG, I, Suppl., p. 138. Le décret restitué : Michel, RIG, n° 810.

revenus d'Athèna : il y était question par exemple de locations de terres [1]. Athèna avait en effet, en dehors du capital dont nous venons de parler, des revenus réguliers, dont plusieurs lui avaient été constitués par la munificence de l'État athénien. C'est ainsi qu'après la défaite des Chalcidiens, la dîme du butin lui échut [2]. De même une partie des amendes prononcées par l'Aréopage et les autres tribunaux était pour la déesse. Quand se produisit la découverte des mines de Maronée, Athèna eut certainement sa part du bénéfice public.

De tout cela aurait pu se former à la longue un trésor important, si l'on n'avait dû faire face aux dépenses du culte, avant tout à l'entretien des édifices sacrés. Vers 483, on commençait à bâtir un nouveau temple, en marbre, comme celui de Delphes, et comme le revêtement récent du propylée de l'Acropole [3]. Il ne faut pas, je crois, faire remonter plus haut le début de cette construction : les Athéniens n'y songeaient évidemment pas quand ils consacrèrent le butin de Marathon à bâtir un trésor à Delphes [4]. D'autre part, des vases ont été trouvés sous les fondements de l'édifice, qui sont d'une date bien récente [5]. Peut-être le début de la construction se rattache-t-il à la découverte des mines de Maronée en 483 : l'édifice ne dépassait pas le stylobate quand les Perses le brûlèrent en 480-79 [6].

Rien donc ne nous autorise à supposer que le trésor d'Athèna, à la différence de ceux d'autres divinités, contînt, en fait d'espèces sonnantes, autre chose qu'un fonds de roulement. Le trésor était dans une dépendance particulièrement étroite de l'État athénien, puisque les trésoriers avaient toujours été des fonctionnaires publics. Or, jusqu'à l'époque des guerres médiques, la République n'avait aucune raison et aucun moyen d'y enterrer de gros capitaux. Nous verrons qu'il en sera différemment tout à l'heure.

En 480, le trésor d'Athèna, c'est-à-dire les offrandes qui lui avaient été consacrées, depuis les ornements du temple jus-

1. IG, I, Suppl., p. 138, fgt o : je restitue ἀφόραν μισθ......
2. Hérod., V, 77.
3. Dörpfeld, M A, 1902, p. 379 sqq.
4. Cf. plus haut, p. 6.
5. Cf. Dörpfeld, M A, 1902, p. 411.
6. Dörpfeld, M A, 1902, pp. 382, 404-5, 412.

qu'aux petites pièces de monnaie qu'on a retrouvées brûlées il y a quelques années, était resté en place, sous la garde de la déesse dont beaucoup espéraient encore un miracle au dernier moment : et Hérodote nous apprend que les trésoriers tinrent à rester à leur poste, et périrent quand les Perses emportèrent la citadelle quelques jours plus tard [1].

Tout avait été brûlé. Après le départ des Mèdes on se contenta de relever la cella de l'ancien temple, sans la colonnade des Pisistratides : on fit en somme ce qui était strictement nécessaire pour l'exercice du culte. Quant aux tambours de colonnes déjà préparés pour le nouveau temple, désormais inutilisables, on les employa pour le mur nord de la citadelle : Athèna allait attendre trente ans une demeure digne d'elle [2].

Nous avons dit rapidement en quoi consistait son capital, et comment il avait péri en 480 ; les revenus maintenant augmentés, une sévère économie introduite dans les dépenses du culte, pouvaient permettre de réunir à la longue de quoi le reconstituer. Les offrandes des fidèles, désormais apportées en argent, pouvaient hâter le moment de la reconstruction du temple. Mais il fallait surtout que l'État athénien intervînt et fît bénéficier la divinité de ses progrès : déjà, sur le butin de 480 et 479, les pièces de choix avaient été dédiées à Athèna [3], et le fait se répéta constamment. Nous nous efforcerons de suivre la constitution de ce trésor de réserve ; elle s'explique tout naturellement à cette époque, puisqu'elle avait maintenant un objet précis : l'édification d'un temple plus somptueux que celui qu'avait détruit la main sacrilège des Barbares.

En théorie, le temple nouveau devait être construit, et fut en effet commencé, avec les dépouilles des Perses : nous verrons qu'en réalité d'autres éléments entrèrent dans la composition du trésor. Il en fut de même à Olympie : les dépouilles de Pise formèrent le premier élément du trésor constitué en vue de la construction du temple de Zeus [4], mais non pas le seul.

Les choses se sont donc passées à Athènes exactement comme à Delphes, à Olympie, aux Branchides (au IIIe siècle),

---

1. Hérod., VIII, 51.

2. Dörpfeld, M A, 1902, pp. 404, 412. Il est probable qu'elle attendit beaucoup moins longtemps une statue (S. Reinach, *Rev. Études gr.*, 1907, p. 399 sqq.)

3. Le siège de Xerxès (Harpocr., s. v. ἀργυρόπους δίφρος), le sabre de Mardonius (Pausan. I, 27), etc.

4. Paus., V, 10, 2 (avec les commentaires de Frazer).

etc. : on n'a pas immobilisé de l'argent en vue d'une catastrophe possible, on en a rassemblé avec activité pour réparer une catastrophe survenue. C'est d'ailleurs la supposition qui viendrait naturellement à l'esprit en présence de circonstances semblables, et nous n'aurions pas tant insisté sur les indices divers qui la rendent certaine, sans l'illusion tenace qui projette dans le passé d'Athènes l'opulence du siècle de Périclès, fruit des succès prestigieux de Marathon, de Salamine et de l'Eurymédon.

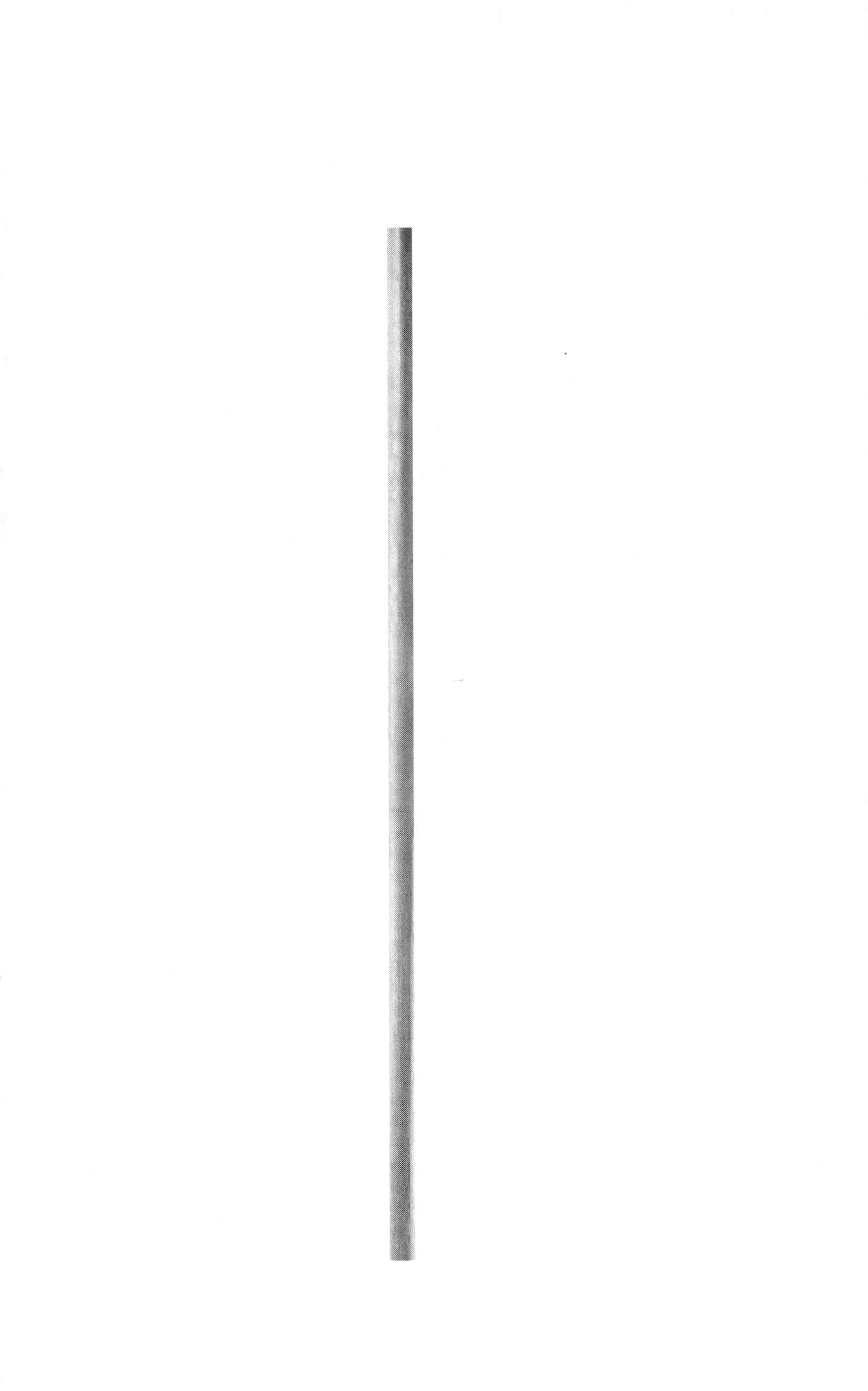

CHAPITRE II

Les villes

(478-448)

> Ὁ μὲν δῆμος ἀδοξεῖ καὶ κακῶς ἀκούει
> τὰ κοινὰ τῶν Ἑλλήνων χρήματα πρός
> αὑτὸν ἐκ Δήλου μεταγαγών, ᾗ δ'ἔνεστιν
> αὐτῷ πρὸς τοὺς ἐγκαλοῦντας εὐπρεπεστάτη
> τῶν προφάσεων, δείσαντα τοὺς βαρβάρους
> ἐκεῖθεν ἀνελέσθαι καὶ φυλάττειν ἐν ὀχυρῷ
> τὰ κοινά, ταύτην ἀνῄρηκε Περικλῆς.
> (Les adversaires de Périclès vers 444 :
> Plut., *Péricl.*, XII, 1).

I. *Les origines de la ligue*. — Les 200 vaisseaux. — Les 460 talents. —
Le trésor jusqu'en 462-1. — Les campagnes de Cimon. — Existence de
réserves dès 462-1.

II. *La révolution de 462-1 et le transfert du trésor d'empire*. —
Augmentation des recettes : le trésor d'Athéna. — Révolution de 462-1 :
augmentation des dépenses.— Les Longs-Murs.— Le trésor fédéral : la guerre
va devenir plus dispendieuse. — L'aparkhê 454-3. — La première période de
paix : le Pirée. — La fin des guerres médiques. — Le trésor d'empire après le
transfert.

A partir de 480, les données que nous avons se précisent :
nous connaissons quelques chiffres, qui sont bien établis et très
précieux. Seulement, en les utilisant, il faut se garder de leur
attribuer la valeur de ceux que nous rencontrons au temps de
la guerre du Péloponnèse : sans quoi l'on aboutit à des conclusions erronées. C'est en m'inspirant de cette idée que j'ai
étudié la période qui va de 478 à 448.

I

LES ORIGINES DE LA LIGUE

Pendant que le gros de la population athénienne était employé aux travaux de fortification, les chefs du contingent qui opérait sous les ordres de Pausanias fondaient la ligue de Délos.

On connaît les faits. La flotte grecque confédérée avait repris la mer au printemps de 478[1], et commencé la guerre offensive contre le grand Roi. Elle avait fait une tentative sur Cypre, puis forcé Byzance. Mais, au cours de la campagne, l'incompatibilité s'était accentuée de jour en jour entre les exigences de la discipline spartiate, d'ailleurs aggravées par les fantaisies autocratiques de Pausanias, et le caractère des Ioniens, trop indépendant pour subir une règle imposée, trop mou pour accepter une règle volontaire. C'est pendant le stationnement de la flotte à Byzance que la révolte éclata ouvertement et que le commandement fut déféré aux stratèges athéniens, Aristide et Cimon[2]. En vain les Spartiates remplacèrent Pausanias par Dorkis : les alliés déclinèrent l'autorité de celui-ci[3]. Les Péloponnésiens se désintéressèrent dès lors d'une lutte dont les soucis et les charges leur pesaient déjà[4].

L'autorité ainsi déférée aux Athéniens par les commandants des contingents ioniens ne pouvait être que provisoire ; pour que l'alliance devînt perpétuelle, il fallait que les serments fussent échangés avec les représentants régulièrement élus des villes de l'Archipel qui venaient de s'affranchir de la Perse. Le rendez-vous indiqué fut Délos, dont le temple d'Apollon était bien connu de tous les Grecs ioniens. Jadis, les fêtes qui commémoraient la naissance du dieu dans l'îlot sacré avaient été, semble-t-il, extrêmement brillantes[5]. Par la suite, elles avaient subi le contre-coup des malheurs de la Grèce

---

1. Thuc., I, 94. — Cf. Agricola, *De Aristidis censu*, 1900, p. 121 ; je ne vois pas pourquoi l'auteur retarde l'ouverture de la campagne.
2. Plut., *Arist.*, XXIII, 6.
3. Thuc., I, 95.
4. Cf. les détails assez circonstanciés donnés par Diodore, XI, 50 à l'année 475-4).
5. Thuc., III, 104.

ionienne [1], mais jamais le sacerdoce local n'avait laissé interrompre complètement la tradition. Tous les ans, à la fin de l'hiver, en février-mars, des pèlerinages publics ou privés venaient se réunir là de tous les points de l'Archipel [2]. Ce fut sur ces réunions religieuses que se greffèrent tout naturellement les assemblées fédérales qui allaient discuter les intérêts communs des villes délivrées du Barbare.

Nous savons par Aristote que le transfert de l'hégémonie sur la Grèce ionienne des Spartiates aux Athéniens eut lieu dans l'année de Timosthène (juillet 478-juillet 477 [3]) : cette détermination chronologique s'applique sans nul doute aux premières conventions entre le stratège athénien, Aristide, et les chefs alliés, soient qu'elles aient été conclues seulement devant Byzance, soit qu'on se soit transporté à Délos pour rendre plus solennels les serments. Si l'on songe au temps qu'a duré la campagne de 478, le pacte conclu devant Byzance n'a pu l'être avant l'hiver 478-7 [4] ; il est possible que les chefs militaires se soient réunis à Délos en février-mars 477. Mais il fallut ensuite que les villes intéressées fussent informées, prissent leurs décisions, désignassent leurs délégués : la première réunion régulière de l'assemblée fédérale n'a pu être tenue qu'en février-mars 476.

La question de l'entretien des forces qui opéraient contre la Perse s'est naturellement posée tout de suite aux confédérés, et très certainement des mesures ont été prises à ce sujet par Aristide et les autres chefs [5] : des contributions ont été versées dès 475, puisque des opérations militaires ont eu lieu cette année-là [6]. Mais il fallut un travail long et délicat pour assurer la rentrée régulière de ces contributions.

Le but avoué de la confédération était, en effet, non seulement de protéger l'indépendance des villes délivrées contre un retour offensif du Roi, mais encore de les dédommager des

---

1. Id., *ibid*.
2. Pour la date, cf. Homolle, BCH 1890, pp. 493, 504-5.
3. Arist., 'A. π., XXIII, 5.
4. Il fallait trente jours alors pour aller de Cypre à Athènes (Plut., *Cim.*, XIX, 2), davantage de Cypre à Byzance.
5. Ce sont les πρῶτοι φόροι d'Aristote ('A. π., XXIII, 5) : cf. Agricola, *l. c.*, p. 46.
6. Cf. plus bas. p. 46.

ravages qu'elles avaient subis, aux dépens du domaine
perse [1]. On ne pouvait songer à des expéditions continentales.
Des traditions ultérieures prétendent qu'au lendemain de
Platées, les Grecs assemblés auraient décidé d'armer tous les
ans 10.000 boucliers, 1.000 cavaliers et 100 vaisseaux, contre
le Barbare [2]. S'il y a une part de vérité dans ces récits, il
est certain que de tels projets tombaient d'eux-mêmes dès
que les États péloponnésiens, les seules puissances continentales, se désintéressaient de la lutte. Les villes unies autour
d'Athènes ne pouvaient songer qu'à une action maritime [3] :
il fallait tous les ans des vaisseaux pour ravager les rivages
de l'empire perse et tenir en échec la marine phénicienne.

Prévit-on dès le début un effectif normal ? A plusieurs
reprises, dans les grandes circonstances, à l'Eurymédon, lors
de l'intervention en Égypte, dans la campagne de Cypre, on
nous parle de 200 vaisseaux [4]. C'était donc là le maximum
des forces que la confédération pouvait mettre en ligne.
Cela ne veut pas dire que chaque année elle ait fait de
tels efforts.

Les vaisseaux étaient en règle générale des trières. Mais
Cimon, le plus en vue des stratèges athéniens, allait apporter
des modifications au type adopté par Thémistocle. On nous
dit qu'il les rendit plus larges et munit les ponts d'un passage [5]. Voici comment nous entendons ce renseignement.
La trière, auparavant, n'était pas recouverte sur toute sa
longueur [6] : il y avait seulement à l'avant et à l'arrière, une
sorte de château surélevé, et tout autour du bastingage une
passerelle, la πάροδος. Cimon, d'une part, rejoignit les deux
châteaux par une autre passerelle, et d'autre part élargit la
πάροδος [7]. Le but de ces modifications était de pouvoir placer
sur le pont de la trière un plus grand nombre de fantassins.
Or, à Salamine, il y avait eu sur chaque vaisseau 14 hoplites

1. Thuc., I, 96.
2. Plut., *Arist.*, XXI, 1.
3. Cela n'empêchait pas qu'on ne réquisitionnât les milices de certaines
villes de la ligue pour les opérations qui avaient lieu dans leur voisinage (cf.
IG, I, 432, a, l. 34 : remarquons en passant que, dans ce document, la restitution [Αἰγί]νητοι, au fragment c, l. 20, est mauvaise).
4. Plut., *Cim.*, 12. Thuc., I, 104, 112.
5. Plut., *Cim.*, XII, 3.
6. Thuc., I, 14. Cf. Torr, *Anc. Ships*, p. 50, n. 128.
7. Cf. E. Meyer, *Forsch. z. alt. Gesch.*, II, p. 5.

et 4 archers [1]. Le nombre des combattants fut ainsi augmenté pour les abordages, et en outre les navires de combat se trouvèrent transporter des corps de débarquement permettant au besoin des opérations à terre [2]. Il semble probable que de tels changements, en alourdissant le bâtiment, forcèrent à augmenter la force propulsive, c'est-à-dire le nombre des rameurs. Quoi qu'il en soit, l'équipage normal de la trière fut dorénavant considéré comme étant de 200 hommes [3] : 200 trières portaient donc une masse de 40.000 hommes.

Parmi les villes confédérées, bien peu furent en état de fournir leur contingent à ces escadres. En tête venait Athènes, qui devait l'honneur de commander les forces de la ligue à ce qu'elle disposait de la marine la plus considérable. Nous l'avons vue paraître en 480 avec 147 vaisseaux. En outre, la loi de Thémistocle prévoyait une augmentation de 20 trières par an : l'effectif normal de la flotte d'Athènes jusque vers 450 fut de 200 vaisseaux [4].

Mais Athènes ne pouvait en armer autant. Le jour de Salamine, toute la cité athénienne était sur les flots : en temps normal, on ne pouvait réquisitionner les zeugites pour le service de la rame. Quant aux thètes et aux métèques, nous avons estimé que le nombre n'en dépassait certainement pas 20.000 — ce qu'il fallait pour équiper 100 vaisseaux [5]. En fait, Athènes avait fourni seulement une cinquantaine de trières en 479, trente en 478 [6]. Il est vrai qu'une fois pourvue des revenus réguliers de la ligue, elle avait la ressource de recruter au dehors ses équipages. Mais en somme, il est bien douteux qu'elle ait jamais fourni plus de la moitié de l'effectif total [7].

En seconde ligne venaient les grandes îles de la côte d'Asie,

<hr>

1. Plut., *Thém.*, XIV, 1. A Ladè, les vaisseaux de Chios avaient porté 40 hoplites (Hérod., IV, 15, 1). Ce chiffre est sans doute exceptionnel.

2. Le chiffre de 20 hoplites par vaisseau, 2.000 hoplites pour 100 vaisseaux (cf. plus bas, p. 39, n. 7), n'est pas exagéré pour cette époque (ce serait le moyen d'utiliser Aristote, 'Α. π., XXVI) : au temps de la guerre du Péloponnèse, il y en avait moins.

3. Ce chiffre est partout considéré comme normal par Hérodote.

4. Cf. p. 14 et 21. C'est l'origine de l'erreur d'Hérodote (VII, 144).

5. Cf. p. 20.

6. Cf. p. 17, et Thuc., I, 94.

7. Il faut supposer 100-150 vaisseaux armés pour expliquer le chiffre donné par Aristote, 'Α. π., XXVI (cf. plus haut, n. 2) : c'est là un maximum. Peut-être peut-on conclure du passage : Diod., XI, 60, que les alliés avaient à fournir 100 trières; mais le renseignement est bien incertain.

Lesbos, Chios, Samos. Dès le temps de la révolte de l'Ionie
(si l'on peut se fier à la liste que donne Hérodote pour la
bataille de Ladè), Lesbos armait 70 vaisseaux, Chios 100,
Samos 60 [1]. La répression de la révolte avait affaibli ces cités,
mais depuis, les Perses eux-mêmes les avaient forcées d'augmenter leurs effectifs, pour les expéditions de 490 et de 480 [2].
Dès l'origine de la ligue, ces ressources considérables firent
aux trois îles une situation exceptionnelle parmi les insulaires
et les Ioniens.

Les habitants des îles avaient combattu aussi dans la guerre
médique. Pour l'Eubée, à la vérité, la belle époque était passée : les Chalcidiens n'avaient figuré à Salamine, que grâce
aux 20 vaisseaux prêtés par Athènes ; Erétrie en avait armé
7, Styra 2 [3]. Les Céiens avaient amené 4 bâtiments, dont
2 pentécontores, les Cythniens 2, dont 1 pentécontore,
les Siphniens, Sériphiens et Méliens n'avaient que des
pentécontores [4]. Des Pariens nous ne savons rien, parce
qu'ils étaient restés neutres : mais dix ans auparavant,
Miltiade n'avait pas eu à livrer bataille pour envahir leur île [5].
Les autres insulaires avaient été contraints de fournir au Roi
17 vaisseaux, dont beaucoup d'ailleurs, 4 de Naxos, 1 de
Ténos, 1 de Lemnos, avaient passé aux Grecs [6]. C'est la faiblesse de la marine de guerre dans ces îles qui explique le
développement de la piraterie dans l'Archipel au viᵉ siècle.

Les ports d'Ionie avaient été mieux pourvus. Milet avait eu
80 vaisseaux, mais ne s'était pas relevée du coup qui l'avait
frappée en 494 [7]. Lors de la grande révolte, Priène avait paru
à la bataille de Ladè avec 12 vaisseaux, Myonte avec 3, Téos
avec 17, Érythres avec 8, Phocée avec 3 [8]. Mais ces villes,
elles aussi, se ressentaient encore des blessures reçues alors.

---

1. Hérod., VI, 8. Mais, précisément pour ces villes (et pour Milet) les chiffres
me paraissent suspects.

2. Hérod., VI, 95.

3. Hérod., VIII, 1, 46.

4. Hérod., VIII, 46, 48.

5. Hérod., VIII, 7 et VI, 133. Paros avait donné 1 trière aux Perses en 490
(id., VI, 133).

6. Hérod., VII, 95. VIII, 46. VIII, 11. VIII, 82.

7. Hérod., VI, 8 (chiffre suspect : cf. id., V, 36). Cf. Glotz, *Comptes Rendus
Acad. I. et B.-L.*, 1906, p. 524-5 : je suis d'ailleurs convaincu que, dans
l'inscription dont parle M. Glotz, il est question de statères d'*electrum* ; mais
les observations de l'auteur subsistent.

8. Hérod., VI, 8.

Les chiffres donnés par Hérodote pour les contingents fournis à Xerxès, 30 vaisseaux des Doriens, 70 des Cauniens (!), 100 des Ioniens, 60 des Éoliens, sont sans valeur [1] : il suffit, pour s'en convaincre, de les comparer avec le chiffre particulier donné pour Halicarnasse, Cos, Nisyros et Kalydna, qui à elles toutes avaient armé 5 vaisseaux [2], — et avec le chiffre total donné pour les forces perses à Mycale, 300 vaisseaux, y compris ceux des Ioniens [3]. Nous manquons de renseignements pour Rhodes, mais, en Carie, Caryande, Myndos [4], d'autres cités encore, avaient quelques vaisseaux.

Pour les régions côtières de l'Hellespont et de la Thrace, nous n'avons que des chiffres relatifs à l'expédition de Xerxès, qui sont manifestement exagérés, 100 vaisseaux pour l'Hellespont, 129 pour la Thrace [5]. Nous ne sommes renseignés que pour Thasos : les Thasiens, enrichis par leurs mines, avaient commencé à créer une flotte dès 493 [6], et cette flotte avait servi les Perses en 480. Elle était importante, puisque plus tard, dans la bataille livrée aux Athéniens, les Thasiens perdront 33 vaisseaux [7].

Le nombre des villes pourvues d'une marine de guerre était donc infime. Beaucoup, quoique situées au bord de la mer, n'avaient même pas encore de commerce maritime [8]. Il ne faut pas oublier que la plupart des pays grecs, sauf la Macédoine, manquaient de bois : ils n'avaient pas, comme les ports phéniciens, les forêts du Liban derrière eux. Ajoutons à tout cela que les perfectionnements apportés par les Athéniens dans la construction des trières auraient forcé les triérarques des alliés à refaire complètement leur matériel naval. Dans ces conditions, l'immense majorité des cités qui adhérèrent à la ligue s'offrirent d'emblée pour fournir, au lieu de vaisseaux, de l'argent.

Au reste, chez ces populations ioniennes, l'esprit militaire manquait encore bien plus que les moyens matériels. Déjà, au moment de leur révolte contre le Roi, leur défaut de discipline

---

1. Hérod., VII, 94, 5, 6.
2. Hérod., VII, 99 (pour Halicarnasse, Hérodote était exactement informé).
3. Hérod., VIII, 130 (les vaisseaux phéniciens étaient encore là).
4. Hérod., V, 33.
5. Hérod., VII, 95 et 185.
6. Hérod., VI, 46, 48.
7. Plut., *Cim.*, 14.
8. Se rappeler le dicton sur Kymé (Strabon, XIII, 3, § 6).

et de courage avait été flagrant [1]. A l'époque où nous sommes
parvenus, aussitôt l'enthousiasme du premier moment tombé,
elles montrèrent la même répugnance au service, et le désir
très vif de s'en racheter. D'autre part, les chefs athéniens,
Cimon le premier, encouragèrent une tendance qui concentrait toute la force de la ligue entre les mains des Athéniens
et des villes de Lesbos, Chios et Samos [2]. En quelques
années, cette première évolution fut achevée. Les conséquences en étaient graves, et les confédérés s'en aperçurent
dès l'époque de la défection de Naxos (laquelle ne peut guère
être postérieure à l'an 470 [3]). Ils avaient fourni aux Athéniens
les moyens de les contraindre à l'obéissance, et, en cas de
résistance, d'aggraver les charges qui pesaient sur eux en vertu
du contrat primitif. Ce fut la seconde étape : d'alliés les
membres de la ligue s'étaient changés tout de suite et d'eux-
mêmes en tributaires autonomes; très vite, de tributaires, ils
devinrent de véritables sujets [4].

Une fois établie la liste des villes qui s'offraient à fournir de l'argent au lieu de vaisseaux, le premier souci de
l'assemblée de Délos fut de décider combien chacune
paierait : il fallait que l'on sût sur quelles sommes on
pouvait compter chaque année, et aussi que la charge fût
répartie équitablement par un travail d'ensemble. L'homme
de confiance chargé de cette besogne fut Aristide, qui
avait conclu les premiers arrangements avec les Ioniens, et
dont la réputation d'intégrité avait dès lors franchi les limites
de sa patrie. Le travail était long et exigeait des voyages et
des enquêtes difficiles, étant donné le manque de précédents :
seuls, les pays qui avaient fait partie de l'empire perse pendant un certain temps étaient pourvus de cadastres ; celui de
l'Ionie avait été révisé par Artaphernès quinze ou vingt ans
auparavant [5]. Aristide mit certainement plusieurs années à

1. Hérod., VI, 12.
2. Plut., Cim., 11.
3. Thuc., I, 99. Pour la date, cf. Wilamowitz, AuA, II, p. 300.
4. On sait quelles discussions se sont engagées sur le nombre primitif des
membres de la ligue. Je crois que l'opinion que j'adopte ici est, dans l'ensemble,
celle qui a prévalu (cf. en dernier lieu Francotte. *Musée belge*, 1907, p. 175
sqq.).
5. Hérod., VI, 42.

achever sa tâche. Cependant, avant le procès de Pausanias (avant 470), un poète rhodien célébrait déjà l'homme « excellent entre tous, envoyé par la divine Athènes », dans des vers qui font sans doute allusion au règlement des tributs [1]. Mais il fallut inscrire après coup les villes qui demandèrent à remplacer leur contingent de vaisseaux par une contribution en argent, d'autres qui furent adjointes subsidiairement à la ligue. Aristide dut voyager encore souvent pour achever son grand travail financier : on nous le montre mourant « dans le Pont », où il était en tournée pour le compte de la République [2], et cette mort n'est pas antérieure à l'an 467 [3].

Thucydide nous dit que le chiffre arrêté par Aristide pour le total des tributs fut de 460 talents [4]. Dès lors, deux hypothèses se présentent : ou bien le chiffre a été arrêté d'avance et réparti ensuite entre les villes, ou bien chaque ville a été taxée suivant une règle uniforme, (par exemple proportionnellement à l'étendue du territoire), et l'addition s'est trouvée donner 460 talents. Toutes les vraisemblances sont en faveur de la première supposition : on a fait remarquer par exemple que les chiffres relevés sur les listes de tributs sont en petit nombre, tous ronds (1 t., 1 t. 4.000 dr., 3.000 dr.. etc. [5]), ce qui ne saurait être le cas si l'on avait employé le second procédé.

Ce chiffre de 460 talents a été fixé nécessairement d'après les besoins de la ligue. Les campagnes précédentes permettaient d'évaluer ce que coûteraient les expéditions maritimes projetées [6]. De plus le mode de paiement que nous trouvons usité plus tard, et qui fut sans nul doute établi dès lors, rendait faciles les prévisions. Le trésorier ou le stratège avançait toujours en bloc, au triéraque, la solde mensuelle du vaisseau, supposé à l'effectif normal de 200 hommes [7]. C'était au triérarque à distribuer équitablement la somme entre les matelots.

---

1. Timocréon, *ap.* Plut., *Thém.*, XXI, 4. Il est encore question des mérites de Pausanias dans ces vers de Timocréon.

2. Plut., *Arist.*, 26.

3. C. Nepos, *Arist.*, 3. Cf. E. Meyer, GdA, III, § 507 n.

4. Thuc. I. 96. 2 : ἦν δ' ὁ πρῶτος φόρος ταχθεὶς τετρακόσια τάλαντα καὶ ἑξήκοντα.

5. Cf. Agricola, *De Arist. censu*, p. 28-9.

6. Quoi qu'en dise M. Agricola (*ibid.*, p. 28).

7. Dans Thucydide, c'est toujours de la solde mensuelle qu'il est question (voir en particulier les traités de subsides avec la Perse). Cf. Aristoph., *Pax*, 1234.

Il est évident, par exemple, qu'on ne pouvait rétribuer de même le travail du rameur du banc supérieur (*thranite*), du second banc (*zeugite*), ou du troisième (*thalamite*), parce que les rames étaient fort inégales. C'était au triérarque à établir un roulement ou à avantager les hommes qui avaient la plus lourde charge, de manière que chacun fût payé équitablement [1].

Mais forcément le chiffre mensuel adopté pour la trière était basé sur le chiffre alloué quotidiennement au matelot. Or, celui-ci ne pouvait être alors de 3 oboles, comme au temps de la guerre du Péloponnèse. Nous savons que la valeur de l'argent a considérablement baissé depuis l'époque de Solon jusqu'à celle de Démosthène [2], et, sans pouvoir entrer dans les détails, nous devinons que la baisse fut surtout rapide à partir de la découverte du Laurion en 483. Le chiffre alloué par les Trézéniens aux Athéniens réfugiés chez eux, en 480, avait été de 2 oboles par jour et par tête [3] : nous verrons que le salaire des jurés athéniens fut d'abord le même [4]. Il est très vraisemblable qu'on estima aussi à ce taux la somme nécessaire au matelot pour acheter sa nourriture quotidienne dans les marchés qui s'établissaient partout où stationnaient les flottes.

Il fut donc très facile à Aristide d'estimer ce que coûtait l'entretien d'une trière pendant la saison militaire. Celle-ci ne commençait sur l'Archipel que dans le courant de mars : elle était terminée le 7 pyanopsion (octobre), date à laquelle avait lieu dans Athènes l'inhumation solennelle des soldats tombés dans la campagne [5]. Elle ne durait donc guère plus de 7 mois [6]. Or, nous avons vu que l'effectif maximum prévu par la ligue a été de 200 vaisseaux. Dans les conditions que nous venons d'énoncer, une telle force représentait une dépense de 466 t. 2/3 pour l'année. C'est l'explication du chiffre fixé par Aristide.

Aristide travailla avec succès à répartir cette charge entre les villes adhérentes d'une manière à peu près proportionnée à

---

1. Quelquefois on avantageait les *thranites* (Thuc., VI, 31).
2. Cf. Boeckh, SdA, I, p. 6 sqq. Voir aussi la faiblesse des tarifs d'amende à Milet vers 460 : *Comptes Rendus Acad. I. et B.-L.*, 1906, p. 524-5.
3. Plut., *Thémist.*, X, 4 (certainement authentique).
4. Cf. plus bas, p. 53.
5. E. Meyer, GdA, III, p. 505.
6. Plutarque parle de 8 mois (*Péricl.*, X, 4 ; 9 mois, d'après l'édition d'Amyot : *J. Amyot, Pericles et Fabius Maximus*. édit. Clément. 1906, p. 19) : c'est la limite extrême.

leurs ressources [1]. En fait, il arriva à satisfaire tout le monde : sa réputation universelle de « Juste » est venue de là [2]. L'assemblée de Délos ne toucha plus à son tarif. En ce qui concerne Phasélis, on nous dit, il est vrai, que lorsque la ville fut prise, vers 466, elle dut payer 10 talents, tandis que, sur les listes de tributs qui commencent en 454-3, elle est inscrite pour 6 talents : mais le premier chiffre est celui de l'indemnité de guerre, le second celui du tribut normal [3]. Nous verrons qu'après le transfert du trésor fédéral à Athènes, les Athéniens apportèrent plus d'une modification dans la taxation : plus d'une cité eut à réclamer, dans la suite des temps, « le tarif d'Aristide ». Mais, *dans l'ensemble*, il n'est pas douteux que ce tarif resta en vigueur jusqu'en 425 [4].

Nous pouvons vérifier le fait à l'aide des listes de tributs, dont la série commence seulement en 454-3. A ce moment bien des noms avaient été ajoutés, même à la liste finale arrêtée pas Aristide. Nous aurons à parler des conquêtes de Cimon, de la soumission de Karystos, de celle de Byzance, de celle de Phasélis, des annexions en Carie et dans la Chersonèse, de la prise d'Égine, etc. Pour d'autres cités, comme Halicarnasse, nous manquons de renseignements précis [5]. Pour d'autres encore, nous sommes réduits aux conjectures. On ne s'étonnera donc pas que nous ne puissions évaluer dans quelle mesure a augmenté le chiffre total des contributions. Mais nous devons nous attendre à une augmentation considérable, et nous la constatons en effet sur la première liste de tributs.

Nous avons établi ailleurs cette liste, et trouvé pour le tribut des villes qu'on peut y inscrire un total de près de 525 t., inférieur certainement au tarif normal [6]. Si on en retire les huit dernières villes, pour lesquelles nous sommes sûrs qu'elles sont entrées dans la ligue *après* l'établissement du tarif d'Aristide, il reste une somme de 440 t. environ, qui confirme suffisamment le chiffre donné par les historiens.

1. Plut., *Arist.*, 24.
2. Id., *ibid.*
3. Plut., *Cim.*, 12. Introd., § 33.
4. Thuc., V, 18.
5. M. Meyer me paraît avoir trop allongé la liste des cités qui entrèrent dans la ligue après Aristide (GdA, III, pp. 529-32) : je songe p. ex. à Éphèse.
6. Voir Introd., § 34.

Nous avons estimé que, si des contributions furent apportées dès 476, il fallut quelques années pour que le paiement des 460 talents annuels devînt régulier. En revanche, au moins à partir de la campagne triomphale de Cimon sur les côtes de Carie, de Lycie et de Pamphylie, après 470, la somme fixée par Aristide commença d'être sensiblement dépassée [1]. Dans l'ensemble on peut évaluer à 6.000 talents environ les sommes qui passèrent par les mains des hellénotames jusqu'en 462-1.

Dès l'origine, les collèges d'hellénotames avaient eu à verser des sommes importantes aux stratèges athéniens qui commandaient les expéditions de la ligue, et parmi lesquels Cimon se fit bientôt une place à part. Dès 475, Eïon, une des dernières villes d'Europe restées aux mains des Perses, fut emportée [2]. Cimon alla de là chasser les Dolopes de Scyros, puis il soumit Karystos et débarrassa ainsi les eaux égéennes des principaux repaires de pirates. Ce sont là les seules campagnes que Thucydide enregistre pour les premières années de la ligue : mais il a certainement négligé des opérations moins sérieuses, car nous savons par exemple que Cimon dut reprendre Byzance à Pausanias [3]. Puis vint le premier déchirement qui se soit produit à l'intérieur de la confédération, la révolte de Naxos, qui nécessita un siège assez long. Cependant un retour offensif des Perses se préparait sur les côtes de Phénicie et de Cilicie : Cimon alla au devant de l'ennemi avec toutes les forces de la ligue, 200 trières du type le plus perfectionné ; il prit Phasélis et anéantit la flotte perse aux bouches de l'Eurymédon [4]. Cette campagne avait étendu le domaine de la ligue sur la côte méridionale d'Asie-Mineure et si bien assuré sa position de ce côté, que dorénavant il suffit de quelques démonstrations dans la mer de Cypre pour tenir en respect les Barbares : Ephialtès y parut une fois avec trente vaisseaux, Périclès avec cinquante [5]. Avec de très faibles efforts, Cimon arrondissait et consolidait les possessions de la ligue : 4 trières suffirent pour chasser de la Chersonèse de

1. M. de Wilamowitz (AuA, II, p. 300) me paraît retarder un peu trop la date de la bataille de l'Eurymédon.
2. Thuc., I, 98. Pour la date, Wilamowitz, AuA, I, p. 146, n. 11.
3. E. Meyer, GdA, III, 516 (d'après Justin, IX, 1).
4. Thuc., I, 98, 137, 100. Plut., *Cim.*, 12 sqq.
5. Plut., *Cim.*, 13. La campagne de Périclès est probablement postérieure à 462-1.

Thrace les derniers Barbares : qui l'occupaient [1]. Mais à ce moment se produisit subitement une nouvelle crise intérieure : la défection des Thasiens, que les tentatives répétées des Athéniens pour s'établir aux bouches du Strymon et dans la région du Pangée avaient alarmés pour leurs possessions continentales. Il fallut une grande bataille navale, et un siège de trois ans (465-3), pour réduire cette importante cité [2]. Nous ne pouvons, dans cette première période, nous flatter de connaître toures les expéditions de la ligue ni surtout le déploiement de forces qu'exigea chacune d'elles. Mais, dans l'ensemble, on a l'impression très nette que, sauf dans deux ou trois circonstances, lors de la prise d'Eïon, lors de la bataille de l'Eurymédon, dans la première année de la guerre thasienne, on n'eut pas à faire l'effort maximum qui avait été prévu.

Au reste, les expéditions contre le Barbare étaient souvent fructueuses. Une anecdote racontée par Ion de Chios est suggestive à cet égard [3] :

« Ion raconte que, dans sa première jeunesse, étant venu de Chios à Athènes, il soupa avec Cimon chez Laomédon [4]. Après les libations, celui-ci, invité à chanter, s'en acquitta non sans agrément ; les assistants le félicitèrent, ne manquant pas de faire remarquer sa supériorité sur Thémistocle : celui-ci aimait à dire qu'il n'avait pas appris à chanter ni à jouer de la cithare, et que sa science à lui, c'était de rendre un État puissant et prospère. De là, comme il arrive à table, la conversation passa aux grands exploits de Cimon, et chacun rappela les plus notables ; lui-même alors narra un de ses stratagèmes, qu'il considérait comme le plus spirituel dont il fût avisé. Après la prise de Sestos et de Byzance [5], les alliés ayant fait prisonniers beaucoup de Barbares, s'en remirent à Cimon pour faire le partage : lui mit d'un côté les prisonniers mêmes, de l'autre la parure qu'ils portaient sur eux. Les

---

1. Plut., *Cim.*, 14.
2. Thuc., I, 100-101.
3. Plut., *Cim.*, 9.
4. Ion écrivait vers 430 (E. Meyer, GdA III, p. 249) : l'histoire est de 475 environ. M. Croiset (*Man. d'Hist. de la Littér. gr.*, p. 399) place, je crois, un peu trop tard la naissance d'Ion.
5. Il ne faut attacher aucune importance à cette détermination chronologique, qui laisserait d'ailleurs le choix entre les dates 479 et 478. Ce n'était pas là ce qui intéressait Ion.

autres alors de blâmer le partage comme inique. Cimon leur
dit de prendre celle des deux parts qu'ils voudraient : « Les
« Athéniens, dit-il, se contenteront de celle que vous aurez
« laissée. » Hérophyte de Samos ayant déclaré que les biens
des Perses valaient mieux que les Perses mêmes, les alliés
prirent la parure et laissèrent les captifs aux Athéniens. Au
moment même, Cimon s'en alla avec la réputation d'un étonnant
faiseur de partages : les alliés emportaient en masse bracelets
d'or et colliers, candyes et autres vêtements de pourpre,
et les Athéniens recevaient des corps nus, mal dressés au travail.
Mais bientôt on vit descendre de la Phrygie et de la
Lydie les amis et parents des prisonniers, qui rachetèrent
chacun d'eux au prix qu'on voulut : *Cimon eut de quoi entretenir sa flotte pendant quatre mois, et il resta encore, sur les
rançons, pas mal d'or pour le trésor d'Athènes.* »

On voit que Cimon s'entendait à « nourrir la guerre par la
guerre ». Le butin, il est vrai, — qui parfois, par exemple
dans la campagne de l'Eurymédon, fut énorme — le butin
était distribué entre les divers participants de l'expédition.
Mais il en fut autrement des indemnités de guerre qu'on
imposa probablement à Naxos, sûrement à Phasélis et à
Thasos [1] : elles étaient versées au trésor fédéral, qui avait supporté
les frais des sièges.

Dès le début, des réserves se sont donc amassées dans la
caisse fédérale. Il est même possible qu'elles aient été, avant
la mort d'Aristide, assez importantes pour que l'assemblée de
Délos se soit préoccupée de les soustraire à un coup de main
des Barbares sur le sanctuaire d'Apollon. Plutarque raconte,
d'après Théophraste, que l'opportunité de mettre le trésor de
la ligue en sûreté à Athènes aurait été discutée devant le
« Juste » [2] : comme on délibérait sur le transfert de l'argent
de Délos à Athènes, transfert contraire aux conventions, les
Samiens proposaient de le voter, mais Aristide dit : « Ce ne
serait pas une mesure correcte, mais ce serait une bonne
mesure. » L'anecdote est certainement suspecte, mais le détail
précis de la proposition faite *par les Samiens* lui donne
quelque valeur. Il est donc possible qu'avant 467 [3] on se soit

---

1. Thuc., I, 101. L'indemnité imposée à Thasos était acquittée en 454-3, à en
juger par le chiffre très modéré du tribut.
2. Plut., *Arist.*, 25.
3. Cf. p. 43, n. 3.

déjà occupé de mettre à l'abri la caisse fédérale, et il n'est pas douteux que des réserves importantes y existaient à la fin de cette période, surtout quand les Thasiens eurent remboursé les frais, très considérables, du siège [1]. Le chiffre de 2.000 talents ne serait peut-être pas exagéré.

II

LA RÉVOLUTION DE 462-1 ET LE TRANSFERT DU TRÉSOR D'EMPIRE

La fondation de la ligue de Délos avait rapporté à l'État athénien autre chose que l'honneur du commandement. Dans les quinze premières années qui suivirent, l'organisation financière de cet État restant telle que nous l'avons décrite, ses charges n'augmentèrent pas, tandis que sa richesse s'accroissait. Il est nécessaire d'examiner ce fait de plus près.

Les dépenses militaires incombaient au trésor fédéral : grâce aux conquêtes de Cimon, même les constructions navales prévues par Thémistocle furent inutiles pour maintenir la flotte à l'effectif normal de 200 voiles [2]. Quant aux travaux de cette époque, ils sont dus presque tous à la générosité de riches particuliers, comme Cimon et son entourage : un ouvrage qui intéressait au premier chef la sécurité nationale, la construction des Longs-Murs joignant la ville aux ports, fut commencé aux frais de Cimon [3]. Le Poecile fut décoré gratuitement par Peisianax et Polygnote, dont les vers de Mélanthios rappelaient la munificence [4]. Par ces actes de générosité exceptionnels, on peut juger ce qui se dépensait en triérarchies et chorégies, à un moment où les campagnes asiatiques, le Laurion, les premiers progrès du commerce, multipliaient le nombre des riches.

Si le trésor d'Athènes n'avait pas, pour ainsi dire, à supporter les charges de la puissance nouvelle de la cité, par contre

---

1: Il est fort possible aussi qu'une nouvelle proposition de transfert ait été faite lorsqu'éclata la lutte avec le Péloponnèse, après 460 (Justin, III, 6).

2. P. ex.. 200 trières phéniciennes sont détruites ou prises à l'Eurymédon (Thuc. I, 100. Cf. Éd. Meyer, *Forsch. z. a. G.*, II, p. 1 sqq.).

3. Plut., *Cim.*, 13.

4. Plut., *Cim.*, IV, 8.

les ressources qui l'alimentaient étaient devenues plus abondantes.

Le domaine s'accrut à chaque conquête de Cimon. Il est
vrai que l'État, au lieu de garder et d'affermer ces terres
étendues, les distribuait volontiers à des clérouques [1]. Mais il
gardait les domaines particulièrement productifs, surtout les
mines. Dès le lendemain des guerres médiques, l'attention des
Athéniens se porta sur le Pangée, où l'or et l'argent se rencontraient ensemble : les premières tentatives échouèrent,
mais en 463 les mines d'or, qui appartenaient aux Thasiens,
furent conquises [2] (les mines d'argent restèrent aux rois de
Macédoine). On appliqua problablement le même système
qu'au Laurion : au nombre des premiers concessionnaires fut
le père de l'historien Thucydide [3]. Une source de richesses considérables échut ainsi à la cité [4].

La seconde branche des revenus publics, les droits sur les
personnes et sur les objets, se développa encore davantage.
Thémistocle, il est vrai, avait fait exempter de droits les
métèques qui s'établiraient au Pirée [5], mais cette exemption
ne fut que temporaire. L'exploitation du Laurion augmentait
rapidement le nombre des esclaves, et rendait plus produc-
tive la taxe qui portait sur eux [6]. Mais avant tout, les droits
de douane et de port suivirent pas à pas les progrès du Pirée
comme port de commerce : c'était le début d'une évolution
qui devait peu à peu faire de ces droits le principal revenu
d'Athènes [7], et que malheureusement nous ne pouvons pas
suivre dans le détail. D'une manière générale, une foule de
droits que nous connaissons mal se ressentirent également de
la multiplication des transactions [8].

Le produit des frais de justice s'accrut par suite de l'obligation imposée à certains des alliés de venir plaider à Athènes [9].

---

1. Ceux-ci ne payaient aucune redevance (Guiraud, PF, p. 345).
2. Thuc., I, 101.
3. Cf. Boeckh, SdA I, p. 381-2. Busolt, *Gr. Gesch.*, III², p. 620, n. 2.
4. Cf. Hérod., VI, 46.
5. Diod., XI, 43.
6. Cf. Xénophon, *Traité des Revenus*, IV, 25.
7. Le droit de douane n'était, au vᵉ siècle, que de 1 °/₀ ([Xén.], 'A. π., 1,
15).
8. Cf. p. 5.
9. L'obligation existait dès le temps de la bataille de l'Eurymédon, comme
le prouve le traité avec Phasélis (IG, II, 11 : on sait que ce texte est en
réalité de 470-465).

Quant aux amendes et confiscations, elles ne se multiplieront que lorsque les jurys athéniens auront également accaparé la haute justice criminelle dans tout le domaine fédéral [1]. Pour juger combien cette branche de revenus était importante, il faut se rappeler qu'elle allait suffire, et au delà, à payer le salaire des juges [2].

Toutes ces sources de richesse devenant plus abondantes, il était inutile d'en ajouter d'autres : les propriétaires attiques continuèrent à ignorer l'impôt direct. On n'en était pas à inventer des expédients, alors que, chaque année, Athènes s'enrichissait des dépouilles du Mède. Le butin, en effet, ne revenait pas au trésor fédéral, mais était partagé entre Athènes et ses alliés [3] : or, s'il avait été parfois important dans les guerres helléniques, il l'était bien davantage depuis que les vaincus étaient des Asiatiques [4].

Pour les revenus ordinaires de l'État athénien, nous ne trouverons de chiffres qu'en 431 : nous pouvons estimer qu'ils étaient alors de 500 talents environ [5] (au ive siècle, nous trouvons les chiffres de 400 talents, 140 talents [6]). A l'époque où nous sommes, quand bien même nous serions renseignés à cet égard, il faudrait encore savoir dans quelle mesure les dépouilles rapportées par Cimon augmentaient ces ressources normales, pour nous faire une idée de la richesse croissante d'Athènes.

Les Athéniens auraient pu facilement constituer alors un trésor de réserve, s'ils ne s'étaient considérés comme débiteurs de leur divinité nationale : il est à remarquer que tandis que les Ioniens ont négligé de rebâtir le temple d'Apollon Didyméen [7], les Athéniens, eux, n'ont pas perdu de vue un instant l'obligation de remplacer à Athéna le temple qui avait été brûlé. Une part lui fut faite sur tous les bénéfices de l'État : les amendes prononcées par l'Aéropage lui étaient

1. Cf. plus loin, p. 61.
2. [Xén.], 'Α. π., I, 16.
3. Cf. plus haut, p. 47-8.
4. Avec le butin de la campagne de l'Eurymédon, on éleva le mur de Cimon (Plut., *Cim.*, XIII, 9), travail considérable.
5. Cf. p. 111.
6. Didyme, *De Demosthene Commenta* (édit. Diels et Schubart, 1904), p. 18-9. Les chiffres se rapportent, quoi qu'en pense Didyme, à l'époque qui suit la guerre Sociale.
7. Cf. Haussoullier, *Études s. l'hist. de Milet et du Didyméion*, p. 3.

consacrées [1] ; surtout, on lui réserva le butin fait sur les Barbares qui l'avaient outragée [2]. Comme la piété des particuliers ne le céda pas à celle de l'État, la richesse de la déesse crût rapidement. On réduisit les dépenses, en vue de la construction projetée. Enfin, après le triomphe de l'Eurymédon, Cimon fit le premier pas en construisant le mur sud de l'Acropole, afin de soutenir l'esplanade sur laquelle devait s'élever le temple [3]. Mais le trésor constitué à la fin de cette période n'était pas encore suffisant pour qu'on pût aller plus loin.

Il faut se rappeler qu'à la même époque, le temple de Zeus à Olympie était bâti grâce à un trésor qu'on avait mis un siècle à constituer [4]. Les temples des opulentes cités de Grande-Grèce et de Sicile, à peu près contemporains, sont presque toujours le fruit d'un travail prolongé et repris plusieurs fois [5]. Et tous ces monuments sont en tuf, tandis que le Parthénon devait être de marbre.

Nous ne pouvons étudier ici en détail la transformation qui s'accomplissait pendant ce temps dans la société attique, et dont le trait principal fut la concentration rapide de l'ancien prolétariat agricole dans la ville et au Pirée. Mais il nous faut signaler les tendances de l'opposition qui se dessina peu à peu au sein de la société nouvelle contre l'ancien gouvernement. D'une part, la population agglomérée se trouvait soumise à l'instabilité de la vie urbaine : tant que durèrent les grandes expéditions, elle vécut de la guerre, de la solde, du butin ; en temps de paix, elle était portée à trouver qu'elle ne profitait pas assez de la prospérité publique. D'autre part, elle était moins respectueuse de la supériorité sociale, et plus sensible à la supériorité intellectuelle, telle qu'elle pouvait l'apprécier, c'est-à-dire à la parole : le temps est venu des élèves des sophistes. Or, ce genre de supériorité coïncide moins souvent que l'autre avec la richesse : les nouveaux chefs seront donc amenés à se servir de l'argent de l'État pour satisfaire leur clientèle politique [6].

1. Aristote, 'A. π., VIII, 4 : il fait remonter l'usage jusqu'à Solon.
2. Cf. l'anecdote d'Ion, p. 48.
3. Sur le caractère de cette construction, cf. Dörpfeld, MA. 1902, p. 379 sqq.
4. Paus., V, 10, 2. Cf. les notes de Frazer (t. I, p. 249, et III, p. 493).
5. Voir Puchstein, *Die griechischen Tempel Unterital. u. Sicil.*, passim.
6. Cf. l'histoire du conseil de Damon à Périclès Aristote, 'A. π., XXVII).

Tels étaient les hommes qui ont accompli la révolution pacifique de 462-1 et acquis, par elle, le pouvoir. On ne s'étonnera pas que ce changement ait eu des conséquences graves dans l'ordre financier. Il fut suivi à intervalles plus ou moins rapprochés de l'introduction de toute une série de dépenses nouvelles [1].

Tout d'abord, le gouvernement, cessa d'être gratuit. On n'alla pas encore jusqu'à décréter le paiement de jetons de présence pour les séances de l'assemblée. Mais le Conseil des Cinq-Cents avait hérité de beaucoup des fonctions de l'Aréopage et devait voir ses attributions augmenter encore : les conseillers reçurent une indemnité [2] qui, à la fin du siècle, était de 1 drachme par séance.

Les jurys populaires avaient vu augmenter aussi leurs attributions : le nombre des jurés avait été porté à 6.000 [3]. Pour ouvrir l'accès des tribunaux à la plèbe athénienne on alloua une indemnité de 2 oboles par séance [4]. De toutes les charges nouvelles imposées à l'État, celle-là fut la plus pesante.

Un peu plus tard, l'accroissement de l'agglomération urbaine, les difficultés de la police amenèrent la création d'une gendarmerie composée d'esclaves publics, les 300 Scythes [5].

De nouvelles obligations furent créées à l'État. On assura, aux frais du trésor, l'entrée du théâtre à tous les citoyens. Le théâtre était affermé à un entrepreneur, qui, pour se dédommager des frais d'entretien, percevait un droit de 2 oboles sur le public. L'État paya les 2 oboles aux citoyens trop pauvres pour les fournir. C'était le *théorikon* [6].

On voit que, si le principe des liturgies subsiste, partout ailleurs, où l'État procédait par voie de réquisition directe, l'habitude s'introduit de rémunérer, non seulement le service public, mais la simple participation à la vie publique. Cette rémunération avait au début le caractère d'une indemnité,

---

1. On ne sait pas la date exacte de chacune des réformes : toutes suivirent de près la révolution de 462-1.
2. Cf. Wilam., AuA, II, p. 95, n. 33.
3. Sur ce nombre, cf. Br. Keil, AA, p. 234.
4. Schol. Aristoph., *Vesp.*, 88.
5. Bœckh, SdA, I, p. 262.
6. *Ulpiani Commentar. in Olynthiacas*, etc. (1503), Olynth. 1. p. 2. l. 1-2. Cf. Mazon et Bodin, *Scènes choisies d'Aristophane*, Introd., p. xiii.

mais, par une évolution fatale, l'indemnité s'accrut avec le prix de la vie, et devint un traitement [1].

Nous connaissons avec assez de précision le dernier terme de cette évolution, grâce à un pamphlétaire cité par Aristote. Il énumère les hommes payés par le trésor en 431 [2] : 6.000 juges, 1.600 archers et 1.200 cavaliers, 500 conseillers, 500 gardes des arsenaux et 50 gardes de la citadelle, environ 700 fonctionnaires dans l'Attique et 700 (?) au dehors, outre les personnes nourries au prytanée, les orphelins des hommes morts à la guerre, les geôliers. Cependant, même en supposant de 3 oboles le salaire journalier de ces 12.000 personnes (ce qui est trop haut pour la moitié d'entre elles, les 6.000 juges), on n'arrive pas à un total de 400 talents [3]. Les dépenses normales de l'État restèrent donc en rapport avec ses ressources accrues — tant que dura l'empire.

D'ailleurs, à l'époque où nous sommes, ce mouvement ne fait que commencer. Mais il ne pouvait manquer d'avoir très vite une répercussion fâcheuse sur l'accroissement du trésor de l'Acropole.

En outre, les grands travaux de défense qui eurent lieu pendant les années suivantes ne laissèrent pas de peser sur les finances de l'État.

En effet, la révolution intérieure avait ajouté à la lutte contre la Perse, portée alors en Égypte, un conflit avec Égine et Corinthe, puis avec Sparte elle-même [4]. Engagé ainsi au dehors, le nouveau gouvernement d'Athènes dut se garder contre l'opposition très forte qu'il avait à combattre au dedans, en réunissant la capitale, où il siégeait, avec les ports, dont la population constituait son principal appui. Le projet de la construction des Longs-Murs, conçu déjà sous le régime précédent, devenait pour celui-ci une nécessité pressante.

Ces murs devaient partir de l'enceinte d'Athènes derrière les collines du Sud-Ouest, à peu de distance l'un de l'autre [5]. Le premier irait en droite ligne rejoindre l'enceinte du Pirée vers la porte du Nord-Ouest. Le second, s'appuyant sur les

1. Nous verrons le fait se produire pour le salaire des juges, p. 132. Quant à la solde des troupes de terre, voir plus loin, p. 58.
2. Aristote, 'A. π., XXIV.
3. Il ne faut pas oublier qu'en revanche, les cavaliers, les conseillers, etc., touchaient sensiblement plus que le triobole.
4. Cf. plus bas, p. 56.
5. Cf. Introd., § 6.

accidents du terrain, rejoindrait le Phalère, qui était encore beaucoup plus fréquenté qu'on ne le dit généralement [1]. Vues de l'Acropole, ces murailles auraient bien l'aspect de deux *Jambes* par lesquelles Athènes s'appuierait solidement sur la mer. Il resterait un point faible, l'angle de la côte compris entre le Pirée et le Phalère, au pied de la Munychie [2] : c'est pour cela que sera construit ensuite le mur du milieu. Le parcours total devait être de 12 kilomètres [3].

Le terrain aurait été très défavorable aux approches de la côte, à cause des marécages, si, comme nous l'avons dit, Cimon ne l'avait déjà asséché à ses frais. On pouvait donc immédiatement creuser les fossés pour les fondations, lesquelles eurent probablement 3^{m}50 de large [4]. Ces fondations furent en pierres, et les murs mêmes, probablement en briques sèches : nous n'avons aucune donnée sur la hauteur. Enfin, il fallait prévoir des escaliers pour l'intérieur des murs [5], mais au dehors, la simplicité des moyens d'attaque de l'époque rendait tout ouvrage avancé inutile.

Si simple qu'il fût, le travail exigeait une main-d'œuvre relativement considérable. On fut obligé d'employer la population rurale, déjà si souvent réquisitionnée pour les expéditions militaires [6]. Mais c'était le prolétariat de la ville et surtout des ports, citoyens et étrangers, qui allait faire la besogne. Or, 8.000 matelots étaient en Égypte, et l'on ne peut guère estimer à moins de 50 vaisseaux, soit 10.000 hommes, les forces nécessaires pour bloquer Égine : le tout en grande partie Athéniens [7]. La rareté de la main-d'œuvre explique que l'ouvrage ait duré de longs mois : commencé en 458, il ne fut terminé qu'à la fin de 457 [8].

Il ne faut pas s'exagérer les dépenses qu'il nécessita. Au ive siècle, les fortifications du Pirée et des Longs-Murs,

---

1. P. ex., Aristide fut enterré à Phalère, où sans doute était sa maison (Plut., *Arist.*, I, 2).

2. Aussi la Munychie est-elle restée fortifiée.

3. Judeich, TA, p. 144 sqq.

4. Les restes actuels appartiennent aux Longs-Murs de Conon : mais les fondements ont dû être réemployés (Judeich, TA, p. 150).

5. Nachmanson, MA 1905, p. 391 sqq. Frickenhaus, *Athens Mauern*, p. 40.

6. Cf. Thuc., I, 108.

7. Cf. plus bas, p. 56.

8. Je ne vois aucune raison pour faire commencer le travail avant 458 (Judeich, TA, p. 72, n. 5). Thucydide est parfaitement clair (I, 107-8).

ensemble, ont été rebâties presque exclusivement avec les 50 talents du Roi [1].

Mais la double lutte engagée en Égypte et en Grèce exigeait de bien autres dépenses.

La révolution intérieure avait amené immédiatement une recrudescence d'hostilités contre la Perse. Toutes les forces de la ligue, 200 trières, s'étaient rendues à Cypre [2], où les villes grecques résistaient toujours au Roi. Puis, appelés en Égypte par Inaros, les Athéniens et les alliés avaient battu la flotte perse. Mais toutes leurs forces ne restèrent pas dans le pays : on n'y laissa que 40 vaisseaux avec leurs équipages [3]. Leur entretien coûtait encore 240 talents par an [4]. Par la suite, la ligue négligea cette guerre : ce n'est qu'au dernier moment qu'on envoya un renfort de 50 trières, qui devait arriver juste à temps pour être enveloppé dans la catastrophe finale.

En Grèce, la guerre avait commencé par l'occupation de Mégare (où les Athéniens avaient construit des longs-murs et installé une garnison permanente [5]) : elle ne tarda pas à se concentrer autour d'Egine, qui fut bloquée dans l'hiver 458-7 par des forces considérables [6]. L'intervention de Sparte et de la Béotie ne put faire lâcher prise aux Athéniens, et la ville capitula à la fin de 457 : elle dut payer, comme indemnité de guerre, un tribut de 30 talents par an [7]. L'an d'après (456), la fête d'Olympie (la première où les Grecs aient vu achevé le temple de Zeus) interrompit les hostilités : mais, au printemps de 455 [8], Tolmidès fit avec 50 vaisseaux le tour du Péloponnèse [9], et montra pour la première fois le pavillon athénien dans les mers d'Occident. Ces opérations n'étaient pas encore

---

1. Voir p. 24.
2. Thuc., I, 104.
3. Ctés., *Pers.*, 32 : sur les 8.000 hommes de ces 40 trières, 6.000 restaient à la fin de l'expédition (*ibid.*, 34). C'est en revenant d'Égypte que les 160 autres trières ont probablement combattu en Phénicie (I G, I, 433).
4. Le roi d'Égypte devait entretenir au moins en partie ces troupes Diod., XI, 60).
5. Thuc., I, 103. Cf. Bérard, *les Phéniciens et l'Odyssée*, I, 196 sqq. La distance de Mégare à Niséa est de 3-4 kilom.
6. Diod., XI, 78. Si les *neuf mois* ne viennent pas d'une confusion avec le siège de Samos, le siège a duré de la fin de 458 à l'automne de 457.
7. Cf. Introd., § 33.
8. Cf. Schol. Aesch., II, 75.
9. Diod., XI, 84.

comparables aux grandes expéditions de la guerre du Péloponnèse [1], mais, s'ajoutant aux campagnes d'Orient, elles n'en constituaient pas moins un effort inouï jusqu'alors.

En règle générale, l'argent était fourni par le trésor de Délos [2]. Les dépenses de ces luttes n'excédèrent certes pas les ressources d'une organisation qui avait prévu l'armement annuel de 200 trières, : elles ne laissèrent pas pourtant de peser lourdement sur le trésor d'empire. Par compensation, le nombre des tributaires, volontaires ou contraints, était encore dans la période ascendante : en 454-3 le chiffre normal du tribut atteignit peut-être 560 talents [3]. On peut évaluer à 4.000 talents environ les sommes qui rentrèrent à Délos de 462-1 à 454-3, et penser que les réserves amassées dans la période précédente étaient loin d'être épuisées à la fin de celle-ci.

Nous sommes seulement au commencement d'une évolution qui allait rendre les guerres de plus en plus dispendieuses, en même temps qu'elles devenaient moins lucratives. Je veux parler de l'apparition des armées de terre soldées.

A mesure que baissait la valeur de l'argent, le cens qui qualifiait pour le service d'hoplite devenait de plus en plus infime, et par suite permettait d'englober dans l'infanterie de ligne un nombre toujours croissant de citoyens [4]. Il est légitime de voir une corrélation entre cet abaissement du cens et l'établissement de *la solde* pour les hoplites.

Au temps des guerres médiques, non seulement le fantassin de ligne sert sans solde, mais, quand on le réquisitionne, il faut qu'il porte (lui ou son ordonnnance) trois jours de vivres : c'est ce qu'on exige encore des hommes de la réserve au temps d'Aristophane [5]. C'est que, vers 500, les opérations militaires ont lieu seulement aux frontières de l'Attique, à Chalcis, à Marathon, à Platées. Tout change quand Athènes, par ses victoirss sur les Perses, par la fondation de l'empire, est devenue grande puissance. Cimon emmène presque chaque

<hr>

1. Les 100 vaisseaux donnés à Périclès en 453 (Plut., *Pér.*, 19) ne proviennent-ils pas d'une confusion avec l'époque de la guerre archidamique ?
2. Les soldes permanentes (voir plus bas, p. 59) incombaient au trésor athénien, les frais des expéditions au trésor fédéral.
3. Cf. Introd., § 34.
4. Cf *Rev. des Ét. gr.*, 1907, p. 272.
5. Aristoph., *Ach.*, 197, etc.

année un fort contingent d'hoplites au loin ; désormais les sièges sont longs (Naxos, Thasos, Égine), les opérations ont lieu en Pamphylie, en Égypte, à Cypre. L'entretien des armées devient compliqué ; des marchands les accompagnent, comme cette boulangère à laquelle les vieillards d'Aristophane ont joué de si bons tour au siège de Naxos [1].

Un texte d'Ulpien attribue formellement l'établissement de la solde à Périclès [2]. L'autorité serait bien insuffisante, si le renseignement ne concordait avec ce que nous entrevoyons par ailleurs. C'est bien dans la période de l'influence de Périclès, entre 462-1 et 431, qu'on a commencé à solder les fantassins. Comme *terminus ante quem* nous ne connaissons que la guerre de Samos en 440. Les frais énormes de cette guerre ne s'expliquent que si on a payé — et payé cher — les soldats qui bloquaient la place [3]. Au siège de Potidée (432-429), on donnait une drachme par jour au fantassin et une drachme pour son ordonnance [4]. On ne distinguait pas encore la solde proprement dite et l'indemnité de nourriture, comme l'usage s'en établit au ivᵉ siècle : l'hoplite, avec sa solde, devait se défrayer de tout.

On conçoit aisément que l'absence prolongée et les frais d'une longue campagne, déjà bien lourds pour des cultivateurs aisés, eussent été impossibles à supporter pour les hoplites plus pauvres. Le soldat d'Athènes n'avait pas, comme celui de Lacédémone, des hilotes pour cultiver ses terres.

Disons en passant que le trésor d'empire dut payer les hoplites des alliés comme ceux d'Athènes. Si le tribut avait été considéré à l'origine comme rachat du service *sur mer*, il semble bien que les stratèges athéniens [aient, dès les premiers temps de la ligue, réquisitionné les milices des villes alliées pour les opérations voisines de leur territoire [5]. L'introduction de la solde permettait évidemment de faire plus largement appel à l'infanterie des alliés [6], et en effet, au com-

---

1. Aristoph., *Vesp.*, 355 (car il ne s'agit pas du siège de Pisistrate, comme le dit le scholiaste, mais de celui de 470).
2. *Ulpiani Comment. in Olynthiac.*, etc. (1503), περὶ συντάξ.. p. 3, l. 9.
3. Cf. p. 94.
4. [Thuc.], III, 17.
5. Cf. IG, I, 432, et p. 38, n. 3.
6. Le trésor fédéral avait été institué pour entretenir toutes les forces de la ligue, athéniennes *et alliées*. Cependant, la plupart des historiens modernes (Cf. pourtant Guiraud, *Ann. de la Fac. de Bordeaux*, 1883, p. 210) semblent

mencement de la guerre du Péloponnèse (431), c'était une ressource sur laquelle on comptait[1]. Si en fait on y eut rarement recours, c'est que, parallèlement à cette innovation, un autre changement s'était produit dans la politique fédérale d'Athènes, changement qui lui aliénait de jour en jour les classes aisées dans tout l'empire : on se méfiait donc à juste titre des hoplites des villes[2].

En somme, il s'est produit vers 455-0, dans l'organisation de l'infanterie d'Athènes, un changement analogue à celui qu'on a relevé pour la cavalerie, créée après Tanagra (457). Celle-ci fut portée de 300 hommes à 600, puis à 1.000, et, pour en permettre l'accès aux citoyens les moins riches des deux premières classes, on alloua aux cavaliers une indemnité permanente (κατάστασις), sans parler de la haute paye qu'ils touchaient en cas de guerre[3]. Remarquons que nous ne soupçonnerions pas la création de la cavalerie sans un mot dit en passant par Andocide, lequel a d'ailleurs confondu les dates d'une façon bien étrange[4] : cela nous explique comment la transformation du corps des hoplites n'est attestée par aucun texte formel. Tant nous sommes mal renseignés sur cette époque de l'apogée d'Athènes !

Si nous ajoutons à tout cela la solde des corps d'archers, qui furent augmentés aussi à cette époque[5], on ne s'étonnera pas que les frais des guerres suivantes aient été beaucoup plus considérables que ceux des opérations dont nous nous sommes occupés jusqu'ici.

C'est au moment même où le trésor d'empire avait à supporter les frais d'une double et lourde lutte, que les Athéniens demandèrent et obtinrent une concession qui étonne au premier abord : l'*aparkhè*. En 454-3, un soixantième du tribut fut pour la première fois prélevé au profit d'Athèna. Et

admettre implicitement qu'à partir d'un certain moment, les Athéniens ont laissé les villes qui envoyaient des contingents les entretenir à leurs frais. Je ne saurais admettre un fait aussi surprenant que s'il était dûment prouvé.

1. Thuc., II, 9.
2. Cf. Busolt, *Gr. Gesch.*, III², p. 890-1.
3. Cf. Br. Keil, *AA*, p. 139 sqq.
4. Andoc., III, 5.
5. Br. Keil, *AA*, p. 145 sqq.

depuis lors, chaque année, les hellénotames, dès la rentrée des tributs, versèrent le même prélèvement entre les mains des trésoriers qui administraient les fonds destinés à reconstruire le temple de l'Acropole.

Les Athéniens, même dans cette période de guerre, n'avaient pas perdu de vue la dette sacrée : il est permis de croire que l'achèvement du temple d'Olympie en 456 stimula encore leur ambition. M. Keil a placé avec vraisemblance, en cette année 456, l'ambassade envoyée dans toutes les parties du monde grec pour proposer la reconstruction en commun de tous les sanctuaires profanés par le Barbare : on nous dit que cette ambassade échoua par suite de l'opposition de Sparte [1]. La trêve olympique de 456 expliquerait bien comment on put procéder à cette démarche pacifique, et l'attitude hostile des Spartiates aurait provoqué l'expédition de 455. Il est très naturel d'ailleurs que les Péloponnésiens, qui possédaient maintenant le grand temple panhellénique, se soient refusés à collaborer à l'érection d'un sanctuaire rival.

Les Athéniens n'avaient pas à eux seuls les ressources nécessaires pour la construction. Un détail nous apprend, au reste, que le trésor d'Athèna Poliade n'était pas le seul qui fût insuffisant pour les travaux de réparation projetés : vers cette époque, un temple fut voué à Athèna Nikè ; il ne devait être édifié que vingt ans après, parce qu'on eut d'abord à amasser le trésor nécessaire [2].

Il est naturel que, dans ces conditions, l'on ait songé à faire participer au moins les alliés d'Athènes à la construction projetée : ce fut l'objet de l'aparkhè, apportée pour la première fois en 454-3. Le Parthénon devait donc être une offrande « des Athéniens et des alliés », et, même au temps de leur toute-puissance, les Athéniens n'ont pas oublié de rappeler, dans leurs monuments, la part importante prise par les tributaires à l'érection des grands édifices de l'Acropole [3].

Ce soixantième représentait pour Athèna un revenu de moins de 10 talents par an : qu'une si minime augmentation de ses ressources n'ait pas été considérée comme négligeable, cela ne laisse pas d'être une indication sur la lenteur avec laquelle se formait son trésor.

---

1. Plut., *Pér.*, 137. Cf. Br. Keil, AA, p. 110.
2. Sur la construction, cf. Judeich, T A, p. 201, n. 8. Cf. p. 106.
3. Cf. les remarques de M. Foucart, *Rev. de Philol.*, 1903, p. 10.

On rattache généralement le premier prélèvement de l'aparkhè à une autre mesure : le transfert du trésor fédéral de Délos à Athènes. Le soixantième aurait été un droit payé à Athènes en échange de l'hospitalité qu'elle donnait au trésor dans l'opisthodome de son ancien temple. Il faudrait au moins pouvoir citer des faits analogues, savoir par exemple si auparavant un droit semblable était payé à Apollon Délien. En ce cas, il se serait amassé à Délos, dans les vingt premières années de la ligue, un trésor important, lequel aurait disparu ensuite : en effet, les pièces des amphyctions, à la fin du ve siècle, ne mentionnent qu'un fonds de roulement peu considérable[1]. Il est vrai que, dans l'intervalle, se place la construction d'un nouveau temple d'Apollon.

Il vaut mieux, si l'institution de l'aparkhè se rattache au transfert du trésor, y voir une mesure prise pour affirmer que ces réserves monnayées resteraient bien distinctes du trésor d'Athèna, une précaution contre les méfiances éveillées chez les alliés par cette mesure[2]. Sans doute, Athènes était dès lors assez forte pour braver l'opposition de l'assemblée de Délos. Il n'est pas douteux que son autorité sur les villes de la ligue avait fait des progrès rapides depuis la révolution de 462-1 : la raison en est dans l'appui énergique que le nouveau gouvernement donnait au parti démocratique dans chacune de ces villes. La justice criminelle surtout, maniée résolument dans un intérêt de parti, était un instrument précieux de propagande auprès des uns, de pression sur les autres. Certains textes nous laissent assez bien voir avec quelle rapidité les Athéniens s'en emparaient partout, pour la remettre aux mains de leurs héliastes. Dans le traité avec Erythrées, qui remonte à 460 environ, la capitale de la ligue se réservait seulement un certain contrôle dans les procès de complot avec les Mèdes[3]. Dans le traité avec Chalcis, en 446, Athènes défendra aux juges locaux de prononcer dans aucune cause importante[4]. On prit ainsi toute une série de mesures que nous entrevoyons seulement, mais qui étaient singulièrement efficaces et finissaient par rendre l'assemblée fédérale docile

---

1. Cf. BCH 1884, p. 283 sqq.
2. L'assemblée fédérale ne paraît pas avoir été dès lors aussi annulée qu'on le dit en général : cf. Diod., XI, 70.
3. IG, I, 9, l. 25 sqq.
4. IG, I Suppl., p. 10-11, 27ᵃ, l. 70 sqq.

aux Athéniens. Ajoutons que les alliés indépendants, Samos, Chios, Lesbos, traités avec égard, se montraient généralement disposés à servir les desseins d'Athènes. Malgré tout, certains faits prouvent qu'il existait encore, même dans les cités les plus dévouées, un fort parti antiathénien, auquel il eût été imprudent de fournir des arguments [1].

Au reste, la date du transfert du trésor ne peut encore être considérée comme certaine. Mais il est en effet très probable qu'il faut placer le fait à cette époque. En effet, la ligue éprouvait alors le premier désastre grave qui l'eût atteinte depuis sa fondation. Le corps resté en Égypte était fait prisonnier, les 50 vaisseaux envoyés à la rescousse, détruits [2]. On pouvait craindre une attaque des Perses sur la mer Égée, et, bien que les forces de la ligue fussent loin d'être épuisées [3], Délos n'était pas en sûreté (454-3). Déjà, nous l'avons vu, l'opportunité de transférer le trésor fédéral sur l'Acropole avait été discutée, au moment de la bataille de l'Eurymédon, après la rupture avec Sparte, etc. On a attribué à la panique causée par le désastre d'Égypte la décision finale qui provoqua la mesure, et cette détermination chronologique est la plus vraisemblable.

Il est à remarquer que le transfert suppose l'existence de réserves très importantes dans la caisse fédérale : on n'eût pas attaché tant d'importance à cette mesure, si l'on avait voulu sauver seulement un fonds de roulement et les bureaux des hellénotames. Ce fait n'étonnera d'ailleurs pas, après ce que nous avons dit plus haut.

Au reste, pendant les années qui suivirent immédiatement le désastre d'Égypte, le trésor allait croître encore, quoique plus lentement qu'auparavant. — Le tribut était désormais apporté à Athènes, à l'époque des Dionysies, et le Conseil des Cinq-Cents avait une part prépondérante, sinon unique, dans sa détermination. Or, dès 450, inquiété par les premières défections qui avaient suivi le désastre, par les retards de paiement, etc., il allégea la charge qui pesait sur les alliés [4].

1. Cf. l'inscription récemment découverte à Milet. Glotz, *Comptes Rendus* : *Acad. I. et B.-L.*, 1906, p. 511 sqq.
2. Cf. plus haut, p. 56. Thuc., I, 109-110.
3. L'expédition de Périclès (Thuc., I, 111) aurait été forte de 100 vaisseaux (cf. p. 5, n. 1).
4. Cf. Br. Keil, A A, p. 133 sqq.

Nous avons vu que, sans qu'on eût modifié le tarif d'Aristide, et simplement par l'adjonction de villes nouvelles, la somme totale était montée peut-être jusqu'à 560 talents (sur le papier tout au moins, puisque déjà le désastre d'Égypte avait provoqué des défections)[1].

Les listes de tribut nous donnent quelques indications sur le dégrèvement de 450[2]. Nous trouvons 63 villes taxées de même; mais en revanche :

	passe de		à	
Karystos	7 t. 3.000 dr.			5 t.
Sériphos	2 t.			1 t.
Ios	1 t.			3.000 dr.
Rhénéa		1.000 dr.		300 dr.
Andros	12 t.			6 t.
Oenéa en Icaros	1 t. 2.000 dr.			1 t.
Myonte	1 t. 3.000 dr.			1 t.
Bouthéia		1.000 dr.		600 dr.
Kymè	12 t.			9 t.
Phasélis	6 t.			3 t.
Idyma	1 t.			2.000 dr.
Madnasa	2 t.			1 t.
Caryande		1.000 dr.		500 dr.
Ténédos	1 t.			3 t.
Cébrène	3 t.			1 t. 3.000 dr.
Dardanos	1 t. 3.000 dr.			1 t.
Astakos	1 t. 3.000 dr.			1.000 dr.
Stagire	1 t. (?)			1.000 dr.
Sermylia	5 t. 500 dr.			3 t.
Mékyberna	5 t. (?)			1 t.
Stolos	5 t.			5.000 dr.

Mais bien d'autres villes, sur lesquelles nous ne sommes pas renseignés avec certitude, ont pu voir dès ce moment abaisser leur tribut : Colophon, Sélymbrie, Mendé, Naxos, etc., etc.[3] Pour quelques-unes seulement, nous saisissons le motif de la mesure, qui est généralement une diminution de territoire : souvent elle est la suite de l'envoi d'une clérouchie athénienne (par exemple à Andros, sans doute aussi à Naxos[4]). D'une manière générale, on conçoit aisément que la

1. Cf. Introd., § 34.
2. Cf. Introd., § 32. Je n'ai inscrit que les villes pour lesquelles nous avons *les deux chiffres*.
3. On ne sait si ces villes ont été dégrevées en 450 ou en 446.
4. Naxos a dû payer avant l'envoi de la clérouchie (v. plus bas, p. 64) plus que les 6 t. 4.000 qu'elle paie ensuite.

situation de ces villes se fût modifiée sur plus d'un point en un quart de siècle.

Bref, le total des sommes qui entrèrent au trésor de 453-2 à 449 ne peut guère être évaluée à plus de 1.800 talents : mais ces sommes furent à peine entamées jusqu'en 449.

En effet, le premier paiement de l'aparkhè coïncide avec la cessation des hostilités. L'année même du désastre d'Égypte (453), une grande expédition de Périclès contre Oeniades échouait [1]. Pendant les trois années qui suivirent, les opérations militaires s'arrêtèrent. Une trêve de cinq ans fut même signée avec Sparte en 451 [2].

Cet intervalle de paix, le premier qu'Athènes connût depuis les guerres médiques, mit pour la première fois les hommes qui avaient pris la direction de la démocratie en présence des problèmes posés par le régime nouveau. Jusque-là, cette population de thètes, qui l'avait fondée et soutenue contre l'opposition conservatrice, avait vécu de la guerre, de la solde, du butin. La cessation de la guerre, qui déchargeait le riche de la triérarchie, qui rendait le zeugite à son champ, mettait le thète à la charge de l'État. Toutes les mesures prises à cette époque attestent les difficultés au milieu desquelles celui-ci se débattit.

D'instinct on employa d'abord le moyen traditionnel : on fonda des clérouchies. On transformait ainsi les zeugites les plus pauvres et les thètes [3] en propriétaires aisés, et aussi en garnisaires utiles à la domination athénienne. Périclès conduisit 1.000 colons dans la Chersonèse de Thrace [4]. C'était encore là un territoire barbare : déjà pourtant les Athéniens ne respectaient plus le territoire grec, le domaine même de la ligue. 500 colons furent établis à Naxos, probablement sur les terres conquises par l'État athénien après la rébellion de cette cité. 250 autres allèrent à Andros, 500 en Eubée, où cet établissement provoqua un grave mécontentement [5].

Renan a dit que l'expansion coloniale était la seule solu-

1. Thuc., I, 111.
2. Thuc., I, 112.
3. IG, I, 31, B, I, 9-10.
4. Plut., *Pér.*, 19.
5. Plut., *Pér.*, 11. Diod., XI, 88.

tion rationnelle des questions sociales, mais on conçoit que cette solution n'est facile qu'aux gouvernements qui exercent une pression suffisante sur les éléments inférieurs de la cité. Du moment que l'État s'efforçait d'assurer à tous les fonctions et les plaisirs mêmes de la vie urbaine et civilisée, il devenait plus difficile de trouver des clérouques. Il fallait envisager résolument le problème de la subsistance de la plèbe urbaine.

On prit d'abord des mesures pour en arrêter l'accroissement. D'une part, on s'efforça de retenir les campagnards aux champs, en rétablissant une institution de Pisistrate, les *juges de dèmes*, qui dispensait au moins le paysan de venir plaider dans la capitale (453)[1]. D'autre part, Périclès fit voter une loi qui retirait le droit de cité à quiconque ne serait pas né de père et mère athéniens (451)[2] : le but était d'arrêter l'envahissement très rapide du corps des citoyens par les métèques et les affranchis. Il s'agissait, d'ailleurs, d'un abus si anciennement toléré, parfois même encouragé, qu'on eut la sagesse de laisser dormir plusieurs années cette loi redoutable ; le temps fut donné aux faux citoyens pour prendre leurs précautions. En dépit de tout, la concurrence vitale resta effrayante dans l'agglomération athénienne.

Mais la révolution qui avait remis à la plèbe le pouvoir absolu était trop récente pour avoir déjà produit ses effets. Ces thètes avaient encore les vertus de discipline et de résignation qui en avaient fait les vainqueurs de Salamine et de l'Eurymédon : ce qu'ils demandaient, c'était du travail. D'autre part, un homme comme Périclès ne se serait pas encore prêté au rôle de simple distributeur du diobole. L'État allait intervenir pour multiplier les occasions de travail et l'activité générale.

Le Pirée avait été jusque-là presque uniquement port de guerre, quoique déjà l'institution des juges de marine nous indique que le commerce commençait à y affluer[3]. L'industrie d'autre part, même l'industrie athénienne par excellence, la poterie, n'avait pas progressé du même pas que la population. C'est alors que l'État athénien se fit entrepreneur.

Heureusement, les travaux nécessaires ne manquaient pas

1. Arist., 'A. π., XXVI.
2. Id., *ibid*.
3. Cf. Wilam., AuA, II, 302.

alors. Athènes même, nous l'avons dit, s'était relevée après
le départ des Perses, telle à peu près qu'elle était avant ; il y
avait là une trop longue tradition pour qu'on songeât à moder-
niser entièrement la ville. Mais le Pirée, qui n'existait que
depuis un quart de siècle, offrait encore plus d'un espace
désert entre les murs et les ports. Périclès fit élever au bord
du grand port la halle au blé, l'Alphitopolis, où vint s'appro-
visionner Athènes [1]. Enfin, l'on commença une réfection
complète des docks [2], parallèlement à l'augmentation de l'effectif de la flotte.

Cette dernière mesure s'imposait depuis quelque temps déjà.
Au temps où la ligue avait pris naissance, Athènes à elle
seule disposait de près de 200 trières : ces trières avaient été
perfectionnées, mais toute construction nouvelle avait été
rendue inutile par les conquêtes de Cimon, qui avait ramené
au Pirée tant de vaisseaux captifs. En revanche, la guerre
avait causé bien des pertes : l'expédition d'Égypte seule avait
coûté 90 vaisseaux [3]. En somme, l'effectif de la flotte pouvait
être encore de 200 voiles, mais, quel que fût le zèle des triérarques, bien des bâtiments, au bout de trente ans, devaient
être hors d'usage. On décida d'en construire 100 nouveaux,
de manière à porter l'effectif normal au chiffre de 300 [4]. La
commission des τριηροποιοί fonctionna dès lors pendant longtemps [5]. La construction fut en effet répartie sur plusieurs
années, de manière à ne pas grever trop lourdement le trésor :
dès cette époque, Athènes devait être forcée d'avoir recours,
pour la construction des trières, aux bois de Thrace et de
Macédoine.

Ainsi, le Pirée devint une ville tout à fait comparable aux
plus modernes de l'Occident grec, et concentra décidément la
population maritime : le vieux Phalère fut déserté [6], et l'on
dut bientôt songer à construire un nouveau « Long-Mur »
entre les deux premiers.

Que l'État distribue gratuitement la sportule ou se charge
seulement d'inventer le travail qu'il rémunère ensuite, la dif-

---

1. Cf. Schol. Aristoph., *Ach.*, 518.
2. Cf. Judeich, TA, p. 72.
3. Cf. plus haut, pp. 56, 62.
4. Cf. Kolbe, MA 1901, pp. 408-418.
5. Cf. p. 87.
6. Les temples du Phalère semblent n'avoir pas été relevés sous Périclès
(cf. Paus., I, 1, 4; X, 35, 2).

férence peut être grande au point de vue moral, au point de vue économique elle est petite : il lui faut toujours trouver quelque part la richesse qu'il ne saurait créer. Tous ces travaux étaient coûteux : les constructions du Pirée devaient représenter, en fin de compte, une somme de 1.000 talents [1]. Si l'on se rappelle à quelles difficultés s'était heurté l'État athénien pour le travail sur lequel se concentrait depuis des années son attention, la reconstruction du temple d'Athèna, on jugera de celles qu'il rencontrait ailleurs.

Nous ne pouvons affirmer qu'on ait déjà fait appel au trésor d'empire pour ces travaux. Cependant la chose n'est pas invraisemblable en ce qui concerne les docks et les vaisseaux : c'était là en effet des dépenses militaires au premier chef.

Au printemps de 449, Cimon reprit la guerre contre les Perses, encore occupés à soumettre Cypre. Il emmena 200 vaisseaux, toutes les forces de la ligue [2]. On sait que la campagne, interrompue par la mort du stratège, n'eut d'autre résultat que d'effacer l'impression laissée par la catastrophe d'Égypte.

Thucydide dit qu'une famine força les Athéniens à revenir [3]. On a supposé que le phénomène avait été général dans le domaine égéen. Il y avait longtemps que ce monde ionien ne vivait plus des produits de son sol, et que sa subsistance dépendait d'une crise dans le Pont. Or, en 448 et même après, les villes de l'Hellespont ont payé irrégulièrement leur tribut : et il est naturel de penser qu'à ce moment les droits qu'elles percevaient sur le passage des blés, et qui constituaient leur plus clair revenu, ont fait défaut [4]. La famine de Cypre n'aurait été qu'un incident de cette crise générale. Il nous paraît difficile d'admettre que l'approvisionnement de l'armée de Cimon ait dépendu des blés du Pont, alors que ceux d'Égypte étaient si près. Il est plus probable qu'il devenait difficile de nourrir ces masses de 40.000 hommes avec l'ancienne solde de 2 oboles.

C'est en tout cas vers cette époque que la solde des troupes

1. Isocr., VII, 66 (il applique le chiffre aux docks seuls : mais cela ferait plus de 3 t. par dock !). Sur les docks, cf. Introd., § 6).

2. Thuc., I, 112.

3. Thuc., I, 112 (le texte n'est pas contesté).

4. Koehler, *Urkunden und Untersuchungen Ber. d. Berl. Akad.*, 1869). p. 130.

de mer fut portée à 3 oboles [1], tarif que nous trouverons
adopté au temps de la guerre de Samos. Selon qu'il fût déjà
en vigueur en 449 ou non, une campagne comme celle de
Cimon coûtait 460 ou 700 talents au trésor. Ce fut d'ailleurs
le dernier effort de cette importance que fit la ligue.

Qu'une paix formelle ait été signée avec la Perse en 448
ou non, toujours est-il que les guerres médiques cessèrent.
Mais le trésor fédéral, maintenant transporté dans l'opisthodome, resta trésor de guerre tant qu'on dut s'attendre à une
reprise des hostilités en Grèce.

Ceci nous explique que le transfert ait passé sans bruit au
moment où il eut lieu. Périclès et les Athéniens avaient
manœuvré de manière à présenter la mesure comme une précaution anodine, qui ne devait rien changer ni à l'affectation,
ni à la gestion de ce trésor. Et de fait, on avait vu les campagnes cimoniennes recommencer. Puis la guerre de Perse
avait cessé, mais les hellénotames continuaient à administrer
la fortune de la ligue comme par le passé, en vue de la
reprise de la guerre avec le Péloponnèse. C'est seulement après
la paix générale, au moment des luttes de Périclès et de
Thucydide, que le transfert apparut nettement aux yeux de
tous comme un pas décisif franchi par l'impérialisme athénien.
Mais au moment où il eut lieu, toutes les précautions avaient
été prises pour que la mesure fût à peine remarquée, et
Thucydide, Éphore, les historiens postérieurs ont été dans leur
droit en n'interrompant pas leur récit pour attirer l'attention
sur un fait de si lointaines conséquences.

Et nous comprenons aussi que le chiffre du trésor transporté
n'ait pas attiré l'attention au moment même du transfert.
Naturellement, on fit alors le relevé des sommes enfermées
dans les coffres qu'on transportait. Mais, comme rien ne fut
changé à la gestion du trésor lorsqu'il fut déposé à Athènes,
que les dépenses engagées la veille furent payées le lendemain,
que les tributs arrivèrent comme par le passé, qu'en un mot
la comptabilité des hellénotames suivit son cours accoutumé,
il n'y avait aucune raison pour que le transfert fît époque
dans cette comptabilité. C'est plus tard, après la paix, dans

1. L'inscription IG. I Suppl., p. 6, 22ᵉ, *b*, l. 11-13, semble indiquer, dès ce
moment (450-49), le tarif de 4 oboles pour les hoplites : mais elle est trop
mutilée pour qu'on en fasse état.

les discussions entre Thucydide et Périclès, que furent prononcés des chiffres.

Pouvons-nous au moins risquer des conjectures sur le montant approximatif du trésor vers 448 ? Une grande partie des sommes amassées avant 461 (2.000 t. ?) pouvait rester en 453 [1]. Puis, de 453 à 449, plus de 1.800 talents s'étaient amassés, au prix desquels les préparatifs de l'expédition de Cimon et l'expédition même ne durent être qu'une dépense modérée [2]. 3.000 talents de réserve, à l'époque du transfert, nous paraîtraient un chiffre vraisemblable. Le seul fait certain est que le trésor d'empire, augmenté encore dans la période qui suivit 449, constitua la plus grosse part des 6.000 talents qui étaient réunis avant 440 (chap. iii, p. 93).

Résumons. Les recettes de la ligue avaient été calculées, au début, en vue d'un effort maximum qui, par la suite, ne fut fait que très exceptionnellement : même pour les campagnes qui suivirent la révolution de 462-1, il ne faut pas se représenter les dépenses du trésor fédéral d'après les chiffres qu'on connaît pour la guerre archidamique [3]. C'est pourquoi ce trésor, déjà bien garni au moment du transfert (vers 454-3), l'était mieux encore vers 448 : comme d'ailleurs les guerres cessèrent au moment même où elles devenaient plus dispendieuses, il n'y aura pas lieu de s'étonner, quand nous le trouverons encore accru dans la période que nous avons maintenant à étudier.

1. Cf. plus haut, p. 57.
2. Cf. plus haut, pp. 64, 68.
3. On commettrait des erreurs bien instructives si l'on cherchait à évaluer les frais de certaines guerres modernes d'après ceux d'autres guerres plus proches de nous. P. ex., la guerre du Transvaal a coûté à l'Angleterre presque *quatre fois plus* que la guerre de 1870-1 à l'Allemagne.

CHAPITRE III

L'Acropole

(448-431)

[Περικλῆς] θαρσεῖν... ἐκέλευε, προσιόντων μὲν
ἑξακοσίων ταλάντων ὡς ἐπὶ τὸ πολὺ φόρου κατ'
ἐνιαυτὸν ἀπὸ τῶν ξυμμάχων τῇ πόλει ἄνευ
τῆς ἄλλης προσόδου, ὑπαρχόντων δὲ ἐν τῇ
ἀκροπόλει ἀεί ποτε ἀργυρίου ἐπισήμου ἑξακισχιλίων ταλάντων (τὰ γὰρ πλεῖστα τριακοσίων
ἀποδέοντα περιεγένετο, ἀφ' ὧν ἐς τὰ προπύλαια τῆς ἀκροπόλεως καὶ τἄλλα οἰκοδομήματα
καὶ ἐς Ποτείδαιαν ἀπανηλώθη), χωρὶς δὲ χρυσίου
ἀσήμου καὶ ἀργυρίου... (Périclès en 432-1 :
Thucyd. II, 13).

I. *Les 6.000 talents.* — Les deux trésors. — Le début du Parthénon
447. — La paix 445. — L'ostracisme de Thucydide 443. — La statue de
Phidias. — La liste des tributs de 441. — Le trésor unique.
II. *Les 3.000 talents du décret de Kallias.* — La guerre de Samos.
— La reconstitution du trésor. — Les Propylées; les Victoires en or.
— Le décret de Kallias 434-3.
III. *Les 5.700 talents de Thucydide, II, 13.*

A mesure que nous avançons, les chiffres précis se multiplient. Mais il faut avoir soin de ne les donner qu'au moment
où ils sont établis par les textes. C'est le seul moyen, je crois,
d'éviter des inductions rétrospectives, qui, hasardées trop
vite, risqueraient de fausser la page d'histoire financière que
j'ai maintenant à retracer.

I

LES 6.000 TALENTS

Depuis le transfert de la caisse de Délos, deux trésors se trouvaient déposés sur l'Acropole : celui d'Athèna et celui de l'empire, — deux trésors qui restaient entièrement distincts, comme l'atteste le soixantième prélevé chaque année sur les ressources de l'un au profit de l'autre. Le nombre des gardiens de l'Acropole fut porté peu à peu à 50 [1]. Une autre précaution nous est révélée par le décret IG, I Suppl., p. 140, 26ᵃ [2] : il s'agit de construire un corps de garde sur une voie conduisant dans l'Acropole [3]. La construction est importante, car on en charge Kallikratès, le directeur même des travaux du Parthénon. Elle est urgente, car on fixe un délai de 60 jours pour l'achever. Enfin les trois archers qui doivent être postés là seront pris parmi les citoyens d'Athènes. On conçoit facilement que la garde de pareilles réserves métalliques ait préoccupé constamment le gouvernement athénien [4].

Il nous est bien difficile de préciser la valeur du trésor d'Athèna à cette époque. Le seul point qui nous soit apparu clairement, c'est qu'il a commencé à se former après 480. Certaines des ressources qui l'avaient constitué étaient, il est vrai, assez régulières. Athèna avait ses revenus propres, sur la nature desquels nous sommes renseignés au moins par analogie : nous avons un fragment des comptes d'une autre divinité, Apollon Délien, pour l'année 434-3 [5]. Les revenus les plus importants, comme les plus sûrs, sont encore ceux des biens-fonds. Mais il y a aussi de l'argent prêté à des particuliers. Athéna, elle, avait en outre bien des revenus provenant des largesses de l'État athénien, produit de certaines amendes, aparkhè, etc. Il ne faut pas supposer l'ensemble de ses revenus, *dans la période qui va suivre*, trop inférieur à 100 talents [6].

---

1. Arist., 'A. π., XXIV, 3..

2. La date est indiquée par le mélange de formes anciennes et récentes : **N**, mais **Σ**.

3. Faut-il restituer, au début (l. 2-3) :

$$[\text{ἐς}] \ \text{τὲν πόλιν } [\text{ἄ}]\text{γο}[\text{ν}]\text{τ}[\text{ος}] \ \text{οἰκοδομῖσαι ?}$$

4. Sur l'opisthodome, cf. Introd., § 5.

5. IG, I, 283.

6. Cf., plus loin, p. 103.

Seulement, dans la période précédente, bien des richesses que nous ne pouvons calculer étaient échues à la déesse. La piété des particuliers se manifestait par des offrandes : or, à un moment où l'on avait besoin de fonds pour la construction du temple projeté, l'offrande la mieux accueillie était l'argent monnayé. Ceci n'est pas une conjecture gratuite : nous la verrons confirmée, d'abord par des témoignages directs datant de l'époque des grands travaux [1], ensuite par le petit nombre des offrandes en nature qui seront déposées dans le Parthénon en 434 [2]. Enfin, nous ne pouvons calculer la valeur des largesses de la République.

De ces largesses, la plus importante était le butin fait sur les Perses : le butin des grandes batailles de 480 et 479, trône de Xerxès, sabre de Mardonius, cuirasse de Makistios, etc., était en partie inaliénable [3], mais avec le butin de l'Eurymédon on avait construit le mur de Cimon [4], et, des richesses de toutes provenances avec lesquelles devait être commencé le Parthénon, les dépouilles des Perses sont les seules que la tradition, représentée pour nous par les orateurs, ait voulu retenir. Or, sur la valeur de ces dépouilles, nous ne pouvons même pas risquer de conjectures.

Nous ne savons donc pas ce qui s'était amassé dans le trésor de la déesse pendant les trente ans qui suivent l'invasion de Xerxès. Une seule chose est sûre, c'est qu'en 447 on a commencé avec ce trésor un temple dont le devis s'élevait à un millier de talents en chiffres ronds [5], mais que, d'autre part, ce trésor a diminué avec une rapidité qui parut très vite inquiétante, une fois la période des grandes dépenses commencée.

Sur le trésor d'empire, nous avons cru pouvoir être un peu plus précis [6] : il était certainement plus considérable que l'autre.

Nous sommes déjà renseignés par ce qui précède sur le mode suivant lequel les trésors de l'Acropole continuaient à s'accroître. Athèna a ses revenus réguliers, locations de terre,

---

1. Cf. plus bas, p. 90.
2. Cf. Introd., § 17.
3. Cf. Thuc., II, 13.
4. Cf. p. 52.
5. Cf. plus bas, p. 83, n. 3.
6. Cf. p. 69.

etc., qui rentrent au mois de Thargélion (mai)[1]. Il faut remarquer que ceux d'entre ces revenus qui sont un don de l'État athénien, lui échoient à la même date. En effet, les revenus de l'État, domaines, mines, droits affermés, frais de justice et amendes dues, etc., rentrent d'une manière générale dans la 9e prytanie (avril-mai)[2]. Le salaire des juges, payé au jour le jour par les côlacrètes, et les autres dépenses, courent, il est vrai, toute l'année, mais la part prélevée pour la déesse sur les mines, amendes, etc., est chose sacrée, qui se paie de suite. De tout ce qui rentre au trésor d'Athèna, seul le soixantième du tribut rentre un peu plus tôt.

En effet, c'est au moment des Dyonisies (mars) que les députés des villes apportent à Athènes les 4 ou 500 talents du tribut[3]. Outre les frais des expéditions, la caisse fédérale supporte bien des dépenses militaires courantes de l'État athénien. Néanmoins, dès l'arrivée du tribut, on porte à la déesse le soixantième.

En somme, c'est au printemps (mars-mai), que les collèges financiers d'Athènes réalisent presque tous leurs encaissements. C'est un point à retenir pour l'étude de la période où nous entrons.

Aussitôt après la mort de Cimon, Périclès, devenu le véritable chef de la démocratie athénienne, avait fait prévaloir une politique pacifique. On continua à élever des fortifications, à construire des vaisseaux, à prendre toutes les précautions qu'exigeait la sécurité de l'empire. Mais les dépenses militaires, les plus importantes de beaucoup parmi toutes celles de l'État ou de l'empire, se trouvèrent réduites dans des proportions considérables.

Nous avons déjà montré comment la cessation de la guerre posait, pour l'État athénien, la question de la subsistance du prolétariat urbain. Le même fait qui s'était produit après 453 se produit de nouveau après 449, et se produira,

---

1. Arist., 'A. π., XLVII. Cf. l'inscription d'Athèna Niké : Br. Keil, AA, p. 315.

2. Arist., 'A. π., XLVII. Cf. Wilamowitz, AuA, II, p. 240.

3. La date est bien connue par les comédies d'Aristophane, en particulier par l'histoire des *Babyloniens* (cf. Busolt. *Gr. Gesch.*, III[2], p. 1060).

bien plus marqué encore, après 446 : l'État devient entre-preneur de travaux publics.

On ne peut dater avec certitude le commencement de tous les travaux dont l'énumération, longue et pourtant incomplète, nous atteste l'activité des contemporains de Périclès : on sait seulement que l'Odéon a été inauguré vers 446 [1].

Entre les deux murs qui reliaient Athènes à ses ports, nous avons vu qu'il existait un point faible : en outre, depuis la construction des « Jambes », le Phalère avait encore déchu, le Pirée était devenu le seul port d'Athènes [2]. On commença donc à construire le mur du milieu, parallèle au long-mur du Nord, et dont l'exécution, confiée à Kallikratès, semble avoir traîné plusieurs années [3]. Au Pirée, les principales cons-tructions sont peut-être de la période de paix précédente, mais les docks ne se sont élevés que parallèlement à l'augmentation de la flotte [4]. Dans le reste de l'Attique, les travaux de fortification se multipliaient [5]. Enfin à Delphes, un monu-ment commémora la fin des guerres médiques [6].

Il nous reste quelques pièces de comptabilité remontant à cette époque ; l'une d'elles est très sommaire, les autres très mutilées, toutes se rapportent à des constructions inconnues [7].

Telles qu'elles sont, elles nous donnent un certain nombre de renseignements :

1° Sur la lenteur des travaux : une des constructions, qui n'a coûté que 60 talents, a duré 8 ans ! Une autre, où sont mentionnées des encaisses de 7 talents et de 14 talents, dure au moins 5 ans.

2° Sur les magistrats qui ont fait les versements aux épis-tates au nom de l'État : ce sont partout encore les côla-crètes [8].

Les négociations avec la Perse, entamées dès le lendemain

1. Cf. Lechat, *Phidias*, p. 151.
2. Cf. p. 66.
3. L'ouvrage aurait été commencé seulement en 445, à en croire Andocide, III, 7. Kratinos plaisantait la lenteur du travail (Plut.. *Pér.*, 13) : il était pourtant fini en 443 (voir p. 88).
4. La construction des 100 trières devait être terminée en 443 (voir plus loin, p. 87).
5. Ainsi à Éleusis, déjà avant 445 (IG, I Suppl., p. 145, 288 ᵃ).
6. Sur ce monument, cf. Ed. Meyer, *Forsch. z. a. G.*, II, p. 19.
7. IG, I, 284-293. Les fragments IG, I, 284-8 ont toujours le Ϲ. La stèle 289-96 a d'abord Ϲ, puis Σ, ce qui fixe bien la date.
8. IG, I, 283, l. 3 ; 288, l. 2.

de la mort de Cimon, furent longues : il fallait trois mois rien
que pour aller de l'Archipel au palais Memnonien, et autant
pour revenir. Ce n'est pas avant 447 que l'on fut sûr de la
paix. Désormais, aux ressources ordinaires, ne s'ajouterait
plus le butin d'Asie : la période d'augmentation du trésor
pouvait être regardée comme close [1]. Puis, la guerre lointaine
et coûteuse était finie : avec les ennemis de Grèce, Périclès
estimait qu'une défensive toujours prête à se changer en offensive était suffisante. Parmi les grands travaux, ceux qui
étaient le plus nécessaires à la vie et à la sécurité de la cité
étaient maintenant très avancés. Le moment était enfin venu
d'entreprendre celui qui tenait le plus au cœur de Périclès et
des Athéniens, le temple qui devait dépasser en magnificence
celui de Zeus Olympien lui-même : le Parthénon fut commencé dans l'été de 447 [2].

Le plan dressé par Kallikratès et Iktinos prévoyait les
dimensions de la statue de culte : mais cette œuvre, qui avait
été confiée à Phidias, exigeait certainement plusieurs années
d'études préliminaires [3]. Quand donc on nous dit que l'on prévoyait dès le début un devis de plusieurs centaines de talents,
il est manifeste qu'on ne pouvait savoir encore de combien la
statue majorerait cette somme. Quoi qu'il en soit, pour les seuls
travaux du temple, il fallut avancer immédiatement de grosses
sommes [4] : mais ces travaux, à peine engagés, durent être
entravés par la crise de 446.

Pour la première année (447-6), ce qui reste de la stèle des
épistates ne donne ni le nom de ces fonctionnaires, ni celui du
secrétaire de l'année [5]. Les épistates ont reçu, en monnaie
attique, une somme qui était en tout cas supérieure à 200.000
drachmes, et, en or, 70 statères de Lampsaque et 27 statères 1/6 de Cyzique [6].

Au chapitre des dépenses, les achats de matériaux et les

1. On se souvient qu'en théorie c'est avec le butin des guerres médiques que
devait être élevé le nouveau temple. Cf. p. 73.
2. La date de 447-6 est admise depuis longtemps. Je dis : l'été de 447, car on
n'aurait pas commencé en 446, année de graves complications extérieures.
3. Cf. plus bas, p. 89.
4. L'usage grec était d'avancer, au début des travaux, la moitié du prix estimé : mais on n'a pas été jusque-là pour le Parthénon. Cf. plus bas, p. 82.
5. Cf. notre reconstitution des comptes de la construction du Parthénon (CP :
cf. Introd., § 44 sqq.).
6. CP, face A, l. 6-8, cf. l. 14.

salaires sont mentionnés en bloc. Nous voyons figurer des portes : sont-ce les portes de l'atelier qui avait été construit ? ou les portes provisoires qui remplaçaient le propylon monumental de l'Acropole, déjà démoli ? nous ne savons. De même, une mensualité, payée sans doute à un architecte, reste mystérieuse [1]. Il est resté une somme comprise entre 200.000 et 500.000 drachmes (entre 33 et 84 talents), plus les statères d'or [2].

L'argent est fourni, en règle générale, par le trésor de la déesse. Nous savons comment ce trésor était constitué, et quelle part prépondérante l'État athénien avait prise à sa formation, principalement par le don des dépouilles médiques [3]. Les alliés d'Athènes participaient seulement par le paiement du soixantième, 7 talents environ par an : le trésor d'empire était encore requis pour d'autres dépenses. Malgré tout, il y avait dans les caisses d'Athèna bien des sommes provenant de sources très anciennes, bien des offrandes de particuliers qui appartenaient à la déesse seule : on ne pouvait dire que le Parthénon fût absolument un ἀνάθημα « des Athéniens et des alliés [4] ».

Nous n'avons pas à raconter en détail la crise à laquelle nous faisions allusion tout à l'heure. On sait qu'elle commença par le soulèvement de la Béotie, qui se délivra par la victoire de Coronée (automne de 447) [5], et qu'elle continua par la révolte de l'Eubée : il fallut 50 trières, 5.000 hoplites et de la cavalerie pour réduire l'île [6]. Derrière ces mouvements étaient les Spartiates, qui étaient apparus un instant aux frontières mêmes de l'Attique : Périclès parvint à les décider à un armistice, bientôt suivi d'une paix conclue pour trente ans (hiver de 446-5 [7]).

Il est à remarquer que ces opérations militaires avaient lieu presque exclusivement sur terre, et étaient beaucoup moins

---

1. CP, face A, l. 1-5.
2. CP, face A, l. 6-8, cf. l. 14.
3. Cf. p. 51-2.
4. On a pu le dire en toute vérité par la suite : voir plus bas, p. 93. Cf. Foucart, *Rev. de Philol.*, 1903, p. 10.
5. Thuc., I, 113. Pour la date, Wilamowitz, AuA, II, p. 303.
6. Plut., *Pér.*, XXIII, 3.
7. Thuc., I, 115. Pour la date, cf. Thuc., II, 2.

dispendieuses que les courses maritimes en Orient, malgré la
solde maintenant payée aux hoplites : un corps de 5.000 fantassins, force relativement très considérable, équivalait seulement comme nombre d'hommes à entretenir, à l'équipage de
25 trières [1]. Il est fort possible que, même dans cette année
446, où des faits militaires si graves s'étaient passés, les 400
talents que les hellénotames avaient encaissés au printemps
aient encore laissé des excédents.

Le rétablissement de la paix avec la ligue péloponnésienne
devait, en bonne logique, mettre en question l'existence même
du trésor d'empire. Ce trésor avait été fondé, plus de trente
ans auparavant, en vue de la guerre contre le Roi : du moment
où un *modus vivendi* pacifique avait été rétabli avec celui-ci,
l'objet primitif du paiement des tributs n'existait plus. Mais,
dans l'intervalle, un nouvel et grave conflit était né, qui
n'avait été assoupi que momentanément en 451. Le besoin d'un
trésor de guerre était encore évident. Cette fois, après la paix
de trente ans, il n'y avait plus aucune guerre à prévoir. Sans
doute, rien n'autorisait à croire que la paix serait désormais
perpétuelle : il convenait de rester unis et armés, et l'arme de
la confédération, la flotte athénienne, exigeait un entretien
constant. Malgré tout, on pouvait se demander s'il était utile
de continuer à amasser sur l'Acropole tant et tant de talents.

On comprend facilement que les Athéniens n'aient pas posé
cette question. On comprend aussi qu'elle soit restée indiffé-
rente aux alliés non tributaires, aux grandes cités de Chios,
Samos et Lesbos. Mais, parmi les tributaires, plus d'un se l'est
posée, et l'a même résolue en cessant d'envoyer le tribut, par
exemple dans ces régions cariennes qui étaient plus à l'abri
des atteintes d'Athènes [2]. Si l'assemblée de Délos eût encore
existé, des plaintes se seraient peut-être fait entendre : mais
les députés qui venaient au printemps à Athènes semblent
avoir été dès lors réduits au rôle de personnages muets. La
révolte de l'Eubée en 446 est le seul signe de mécontentement
qu'ait enregistré l'histoire : bien d'autres, sur lesquels nous ne
sommes pas renseignés, durent se manifester [3].

<hr>

1. Mais l'hoplite était plus payé que le matelot (voir p. 68, n. 1).
2. Cf. Pedroli (Beloch, *Studi di Storia Antica*, 1891, p. 187).
3. Les irrégularités de paiement semblent avoir été nombreuses de 450 à 446,
p. ex. pour les villes de l'Hellespont : cf. p. 67.

Ce qui est certain, c'est que les hommes qui dirigeaient Athènes, et parmi lesquels il est légitime de supposer, en cette circonstance comme en d'autres, Périclès prépondérant, ont jugé prudent d'aller au devant de telles plaintes par une concession : une diminution importante du tribut, que nous constatons au printemps de 445 [1].

La répartition des dégrèvements est assez difficile à étudier à cause des irrégularités nombreuses que présente le paiement du tribut dans la période précédente. Néanmoins certains faits se dégagent. Dans les îles, sauf peut-être Ios, Syros, et Mykonos, le tribut reste le même. En Ionie au contraire, Éphèse, Hæræ, Phocée, Diosiris, et peut-être Oenéa d'Ikaros, Milet, Colophon, Lébédos, voient leur tribut diminuer. De même, en Carie, Astypaléa, Lindos, Ialysos, Cnide, Idyma, Mylasa. Le fait est d'autant plus remarquable que la paix avec la Perse rouvrait pour ces villes d'Ionie et de Carie le commerce de l'Orient. Dans l'Hellespont, sauf Parion et deux petites villes de Chersonèse, on ne trouve pas de diminution. Mais, en Thrace, Dikéa-lès-Abdère, Thyssos, Mékyberna, Skabla, Aphytis, Aiga, Phégonte, Ænos, peut-être Argilos et Mendè, sont allégées. Le dégrèvement serait plus considérable encore s'il n'y avait quelques rares relèvements, comme pour Dion d'Eubée, Erythrées, Kamiros, Sermylia, et surtout si Thasos n'avait été taxée à 30 talents au lieu de 3, parce qu'on lui rendit ses possessions continentales [2].

Nous verrons, par la liste de 442-1, que, cependant, il est resté environ 175 villes tributaires, payant bon an mal an sensiblement plus de 400 talents de tribut.

Or, malgré la paix, la caisse des hellénotames continuait à supporter bien des dépenses militaires. A tout le moins, il fallait payer la solde des postes permanents qu'on entretenait maintenant sur divers points de l'empire [3]. Et surtout, tous les ans des vaisseaux partaient, pour transporter des clérouques, pour faire la police de la mer, pour conduire des ambassadeurs

---

1. Cf. Pedroli (*l. l.*, p. 199). Son chiffre total est pourtant trop bas, cf. Introd., § 32.

2. C'est l'explication de Boeckh, SdA, II, p. 394 : elle reste la plus naturelle.

3. Il y a déjà des garnisaires à Milet vers 450-49 : IG, I Suppl., p. 6, 22ᵃ, *de*, l. 9, 19. C'est dans cette période qu'ils se sont multipliés : se rappeler les 700 fonctionnaires employés au dehors d'après Aristote, 'A. π., XXIV (le chiffre est cependant douteux). Les garnisaires pouvaient être payés par les villes où ils se trouvaient, mais cet entretien était alors décompté sur le tribut (IG, I, 260).

en pays lointain, ou simplement pour exercer les marins du Pirée [1].

Néanmoins, on jugera que, sans parler des réserves, des sommes énormes furent disponibles chaque année entre les mains des trésoriers d'empire, et l'on s'expliquerait très bien que 1.500 talents se fussent encore amassés dans leur caisse pendant les sept ou huit ans qui suivirent la dernière campagne contre les Perses.

Cependant, les difficultés intérieures que la démocratie radicale avait déjà rencontrées en 452 et en 448 se présentaient cette fois avec un caractère de permanence qui exigeait tout un ensemble de mesures durables : les faits qui nous sont signalés dans ces années 445-444, colonies à Thurium, en Eubée, etc., application rigoureuse de la loi de 451 sur les étrangers qui s'étaient mêlés à la plèbe d'Athènes, prouvent que Périclès au moins le comprit.

Périclès, nous l'avons déjà vu, comptait que, grâce à l'État, le travail ne manquerait jamais à cette plèbe ainsi réduite. L'optimisme de ses discours, et leur forme même, déjà très travaillée, mais encore inexpérimentée, semble avoir été assez fidèlement conservée par la littérature biographique [2] :

« Il faut, puisque la ville est pourvue abondamment de tout ce qui est nécessaire à la guerre, qu'elle tourne l'emploi de ses ressources vers des objets qui procurent, quand ils sont atteints, une gloire immortelle, et pendant qu'on les poursuit, un bien-être immédiat. Toutes sortes d'industries ont été créés, toutes sortes de besoins éveillés, qui excitent toutes les activités, mettent en mouvement toutes les mains, enfin font de presque tous les citoyens des salariés de la cité, laquelle tire ainsi d'elle-même à la fois sa parure et sa subsistance. A ceux qui sont dans toute la force de l'âge, les campagnes militaires procuraient la subsistance aux frais du trésor : j'ai voulu que la masse confuse de ceux qui vivent de leur travail participât aussi à ces avantages, mais sans rester dans le repos et l'oisiveté : c'est pourquoi j'ai soumis au peuple ces vastes projets de constructions, ces plans de travaux qui exigeront tant d'opérations diverses

1. Cf. plus bas, p. 92.
2. Plut., *Pér.*, 12.

et de temps, afin que, tout comme les équipages de vaisseaux,
garnisons et troupes en campagne, la population sédentaire
eût l'occasion d'être entretenue par l'État. Voici que nous
avons le bois, la pierre, l'ivoire, l'or, l'ébène et le cyprès ;
voici les industries qui travaillent et mettent en œuvre tout
cela, charpentiers, modeleurs, forgerons, tailleurs de pierres,
orfèvres, modeleurs d'ivoire, peintres, décorateurs, tourneurs ;
voici ceux qui apportent les matériaux, armateurs, matelots
et pilotes sur mer, sur terre voituriers, charretiers, muletiers,
et avec eux les charrons, les cordiers, les bourreliers, les
paveurs et les mineurs. Comme un général qui commande à
sa troupe, chaque industrie a, groupé sous elle, son bataillon
de thètes [1], qui sont comme les membres et les forces des
services divers. On peut dire que les besoins créés distribuent
et répandent l'aisance parmi tous les âges et toutes les conditions. »

On sait quels travaux, déjà en cours, servaient de commentaire à ce programme de socialisme d'État, et comment les
ravages de l'invasion perse, non encore réparés, en avaient
multiplié les occasions. C'était bien l'État athénien qui accep-
tait la charge de tous ces travaux. Pour les constructions de
murs, de docks, de trières, la chose était toute naturelle.
Pour les temples, il existait des trésors spéciaux, mais l'État
prétendait apporter, au relèvement des sanctuaires brûlés par
les Barbares, un concours qui suppléât à l'insuffisance de la
générosité privée [2]. Une charge considérable s'ajoutait à toutes
celles qu'avait créées et que continuait de multiplier le régime
démocratique [3]. On pouvait prévoir, il est vrai, que les
revenus propres de la cité, produit des domaines, droits de
douane, frais de justice, allaient s'accroître par suite de la paix,
de la sécurité, du développement des transactions. Néanmoins, un grave problème financier était posé.

Or, il y avait sur l'Acropole le trésor d'empire, qui s'accroissait sans cesse : la tentation d'y avoir recours était trop
forte pour qu'on n'y succombât pas, maintenant que la gestion
athénienne était affranchie de tout contrôle effectif. Son
emploi pour la construction de fortifications ou de vaisseaux

---

1. Τὸν θητικὸν ὄχλον.... συντεταγμένον.
2. Cf. plus loin, p. 105 sqq.
3. Dans tous ces travaux, ce sont les côlacrètes qui interviennent pour faire
l'appoint. Cf. plus haut, p. 75.

était légitime [1] : mais le moment arrivait où on allait l'affecter à des travaux complètement étrangers à sa destination
primitive.

Nous n'avons la preuve du fait que pour le Parthénon.
Interrompus peut-être en 446, les travaux avaient repris avec
intensité après la paix et devaient être dès lors poussés assez
loin pour qu'on pût mieux mesurer les frais que la construction entraînerait. Quoi qu'il en soit, on se préoccupait évidemment des brèches déjà faites au trésor d'Athèna et de celles
qu'on allait y faire encore pour la statue.

Sur les chiffres des dépenses, nous sommes moins mal renseignés cette fois. En 446-5, il restait au commencement de
l'année une somme comprise entre 200.000 et 300.000
drachmes (plus les statères de Lampsaque et de Cyzique [2]).
Les épistates avaient reçu cette année-là, sans doute des trésoriers de la déesse, une somme comprise entre 20.000 et
50.000 drachmes, plus une autre de même importance. Nous
n'avons de renseignements que sur une dépense, comprise
entre 10.000 et 50.000 drachmes [3]. Mais il est resté une
somme supérieure à 200.000 drachmes [4]. Il est naturel qu'au
début des travaux on ait fait aux épistates un versement très
important ; nous ferons remarquer de plus que, cette année-là,
les travaux n'ont reçu leur élan que tard : dans ces conditions, les dépenses sont inférieures à 400.000 drachmes, soit
66-67 talents. — L'an d'après (445-4), nous savons seulement
qu'il y eut plusieurs versements effectués [5].

Or, le second versement effectué en 446-5 est si important
qu'il ne peut guère provenir que des côlacrètes ou des hellénotames ; on a donc peut-être fait appel au trésor d'empire
dès le printemps de 445, pour une somme supérieure à
20.000 drachmes.

Nous ne constatons le fait avec certitude qu'en 444-3 :
cette année-là, on a demandé aux hellénotames une somme
qui était supérieure à 2.675 dr. 50 et pouvait être de plusieurs

1. Nous ne savons pas, d'ailleurs, si les hellénotames avaient contribué à la
formation des caisses des τειχοποιοί et des τριηροποιοί : mais le fait est probable. Cf. p. 67.
2. CP, face A. l. 14-16.
3. CP, face A. l. 17-19.
4. CP, face A, l. 28.
5. CP, face A, l. 31-4.

dizaines de milliers de drachmes [1]. Ces quelques talents ne
seraient d'ailleurs pas une lourde charge pour un trésor qu
s'accroissait de plus de 400 talents par an.

Mais ce n'étaient pas les chiffres des sommes détournées,
c'était le principe même du détournement, qui devait soule-
ver des contestations passionnées contre Périclès. L'écho des
plaintes qui s'élevèrent alors dans Athènes nous est parvenu
assez fidèlement répété [2] :

« Le peuple se déshonore, criaient les ennemis de Périclès
dans les assemblées, il a suivi de mauvais conseillers, quand
il a transporté de Délos chez lui les trésors communs des
Grecs, et quand il se laisse maintenant enlever par Périclès
la plus décente des réponses qu'il pût faire aux réclamations :
que la crainte des Barbares l'avait forcé à enlever ces biens
communs pour les mettre en lieu sûr. Et la Grèce juge qu'on
lui inflige un outrage sanglant, qu'on la traite ouvertement
avec un sans-gêne digne d'un tyran, quand elle constate que
les richesses apportées par elle sous la pression d'une nécessité impérieuse, en vue de la guerre, nous servent à dorer et à
farder notre ville comme une fille, à la couvrir de pierres
coûteuses, de statues, de temples de 1.000 talents... [3] »

Périclès ne fréquentait pas en vain les sophistes, il répon-
dait [4] :

« Il faut que le peuple sache qu'il ne doit pas de comptes
aux alliés puisqu'il se bat pour eux et tient en respect les
Barbares, sans qu'ils aient à fournir ni un cheval, ni un vaisseau, ni un hoplite, mais seulement cet argent, lequel n'appartient plus à ceux qui l'ont donné, mais à ceux qui le
reçoivent, pourvu qu'ils tiennent les engagements en échange
desquels ils l'ont reçu. Or la ville est pourvue abondamment
de tout ce qui est nécessaire pour la guerre..... »

Et lui-même comptait certainement que le Parthénon fini-
rait par devenir un sanctuaire panhellénique, un rival du

1. CP, face A, l. 16-8.
2. Plut., *Pér.*, 12.
3. Ναοὺς χιλιοταλάντους. Il faut traduire : *temples de 1.000 talents*, et non :
temples de milliers de talents (cf. Plut., *Mor.* 924 ª; Athénée 237 ª, etc.). Il va de
soi qu'il ne faut pas prendre l'expression à la rigueur : elle indique seulement
qu'on prévoyait pour le Parthénon « des centaines » de talents.
4. Plut., *Pér.*, 12.

temple de Zeus Olympien. Mais aux fêtes d'Olympie tous les Grecs jouissaient réellement de la splendeur du dieu : les Panathénées devaient toujours rester une fête purement nationale.

Les échos qui nous sont parvenus de ces discussions suffisent à laisser entrevoir que ce n'étaient pas les alliés qui se plaignaient. Nous ne pouvons déterminer pour quelle part la crainte ou l'assentiment entraient dans leur silence : le fait certain, c'est que l'opposition à la politique de Périclès est venue d'Athéniens. Malgré tout, des propos comme ceux que nous avons cités devaient avoir bien des répercussions : qu'on imagine les députés des villes réunis à Athènes aux Dionysies de 444, au moment où le Parthénon s'élève avec leur argent, et entendant ces propos reproduits par les poètes comiques avec la franchise gouailleuse que protégeait l'esprit indépendant des paysans d'Attique [1]. On ne s'étonnera pas que Périclès se soit alarmé des impressions qu'ils pouvaient en rapporter chez eux.

C'était le parti conservateur, devenu maintenant parti réactionnaire, qui s'était constitué le champion des Grecs. Il était animé par la rancune vivace des défaites passées. Il était hostile à la politique de socialisme d'État, qui mettait les finances de l'État au service d'une classe, et qu'il sentait menaçante, non seulement pour les alliés, mais aussi pour la partie aisée de la population. Et puis, il ne faut pas oublier que nous sommes encore en un temps d'idéalisme. De même que beaucoup d'esprits élevés adhéraient à la politique de Périclès par confiance dans la sagesse du démos, et ne voulaient pas voir combien était glissante la voie où l'on s'était engagé, de même bien des membres du parti adverse étaient sincèrement amis de l'humanité grecque, ne voulant connaître d'ennemis que le Barbare, hostiles au conflit avec Sparte, *a fortiori* à l'exploitation des alliés. La tradition de Cimon vivait encore parmi eux : leur chef était Thucydide, fils de Mélésias, cousin du héros des guerres médiques. Celui-ci paraît avoir été, comme on dirait aujourd'hui, un parlementaire délié : il a commencé à organiser fortement les éléments hostiles à la démocratie radicale [2]. Or, ces éléments ne comprenaient pas seulement la

---

1. Cf. Croiset, *Aristophane et les partis*, Introd., et p. 69 sqq.
2. Plut., *Pér.*, 11.

minorité noble ou riche, mais aussi une grande partie des petits propriétaires, si nombreux encore en Attique : il avait fallu l'absence d'un grand nombre d'hoplites pour permettre la révolution pacifique de 462-1[1]. Toutes les fois que des garanties sérieuses entouraient le fonctionnement du suffrage universel, le résultat était douteux. On conçoit que les partisans de Périclès aient hésité avant de recourir au moyen que la sagesse des ancêtres avait ménagé pour trancher un différend dont le retentissement pouvait être dangereux : à l'ostracisme.

Il fallut pourtant s'y décider. En janvier 443, le peuple athénien décida qu'un des deux hommes, Périclès ou Thucydide devait céder la place à l'autre[2]. Quelques semaines après, la majorité des voix se réunit contre Thucydide.

C'est à cette date (début de 443), que l'action exercée depuis plus de vingt ans déjà par Périclès devient un véritable gouvernement. Il est réélu tous les ans stratège : les fonctions sont purement militaires, mais c'est la seule autorité exécutive indépendante qui subsiste à Athènes, la seule base constitutionnelle qu'on puisse donner à l'ascendant d'un homme[3]. En réalité la direction de Périclès s'est fait sentir partout : les Athéniens lui ont remis, disait Télékleidès, « les tributs des villes et les villes elles-mêmes, pour les lier et les délier, les traités, la puissance, la force, la paix, la richesse et la prospérité[4]... »

Mais il a été surtout un intendant des finances, parce que c'est dans ce domaine surtout, dans la gestion des ressources

---

1. Cf. Thuc., II, 14-16 ; Euripide, *Oreste*, 917 sqq. En dernier lieu, Croiset, *l. l.*, p. 9.

2. Sur la date de l'ostracisme en général, cf. Martin, dans le *Dict. des Antiq.* de Daremberg et Saglio, fasc. 37, p. 260. — Quant à la date de l'ostracisme de Thucydide, Plutarque dit (*Pér.*, XVI, 3) : « Périclès a conservé le pouvoir quinze ans de suite après l'ostracisme de Thucydide. » Il s'agit de savoir si l'auteur suivi par Plutarque a songé à la chute de Périclès en 430 ou à la dernière stratégie en 429 (Thuc., II, 65). M. Carcopino (*Rev. d. Ét. gr.*, 1905, p. 417) a opté pour la première hypothèse : je crois que c'est prendre trop à la rigueur le ὀστρακῇ. Je crois, avec M. Meyer (GdA, IV, p. 44, n.), que la réforme de 443-2 (voir p. 91) a suivi aussitôt l'ostracisme. L'élection des stratèges avait lieu après la 6ᵉ prytanie, moment où on décidait s'il y aurait ostracisme (Busolt, dans Iwan Müller, *Handbuch*. IV. p. 221) : les 15 stratégies « qui n'en ont fait qu'une », sont celles de 443, 442, 441, 440, 439 — 438, 7, 6, 5, 4 — 433, 2, 1, 430, 429. Cf. Martin, *Notes sur l'ostracisme*, 1907, p. 16-18.

3. Cf. Beloch, *Att. Politik*, p. 274 sqq.

4. Plut., *Pér.*. 16.

vastes et complexes de l'empire athénien, qu'une direction unique était nécessaire.

Cependant, il n'échappait nullement au contrôle, et ne cherchait pas à y échapper. En une seule circonstance, il répondit que 10 talents avaient été dépensés « pour ce qui est nécessaire » et le peuple n'insista pas, sachant bien que ces « fonds secrets » entretenaient l'humeur pacifique des hommes d'État du Péloponnèse [1].

Au reste, les stèles dont nous retrouvons les débris attestent suffisamment que tout se passait au grand jour à Athènes. Le Conseil des Cinq-Cents exerçait un contrôle de tous les jours par ses commissions de logistes [2]. Et le peuple lui-même était renseigné dans des assemblées fréquentes. Des chiffres précis lui ont été fournis, surtout dans ces premiers temps où, d'une part, l'opposition était encore frémissante, et où, d'autre part, on travaillait à s'organiser pour un avenir que l'on espérait long, paisible et prospère. Certains de ces chiffres ont été retenus par la tradition attique, et, s'ils nous ont été répétés dans des conditions qui les font paraître invraisemblables ou contradictoires, c'est seulement qu'ils ont été plus tard mal compris.

Nous avons vu que le trésor dont la gestion était confiée à Périclès se composait de deux fonds d'origine bien différente. Il importe de rappeler le peu que nous savons sur l'un et sur l'autre : on ne saurait trop insister sur la situation où ils se trouvaient alors, car nous sommes au moment décisif de cette histoire financière.

Le premier fonds est la propriété propre d'Athèna. Nous savons qu'au début on comptait sur ce fonds pour élever le temple de 1.000 talents dont parlaient les amis de Thucydide, mais aux fraisde la construction proprement dite devaient s'ajouter les frais de la statue chryséléphantine, dont on commençait

---

1. Plut., *Pér.*, 23. Mais noter l'impression profonde qu'avait faite sa désinvolture en cette occurence : Aristoph., *Nub.*, 859. Périclès n'eut à rendre des comptes, au sens juridique du mot, qu'en 430.

2. Je persiste à croire que la compétence du Conseil n'était pas encore universelle, que les côlacrètes étaient indépendants. L'institution des apodectes, qui facilita le contrôle du Conseil, est postérieure. Cf. *Rev. de Philol.*, 1903, p. 158 : le texte qui avait été le point de départ de mon étude se trouve modifié par les lectures de M. Wilcken.

seulement à entrevoir l'étendue [1]. Nous avons vu aussi combien étaient vagues nos renseignements sur les revenus annuels dont s'accroissaient avant la guerre de Samos ce trésor, dont la richesse était si intimement liée à celle de l'État athénien lui-même [2].

Quant aux ressources de celui-ci, nous n'avons qu'un fait à signaler : les mines d'or conquises sur les Thasiens en 463 leur furent rendues alors [3], ce qui représentait pour la cité même une diminution de recettes d'une trentaine de talents. Les dépenses militaires dont Athènes assumait la charge, et pour lesquelles étaient créées les caisses des τειχοποιοί et des τριηροποιοί, allaient cesser [4] ; mais, en dehors des juges, dont le salaire coûtait chaque année des dizaines de talents, des milliers d'agents, dont le nombre croissait sans cesse, étaient rémunérés par la cité [5]. Enfin, les travaux multiples qu'on avait engagés étaient là pour absorber les excédents de recettes, s'il s'en produisait.

D'autre part, la parcimonie si longtemps observée par les administrateurs du trésor avait cessé avec les travaux du Par-thénon. Interrompus un moment en 446, ces travaux étaient maintenant en pleine activité. La comptabilité des épistates est malheureusement trop mutilée aujourd'hui, et d'ailleurs trop sommaire, pour nous permettre de les suivre : le peu qui nous en reste mérite cependant d'être examiné avec attention. Les années qui suivent immédiatement la troisième sont pré-cisément parmi celles que nous connaissons le mieux.

En 444-3, les épistates, outre un reste de l'année précédente, ont reçu [6] :

1º des trésoriers de la déesse, une somme supérieure en tout cas à. . . . .   15.822^{dr}

2º des hellénotames, une somme supérieure à. .   3.775^{dr} 5º

3º probablement du collège de magistrats créé pour juger les faux citoyens et vendre les délinquants au profit du tré-sor, une somme supérieure à. . . . .   2.148^{dr}

4º des τριηροποιοί, une somme dont il ne reste plus marqué que . . . .   10^{dr}

1. Cf. plus bas, p. 89.
2. Cf. plus bas, p. 103.
3. Cf. plus haut, p. 79, n. 2.
4. Cf. plus bas, p. 88.
5. Cf. p. 54.
6. CP, face A, l. 43 sqq.

Les dépenses, dont nous n'avons pas le détail, donnent un total qui est supérieur à 26.506 dr., et peut être, bien entendu, infiniment supérieur [1]; en outre, probablement pour les ouvriers qui ont amené les monolithes de 30 mètres qui devaient être les architraves, est consigné une dépense supérieure à 1400 dr.; enfin, 4.100 dr. et davantage pour les bois de pin et de sapin [2]. Il ne semble être resté à la fin de l'année que les statères de Lampsaque et de Cyzique, dont évidemment on ne pouvait se débarrasser.

En 443-2, outre le reste, les épistates ont reçu des sommes inconnues de deux collèges de trésoriers (probablement celui de l'année précédente et celui de l'année), des hellénotames, des « juges des étrangers », qui arrivaient au terme de leur mission, et des τειχοποιοί, qui, comme les τριηροποιοί auparavant, ont sans doute versé entre leurs mains ce qui restait après l'achèvement du mur du milieu [3] : nous ne savons rien des dépenses.

En 442-1, nous entrevoyons seulement qu'on travaillait aux colonnes, ainsi qu'à des pièces de bois qui devaient être destinées au plafond [4]. En 444-0, il est particulièrement fâcheux que nous ne distinguions sur les pierres que quelques lettres, car l'année semble avoir été la plus chargée [5]. L'édifice devait être haut déjà, et les morceaux de sculpture qu'il fallait mettre en place avant la pose du toit, métopes et frise, s'achevaient sans doute alors [6].

Comme on voit, nous n'avons pour aucune de ces années un chiffre de dépenses qu'on puisse au moins restituer : nous sommes toujours réduits à ce que nous savons pour l'année 446-5, où le total a été inférieur à 66-67 talents. Une pareille somme, équivalant peut-être à 2 ou 3 millions d'aujourd'hui, est déjà considérable pour un travail conduit, il est vrai, avec le soin le plus minutieux, mais aussi avec un souci constant de l'économie, encore visible dans maint détail [7].

---

1. On ne peut guère faire de conjectures sur la partie gauche des chiffres ; il n'est pas sûr qu'ils fussent rangés par ordre de grandeur décroissante : cf. IG, I Suppl., p. 38, 317 a.
2. CP, face A, l. 57-8.
3. CP, face A, l. 70 sqq.
4. CP, face A, l. 78 sqq.
5. CP, face B, l. 1 sqq.
6. Cf. Magne, *Le Parthénon*, pp. 31, 105, 106.
7. Id., *ibid.*, pp. 28, 31, etc.

Aux dépenses du temple s'ajoutaient maintenant les dépenses de la statue chryséléphantine.

La statue que conçut Phidias et pour le piédestal de laquelle fut préparé un emplacement de 5 mètres de large sur 8 mètres de long, devait avoir 10 mètres de haut [1]. Elle représentait la déesse debout, casque en tête ; la main droite tiendrait une Victoire qui serait elle-même une véritable statue de près de 2 mètres, la main gauche se poserait sur le bouclier, destiné à devenir une merveille d'art ; la lance reposerait dans le bras gauche, le serpent symbolique d'Athènes se dresserait contre la jambe gauche.

Pour passer à l'exécution, Phidias dut, d'abord, dans un atelier spécial qui s'éleva sans doute sur l'Acropole, construire la statue en bois. C'est ce bois qui devait ensuite disparaître sous les matières précieuses, rapportées de manière à pouvoir s'enlever aisément, car la carcasse de l'idole était visible par l'intérieur [2].

C'est seulement quand cette charpente en bois fut achevée que put commencer le travail coûteux, le travail de la pose de l'ivoire et de l'or [3].

L'ivoire était pour les parties nues, visage, mains, pieds, masque de Gorgone de la poitrine, et pour le corps de la Victoire : plaqué par petit morceaux, il a dû se craqueler plus d'une fois, comme celui du Zeus d'Olympie, qu'on dut faire réparer par un grand sculpteur soixante ans après sa consécration. L'or était pour le casque, pour la jupe, pour le bouclier et le serpent : il était placé de façon à pouvoir aisément s'enlever et se peser pièce à pièce, disposition qui par la suite devait servir à justifier Phidias [4].

Ces matières précieuses étaient fournies au sculpteur et à ses aides, au fur et à mesure de leurs besoins, par une commission spéciale d'épistates. L'ivoire venait de la lointaine Afrique, l'or était probablement fourni par les mines du Pangée. Les trésoriers de la déesse se bornaient à avancer l'argent nécessaire à ces achats [5].

---

1. Judeich, TA. p. 232. Lechat, *Phidias*, p. 77.
2. Lucien, *le Songe*, 24.
3. La carrière de Phidias n'a commencé qu'après 450 (Lechat, *Phidias*, p. 71-2). Il est difficile de penser que la pose des matières précieuses ait commencé avant 444-3 environ.
4. Thuc., II. 13. Cf. Collignon, SG, I, p. 533, 547 ; Lechat, *Phidias*, p. 77-8.
5. IG, I, 298 ˋcf. Suppl., p. 146ˏ, 291, 299 ˣ ˋSuppl., p. 147ˏ. Ce ne sont pas les trésoriers non plus qui, plus tard, pèsent l'or. IG, I, 176.

La comptabilité a été gravée sur la pierre pièce par pièce,
et avec un soin minutieux. Nous n'avons que trois des pièces,
postérieures à 444, à en juger par l'écriture, et qui appartiennent à trois des années intermédiaires entre celle-là et 438
(date où la statue fut achevée)[1]. L'une mentionne un versement des trésoriers aux épistates, de 100 talents. L'achat
d'un poids d'or de 6 t. 15. (8 ou 9) d. 5 ob. a coûté 87 t.
4.652 dr. ; un achat d'ivoire a coûté 2 t. 743 d. L'autre mentionne un versement fait par les trésoriers « sur le trésor de
l'Acropole » de 34 t. 2.958 d. 2 o. ; on a acheté de l'or pour
34 t. 1.200 d. et plus. La troisième mentionne un versement
de 25 t., qui a servi à acheter de l'ivoire[2].

Finalement la statue contint un poids d'or de 44 t.
(1.150 kgr. environ), représentant 616 talents d'argent[3]. Le
prix total de l'œuvre a été inscrit sur la stèle IG, I, 297[4].
Les épistates ont reçu en tout une somme d'argent comprise
entre 700 et 1.000 talents ; une petite partie de la dépense, il
est vrai, semble avoir été fournie par un riche particulier du
nom de Kallaischros, qui a obtenu ainsi que son nom fût
inscrit sur la stèle (nous verrons d'autres exemples de ces
offrandes en argent). Parmi les dépenses, nous regrettons
surtout de ne plus lire le prix de la main-d'œuvre : nous
voudrions savoir comment ont été rémunérés ceux qui ont travaillé, sous Phidias, à l'érection du monstrueux chef-d'œuvre.

Ainsi on peut estimer qu'à partir du moment où a commencé le travail de l'or et de l'ivoire (vers 443), les trésoriers
de la déesse ont eu à verser de ce chef 150 à 200 talents par
an. On voit que la construction du Parthénon même était une
charge moins lourde que le travail de la statue qu'il devait
loger : cette subordination de l'édifice à l'image même de la
divinité allait d'ailleurs être plus frappante encore à Olympie[5].

En présence de telles profusions, qui n'avaient pu d'avance
être prévues que très approximativement, on s'explique pourquoi Périclès a jugé que le trésor d'Athéna ne suffirait pas à
achever l'œuvre à laquelle il était destiné.

1. Partout, il y a Σ. Cf., pour la date de 438, Schol. Aristoph., *Pax*, 605.
2. La proportion d'ivoire devait être très forte : mais nous ne connaissons
pas le prix de cette matière.
3. Philoch., fragment 97.
4. Cf. Introd., § 43.
5. Cf. Lechat, *Phidias*, p. 81.

Les conditions étaient tout autres pour le second des fonds qui constituaient les réserves, le trésor d'empire. Nous en avons esquissé l'histoire et indiqué l'importance : nous avons suivi jusqu'en 443 les variations du tribut dont il s'accroissait chaque année. Or, cette année-là, dès que l'ostracisme de Thucydide eût laissé Périclès maître de la situation, une des mesures organiques qu'il prit fut relative à la levée du tribut. Nous trouvons, en 443-2 et l'année suivante, un second secrétaire adjoint au collège des hellénotames, ce qui prouve que la besogne était particulièrement rude [1]. L'empire est désormais partagé en cinq districts : Iles, Ionie, Carie, Hellespont et Thrace. Tout cela est d'ailleurs organisé par l'autorité athénienne : on ne songeait plus à consulter les alliés. Par précaution on se garda de changer, en cette circonstance, le chiffre de tribut, notablement abaissé, qui avait été adopté en 446 [2]. Les tributs restent les mêmes jusqu'en 439 : désormais la révision des tarifs par le Conseil des Cinq-Cents a eu lieu régulièrement de 4 en 4 ans [3].

La liste de 441 est particulièrement intéressante à étudier. D'abord, si la pierre n'est pas complète, la hauteur en est connue, et l'on peut calculer le nombre des villes, qui était au maximum de 175. Ensuite comme on suit à présent un ordre géographique et sensiblement constant, les noms qui manquent peuvent être remplacés avec plus de sûreté à l'aide des listes immédiatement voisines. Nous sommes donc sûrs du résultat à quelques villes et à quelques talents près [4].

Le district des îles est le plus incomplet : 5 villes, apportant 34 t. 4.000 d. Mais, les 20 noms manquants se laissant facilement compléter avec la liste suivante, nous trouvons un total de 98 t. 5.500 d.

Dans l'Ionie, nous avons 26 villes, apportant 40 t. 1760. Parmi les cinq noms disparus, se trouvaient les Erythréens avec 7 t., les Assiens avec 1 t., etc. Le district d'Ionie payait 50 t. environ.

En Carie, 32 villes apportaient 32 t. 1.580. Si l'on complète les 13 noms manquants à l'aide de la liste suivante, on obtient 50 ou 55 t., 60 ou 65 t. avec les Lyciens. Ici des

1. IG, I, 237-8.
2. Pedroli (Beloch, *Studi di St. Ant.*, 1891, p. 199).
3 [Xén.], ʼΑ. π., III, 5.
4. Cf. Introd., § 26, 33.

défections sensibles s'étaient déjà produites, mais comme on le voit, la majorité des villes sentait encore l'avantage d'appartenir au grand empire égéen.

Dans l'Hellespont, 28 villes, payant 87 t. 4.580 d. Trois noms seulement manquent, parmi lesquels les Skapsiens avec 1 t. Nous pouvons compter 90 t.

Enfin, en Thrace, 33 villes, donnant 76 t. 5.660. Il manque 6 noms au plus, mais parmi eux les Thasiens avec 30 talents, Abdère avec 15. Nous pouvons compter ici 130 talents. Thasos a passé de 3 t. à 30 t., parce que (nous l'avons vu) les Athéniens lui ont restitué ses possessions continentales : l'opération revient en somme à ceci, qu'une trentaine de talents ont passé du budget propre d'Athènes au budget de l'empire [1].

Nous arrivons en somme à un total de 435 talents. On voit que malgré deux dégrèvements successifs, le chiffre d'Aristide est encore à peu près maintenu.

Sur cet encaissement annuel, malgré la paix, les hellénotames ont toujours beaucoup à payer. Il est bien probable qu'on les fait contribuer à présent aux dépenses qu'exige la sécurité de l'Attique même, et, au besoin, aux constructions navales. Mais surtout ils ont à solder les trières qui partent sans cesse du Pirée. Il y eut toujours sous Périclès, pendant huit mois de la belle saison, 60 trières en mer [2]. Avec la solde de 3 oboles, cela représenterait une dépense annuelle de 240 talents.

Enfin, il ne faut pas oublier les sommes versées aux épistates du Parthénon, peu considérables, il est vrai, en regard des frais de ces manœuvres et de ces courses maritimes.

Malgré tout, pendant que le trésor d'Athènes se vidait, celui de l'empire était en voie d'accroissement rapide.

Du moment que Périclès avait fait triompher le principe de l'application du trésor d'empire à la parure d'Athéna, la fusion des deux trésors n'était plus guère qu'une formalité : la réunion des réserves aux mains des trésoriers de la déesse était chose faite en 440 [3].

---

1. C'est une indication de plus sur la confusion croissante des deux trésors.
2. Plut., *Pér.*, 11. Plutarque ne donne pas de date ; les 60 vaisseaux permanents existaient déjà en 440 (Thuc., I, 116).
3. IG, I, 177. On ne comprendrait pas les versements des trésoriers pour la guerre, si les hellénotames avaient encore eu leur fonds de réserve entre les mains.

Il est très regrettable qu'aucun des chiffres d'ensemble, qui furent certainement prononcés dans les discussions de ce temps, ne soit parvenu directement jusqu'à nous. Pour le trésor d'Athèna, nous pouvons considérer comme minimum le chiffre de 1.000 talents, qui ne put être dépassé de beaucoup, puisqu'il fallut très vite avoir recours au trésor d'empire (voir p. 83). Pour celui-ci, un chiffre de 4-5.000 talents, vers 443-440, nous a paru vraisemblable (voir pp. 69, 80). En somme, le trésor réuni aux mains des trésoriers d'Athèna pouvait contenir 6.000 talents : nous ne l'évaluerions pourtant pas si haut, si nous ne trouvions le chiffre confirmé plus tard (p. 109 sqq.).

Les hellénotames continuèrent à fonctionner, à recevoir les tributs, à pourvoir aux dépenses militaires courantes, mais ils n'eurent plus entre les mains de dépôt important.

La mesure qui conférait aux représentants d'Athèna l'administration de toutes les richesses de l'Acropole avait deux caractères :

1° Par une donation vraiment impériale, elle assurait à la déesse l'achèvement de sa demeure, de son effigie, du matériel de son culte, etc., sans qu'elle eût même à craindre de se trouver appauvrie ensuite. Le Parthénon et la Parthénos seraient vraiment ainsi une offrande des Athéniens et des alliés.

2° Elle assurait aux capitaux déposés l'administration plus avantageuse des richesses sacrées, telle que nous la trouvons en usage, par exemple, à Délos, quelques années plus tard. Athèna reste avant tout, naturellement, le banquier de l'Etat athénien : mais, quand celui-ci sera forcé de recourir à elle, lui-même ne le fera que moyennant l'intérêt usuel en pareil cas [1].

L'époque est passée où les métaux précieux s'entassent, improductifs, chez les divinités, les Etats et les particuliers. Athènes entend que ses capitaux « travaillent ». Ceux qui ne seront pas transformés en merveilles artistiques dignes de la gloire nationale, devront être utilisés, — à moins que la sécurité même de l'Etat ne les réclame.

Mais dès 440, une crise grave indiqua aux plus clairvoyants

---

1. IG, I 273. Cf. Billeter, *Gesch. des Zinsfusses*, p. 42 : je crois que l'intérêt était de plus de 6 % au début. *Nous ne savons pas quand eut lieu l'abaissement du taux, constaté en 426* (voir p. 136-137).

des Athéniens sur quelle base fragile reposaient tant d'orgueilleuses espérances.

II

LES 3.000 TALENTS DU DÉCRET DE KALLIAS

La crise fut la guerre de Samos. Les troubles de cette cité exigèrent une première expédition de 40 trières en 441. Ils furent suivis d'une révolte en règle (440) : il fallut réunir peu à peu 215 vaisseaux devant la ville, et l'assiéger neuf mois[1]. La crise ne fut définitivement surmontée qu'en 439 : elle avait été un moment singulièrement inquiétante.

On le voit bien aux forces écrasantes qui avaient été mises en ligne. Les 100 vaisseaux envoyés au début représentaient, pour les neuf mois du siège, et avec la solde de 3 oboles, une somme de 450 talents[2]. Les 25 vaisseaux de Chios et de Lesbos, entretenus naturellement aux frais de l'empire[3], majoraient cette dépense de 100 talents environ. Le siège exigeait un nombre considérable d'hoplites, qui maintenant étaient soldés avec leurs valets[4]. La poliorcétique se développait : les machines de l'ingénieur Artémon de Clazomène furent essayées contre les murailles de Polycrate[5]. Les 90 trières de renfort arrivèrent un certain temps avant le dénouement[6]. Enfin il put y avoir des opérations accessoires que nous ignorons. Il faut se rappeler ces détails pour s'expliquer combien cette guerre fut dispendieuse.

Une stèle, dont nous n'avons malheureusement qu'un morceau, mentionne ce qu'on avait emprunté au trésor de l'Acropole[7]. Sur les trois versements importants qu'elle note, le premier, de 128 talents, n'eut peut-être pas pour objet la guerre[8]. Mais il en est autrement du second (441-40), qui

---

1. Thuc., I, 115 sqq. Schol. Aristoph., *Vesp.*, 283.
2. Thuc., I, 116.
3. Thuc., I, 116. Je considère comme évident que le tribut payait toutes les forces de la ligue, alliés comme Athéniens (voir p. 58).
4. Cf. p. 58.
5. Plut., *Pér.*, 27.
6. Thuc., I, 117.
7. IG, I, 177.
8. M. Bannier (*Rh. Mus.*, 1906, p. 309-10) le rattache pourtant à la première expédition.

est de 368 talents, et du troisième (440-439), de 998 talents[1]. Si l'on ajoute à ces 1.276 talents l'argent que les hellénotames, sur le tribut de 440, versèrent aux stratèges, on restera surpris du chiffre des frais de cette guerre.

L'émotion soulevée par la lutte, le départ d'une grande partie de la population laborieuse arrêtèrent un moment les grands travaux entrepris en Attique : nous en avons la preuve pour le Parthénon[2]. Mais le trésor continuait pendant la guerre à fournir aux dépenses de la statue de Phidias. Quelques années après sa constitution, une brèche énorme y était déjà faite.

Le mouvement de révolte avait été extrêmement sérieux, mais, comme tous les efforts qui échouent, il avait fortifié la puissance contre laquelle il était dirigé : Athènes allait connaître une série d'années de grandeur tranquille. Les conséquences du fait sont très marquées dans l'ordre financier.

En premier lieu, nous avons dit que Samos avait été condamnée à rembourser les frais de la guerre : ces sommes énormes ne pouvaient être payées d'un coup, surtout par un État affaibli. Une petite fraction de l'indemnité seulement fut réglée sur le champ, probablement 200 talents[3] : les Samiens s'acquittèrent en partie en nature, par des cessions de territoire. Des domaines furent alloués aux dieux, d'autres peut-être à l'État athénien ; Amorgos fut séparée de Samos et versa au trésor de l'empire un tribut annuel de 1 talent[4]. Le reste de l'indemnité, pour lequel on fit sans doute entrer en ligne de compte les intérêts, fut versé par annuités de 80 talents[5] : les Samiens n'étaient pas encore libérés vers 426[6]. Quant à Byzance, nous savons qu'elle avait obtenu de payer le même tribut qu'auparavant : tout au plus lui fit-on verser, dans les années qui suivirent, le tribut qu'elle n'avait pas acquitté au printemps de 439[7].

---

1. Le nom du secrétaire des trésoriers étant différent, les versements sont d'années différentes (IG, I 177, l. 8-10, 13-14.)
2. CP, face B, l. 10-15 (cf. Introd., § 49).
3. J'essaie d'utiliser ainsi Diod., XII, 28.
4. IG, I, 241 sqq.
5. J'essaie encore d'utiliser ainsi Diod., XII, 27.
6. IG, I 38, c-d, l. 10.
7. IG, I 244.

Cette année même (439), le conseil des Cinq-cents revisait le tarif des tributs : c'était une occasion de distribuer les punitions et les récompenses pour l'attitude observée pendant la crise. Les listes de 439 à 435 nous attestent que les augmentations ont été plus nombreuses que les faveurs [1]. Dans les îles, Syros ; en Ionie, Oenéa d'Icaros, Ephèse et Pitane ; en Carie, Astypaléa, Lindos et les habitants de la plaine de Lindos, Myndos et Phasélis ; dans l'Hellespont, Kallipolis, Sestos, Madytos et Parion ; en Thrace, Maronée, Berga, Sanè, Asséra, Mékyberna, Stolos, Skabla, Spartolos, Mendé, Aiga, les Edroliens, ont vu augmenter leur tribut. En revanche, quelques villes furent dégrevées : la pauvre Égine, qui fut considérée comme ayant acquitté son indemnité de guerre, et dont la prospérité devait d'ailleurs être bien atteinte, — Chalcédoine, Sélymbrie et Ænos [2].

Dans l'ensemble, on a cherché à rétablir le tarif antérieur à 446, soit à retrouver un chiffre total de 500 t. environ [3]. N'oublions pas que ce chiffre est théorique : en Carie, les défections sont assez nombreuses pour que le district de Carie soit désormais réuni au district d'Ionie [4]. Bien des coins montagneux dans cette région étaient hors de la portée d'Athènes.

Nous ne pouvons malheureusement suivre la variations des revenus de la cité comme celles des revenus d'empire : la paix, le progrès des relations commerciales, avaient certainement d'heureux effets. Disons seulement qu'à mesure que nous approchons de la date de 431, nous sommes mieux autorisés à adopter comme moyenne le chiffre de 500 talents environ, qui nous est donné pour cette date [5].

Enfin, les revenus d'Athèna elle-même ont augmenté, nous l'avons dit, par suite de la soumission de Samos. Du reste, nous allons constater encore que la piété des particuliers envers elle, tant que dura la construction de son temple, continuait à s'affirmer par des offrandes d'argent [6].

Périclès venait de prouver qu'Athènes était prête à faire

1. Cf. Pedroli (Beloch, *Studi di St. ant.*, 1891, p. 199) et Introd., § 32.
2. Cf. E. Meyer, GdA IV, pp. 73, 75.
3. Cf. Introd., § 32.
4. IG, I, 241-4.
5. Cf. p. 111.
6. Cf. plus bas, p. 98.

face à n'importe quel danger : dans les années qui suivent se placent seulement quelques expéditions pour conduire des colons athéniens aux bouches du Strymon ou à Sinope [1], quelques courses nécessaires à la sécurité de l'empire : tout cela était supporté facilement par le trésor des hellénotames. Quant au développement du fonctionnarisme signalé par les écrivains réactionnaires, nous avons indiqué que, même parvenu à son terme extrême, en 431, il s'en fallait qu'il absorbât les ressources annuelles des côlacrètes [2].

À partir du moment où les deux réserves de l'Acropole avaient été fondues en une seule, administrée par les trésoriers d'Athèna, vers 443, le trésor ainsi constitué avait reçu naturellement les excédents de recettes qui pouvaient se produire. Mais c'est surtout après la guerre samienne qu'une politique d'économie relative fut adoptée et qu'en même temps les excédents de recettes devinrent plus abondants. Nous nous expliquons très aisément qu'ils aient atteint plusieurs centaines de talents par an pendant cette période.

D'autre part, après l'inauguration du Parthénon, un effort vigoureux fut fait pour enrayer les dépenses des grands travaux, qui auraient absorbé ces excédents au fur et à mesure.

On avait enfin posé le toit du Parthénon [3]. Bien des détails d'ornementation restaient à achever, et l'aménagement intérieur était encore en grande partie à faire. Mais le temple pouvait maintenant recevoir la divinité. De son côté, Phidias avait achevé son minutieux travail de sculpteur-orfèvre. Il fallut démonter complètement la statue pour l'introduire, pour ainsi dire pièce à pièce, dans son sanctuaire [4]. Et alors le Parthénon fut prêt pour le culte : il fut inauguré solennellement aux Panathénées de juin-juillet 438 [5]. La comptabilité des épistates de la statue fut ensuite gravée et exposée sur l'Acropole : ce qui restait d'or et d'ivoire fut remis aux tréso-

---

1. Diod., XII, 32. Plut., *Pér.*, 20 (cf. Busolt, *Griech. Gesch.*, t. III, p. xxii, 586).

2. Cf. p. 54.

3. Avant même d'achever les plafonds (Magne, *Le Parthénon*, p. 35).

4. C'est du moins ainsi qu'on procéda probablement pour la porter à Constantinople, car c'est ainsi qu'elle put alors brûler (Führer, *Mittheil. des Instit. in Rom*, 1892, p. 165).

5. Philoch., fgt. 97.

riers de la déesse, pour être employé ou vendu en vue des derniers travaux du Parthénon. L'œuvre avait coûté entre 700 et
1.000 talents [1].

L'inauguration n'interrompit pas longtemps les travaux du
Parthénon, que les comptes des épistates nous permettent de
suivre par intervalles. Les travaux avaient langui pendant l'année de la guerre. En 439-8, les épistates ne reçoivent
rien du trésor de la déesse, qui venait d'être si fortement
éprouvé : seuls, les hellénotames leur ont remis une partie
de l'excédent de leurs recettes et du soixantième [2]. En même
temps, on commençait à vendre le bois des échafaudages. Mais
le trait important que nous révèle la comptabilité de l'année,
c'est la mention de deux donateurs : ces particuliers ne
peuvent être des débiteurs d'Athéna, qui ne seraient pas
nommés ici ; ce sont des fidèles qui, comme Kallaischros pour
la statue, ont apporté leur obole aux épistates [3]. Jusqu'à
l'achèvement du temple, c'est en argent surtout que consis-
tèrent les offrandes ; c'est pour cela que, quand commence la
série des inventaires (434), nous trouvons un si petit nombre
d'offrandes en nature, alors qu'elles se multiplient si rapidement par la suite.

Quant aux dépenses, les principales ont été pour les frontons : elles sont divisées en plusieurs chapitres, taille des
blocs de marbre au Pentélique, transport jusqu'au pied de
l'Acropole, montée jusqu'aux ateliers, et (sans doute) travail
dans les ateliers. Malheureusement, nous ne savons pas combien ont été payés les ouvriers de génie, qui, sous la direction de Phidias, ont sculpté ces frontons. On a vraisemblablement commencé par celui de l'Est, qui devait être prêt
pour la cérémonie de 438. Si l'année 438-7 n'était pas complètement perdue, on y trouverait la mention du même travail. En effet, en 437-6, avec le produit de la vente des
matériaux ayant servi à la construction, on achevait le fron-
ton Ouest [4]. En 436-5, on achète des matières précieuses, on
travaille le bois, la pierre, l'or et l'argent, pour les plafonds

1. Cf. p. 90.
2. CP, face B, l. 25-7.
3. CP, face B, l. 33-4. Cf. Introd., § 54.
4. CP, face B, l. 38-44, 68-73. Les frontons n'ont donc été achevés qu'après
le départ de Phidias (cf., plus bas, p. 99).

et pour la décoration de l'intérieur [1]. C'est seulement en 434 que le temple a pu recevoir les ex-voto.

Ce qui manque dans tout ceci, ce sont les chiffres ; nous avons bien le total des recettes en 434-3, 30.000 drachmes environ, mais à cette époque, où le secrétaire des épistates ne changeait pas, on ne travaillait plus qu'à des détails infimes [2]. Nous n'avons donc toujours que le chiffre des recettes de la deuxième année, inférieures à 100 talents, sur lesquels il en reste au moins 33 ou 34 ; si nous remarquons que les gros versements ont dû être faits au début, 60 talents de dépenses nous paraîtra une moyenne probable pour les dix ou onze ans qu'a duré le travail important [3]. 700 talents, 4 millions en poids, qui en représenteraient certainement une trentaine aujourd'hui, est un total acceptable pour un édifice aussi achevé que le Parthénon [4].

Ces travaux se poursuivaient au milieu d'une lutte de tous les instants : toutes les dépenses étaient discutées, contrôlées de près. L'épisode le mieux connu est le procès de Phidias [5]. La Parthénos était à peine finie qu'il fut accusé, par un de ses aides qu'on avait suborné, d'avoir détourné une partie de l'or : en même temps il était taxé d'impiété pour avoir représenté, parmi les combattants qui ornaient le bouclier de la déesse, son image et celle de Périclès. Phidias, soit qu'il se sentit réellement coupable, soit qu'à ses yeux l'auteur de la Parthénos ne dût de comptes à personne, a mieux aimé s'exiler que se justifier (437); il a tiré des Athéniens la vengeance qui pouvait leur être le plus sensible, en sculptant pour le grand sanctuaire péloponnésien le Zeus d'Olympie, plus parfait encore qu'Athèna [6]. Nous verrons que les Propylées allaient porter la trace de ces luttes.

Les adversaires de Périclès obéissaient certainement à des

1. Cf. Magne, *Le Parthénon*, p. 35.

2. CP, face C, l. 10-26 (cf. CP, face C, l. 2, 33).

3. Le chiffre est plutôt élevé : il ne peut cependant être très supérieur à la réalité.

4. Au VIe siècle, le temple de Delphes aurait coûté 300 talents éginétiques = 420 talents attiques ; au IVe, sa reconstruction en coûta probablement 530. Cf. pp. 26, 28.

5. Aristoph., *Pax*, 605. Plut., *Pér.*, 31. Sur la date, cf. Lechat, *Phidias*, p. 69.

6. Phidias est mort en Élide, où ses descendants sont restés (Pausanias, V, 14, 5).

mobiles autres que le souci des finances publiques, et il est difficile de mesurer quelle fut leur action. Ce qui est certain, c'est que l'homme de confiance de la démocratie athénienne a dû mener de front, avec ses encouragements à l'art et au travail, une politique de prudence : il a consacré les excédents de recettes, devenus si considérables, à soutenir le trésor qui garantissait le crédit de l'empire et devait au besoin assurer sa sécurité. Mais il nous faut attendre quelques années pour pouvoir apprécier les résultats de cette politique.

A partir des grandes Panathénées de 438, l'attention des Athéniens se fixa sur l'entrée de la citadelle ; il fallait la rendre digne des chefs-d'œuvre que contenait maintenant celle-ci.

La rampe qui conduisait au propylon antérieur à 480, quoique déjà adoucie par un remblai, avait encore une pente très rapide (1/6). Elle n'avait pas été changée lors des travaux de réparation qui suivirent l'invasion perse : tout au plus lui fit-on subir quelques modifications, lorsque commencèrent (447) les transports de matériaux pour le Parthénon. Mais l'architecte Mnésiclès, chargé d'étudier le plan du propylée nouveau, se proposait de l'élargir et de l'adoucir considérablement[1]. Le plan de Mnésiclès fut adopté tel quel pour la rampe : il fut seulement modifié en ce qui concerne le monument même, parce qu'on tint à laisser de la place, sur le bastion d'Athèna Nikè, pour le petit temple projeté par Kallikratès[2].

Le marbre pentélique était sous la main. La main-d'œuvre était rendue disponible par l'achèvement du Parthénon. Dès 437, le remaniement de l'entrée de l'Acropole fut entrepris[3]. Le travail de remblai de la rampe avait dû être amorcé pour

---

1. Le travail de terrassement fut sérieux, mais bien inférieur comme importance à celui qui fut nécessaire p. ex. pour le mur de Cimon. Les architectes que j'ai consultés estiment qu'un pareil travail put être tout au plus la quinzième ou la vingtième partie du travail de maçonnerie des Propylées mêmes. C'est le récent article de M. Köster (*Jahrb. d. arch. Inst.*, 1906, p. 129 sqq.) qui permet le mieux de se rendre compte de la transformation de la rampe.

2. Cf. Dörpfeld, *M.A. X.* p. 39 sqq., 131 sqq. Pour le temple d'Athèna Nikè, cf. plus bas, pp. 106-7.

3. Harpocration, s. v. Προπύλαια.

la montée des matériaux du Parthénon [1]. Le travail de maçonnerie de la fondation, laquelle fut faite en pierre calcaire, était facilité par la proximité du roc. Les ruines accumulées sur l'Acropole par les Barbares ont encore fourni des matériaux pour ce premier travail, qui s'est trouvé ainsi sensiblement facilité. Cependant, on avait pu amener à pied d'œuvre les blocs de marbre, et il n'y eut pas ici à faire ces travaux de sculpture multiples qu'avait exigés le Parthénon : on comptait, pour orner l'édifice, sur les ex-votos nombreux qu'on déplaçait pour le construire [2]. Le monument s'éleva donc très rapidement.

L'édifice devait être avancé lorsque les Panathénées, en 434, passèrent pour la première fois entre ses colonnes : le toit était posé en 432, quand la guerre mit fin aux travaux [3]. Il ne restait plus que des travaux de détail, dont plusieurs ne devaient jamais être faits.

Les Propylées ont excité plus tard une grande admiration, en raison de la nouveauté du plan et des difficultés d'arrangement qui ont été vaincues : mais, si le travail y fut aussi soigné et aussi parfait, il fut beaucoup moins grand, moins dispendieux surtout, qu'au Parthénon.

La direction administrative et financière des travaux avait été confiée à une commission « d'épistates du travail du Propylée », (car c'est la postérité qui a fait au monument d'entrée les honneurs du pluriel [4]) : ces épistates paraissent avoir été au nombre de 5 et avoir eu un secrétaire annuel [5].

En 437-6, ils ont reçu deux sommes : 1° le produit de la location de biens immobiliers d'Athèna (nous n'avons du chiffre que la fin, 132 dr.) ; 2° peut-être le produit des intérêts des sommes prêtées par la déesse (ici encore nous n'avons que la fin du chiffre, 6 dr. 1/2 ob. [6]). Les épistates ont dû recevoir, cette année-là, la presque totalité des revenus, car évidemment les chiffres perdus étaient très gros. En revanche,

---

1. Cf., plus haut, p. 100, n. 1.
2. Judeich, TA, p. 212.
3. Harpocration, s. v. Προπύλαια.
4. Cf. pourtant IG, I, 32, face B (Introd., § 10). C'est une raison de plus pour dater ce décret de 418 environ.
5. IG, I, 314-5, et Suppl., 316 + 331 d (cf. Bannier, M A 1902, p. 303). Cf. Introd., § 57-9.
6. IG, I, 314, l. 7 sqq. Cf. Introd., § 58.

on remarquera que, comme pour le Parthénon à partir de 439, on n'a pas fait appel aux ressources de l'Acropole.

Pour les dépenses, nous n'avons malheureusement aucun détail, et seulement la fin des trois chiffres [1] :

achats de matériaux	4.700[dr]
salaires	16.500[dr]
pour une dépense inconnue	51.000[dr]
soit	72 200[dr]

En 434-3, les épistates ont reçu : des précédents épistates, un chiffre dont nous n'avons que la fin : 319 dr. ; — des trésoriers d'Athèna, une somme inconnue : on ne sait si elle est prise sur les réserves ou sur les revenus de l'année ; — des hellénotames, le soixantième du tribut arrivé au printemps de 433, qui a été ainsi versé directement pour le travail des Propylées ; — deux versements de particuliers, qui sont des offrandes en argent analogues à celles que nous avons rencontrées pour la statue et pour le Parthénon. — Les dépenses sont perdues [2].

Ce qui manque toujours, ce sont précisément les chiffres. Rappelons que, pour le Parthénon, nous avons pu évaluer les frais à 60 t. par an ; aux Propylées, où le travail a été poussé plus vivement, nous pouvons admettre des versements annuels de près de 100 talents, sauf à la fin [3]. Si le Parthénon représente vraiment une dépense de 700 talents, une dépense de 400 talents, pour les Propylées, nous paraîtra bien proportionnée ; c'est encore un total de 2 millions 1/2, qui équivalent à plus de 15 millions d'aujourd'hui (?).

Un auteur de basse époque, Héliodore, donnait, dit-on, pour les Propylées, le chiffre de 2.012 talents, 12 millions *en poids* (équivalant à plusieurs dizaines de millions) [4]. Bohn, qui a étudié d'aussi près que possible la construction des Propylées, a rejeté le chiffre sans phrases [5] ; il n'est pas un architecte qui ne le déclare extravagant. En revanche, il

1. IG, I, 314, l. 10-12.
2. IG, I, 315.
3. Cf. plus haut. pp. 82, 89.
4. Harpocration, s. v. Προπύλαια.
5. Bohn, *Die Propyläen*, p. 5 : la surface *bâtie* étant de 820 m. c., 2012 t. donnent 13.800 dr. (*en poids*) par mètre cube ! Pour le travail de terrassement, cf. p. 100. n. 1.

s'accorde assez bien avec le *total* de ceux auxquels nous sommes arrivés pour le Parthénon (avec la statue) et les Propylées, considérés comme un seul ἀνάθημα à la déesse : 900 talents pour la statue, 700 pour le Parthénon, 400 pour les Propylées, nous paraissent la répartition probable de ces 2.000 talents. Le total des dépenses de chacun des trois ouvrages était gravé sur des stèles qui sont restées très tard sur l'Acropole, et dont nous retrouvons les fragments ; quelqu'un aura lu et additionné les trois chiffres, et la somme aura été appliquée ensuite aux seules Propylées, mais l'erreur n'est probablement pas imputable à Héliodore lui-même [1].

Remarquons que le taux des dépenses des Propylées nous donne, par contre-coup, le chiffre des revenus d'Athéna qui, la première année, ont seuls été employés pour les travaux. Il ne faut donc pas supposer ces revenus, dans la période qui suit la conquête de Samos, trop inférieurs à 100 talents. Il semble *a priori* que ce ne soit là qu'un minimum, et rien ne prouve que la totalité des revenus ait été employée en 437-6 pour les Propylées. Mais, nous verrons, par les chiffres que nous avons pour l'époque postérieure à la conquête de Lesbos, qu'il ne faut pas dépasser 100 talents pour l'époque antérieure [2].

Les offrandes qui ornaient ces monuments étaient peu nombreuses, mais l'État travaillait à mettre la parure extérieure de la déesse en rapport avec sa richesse réelle. On avait déjà refait les vases précieux et le matériel du culte [3]. On sculptait aussi 10 Victoires en or (une par tribu), dont la plupart étaient achevées en 431, et qui devaient représenter une valeur de 280 talents [4]. Bref, on évaluait en 431 à près de 500 talents le capital qui avait reçu ainsi peu à peu une forme artistique [5].

---

1. Harpocration écrit (s. v. Προπύλαια) : « A propos des Propylées... Héliodore, dans son 5ᵉ livre sur l'Acropole d'Athènes, dit entre autres choses : ἐν ἔτεσιν μὲν ε παντελῶς ἐξεποιήθη, τάλαντα δὲ ἀνελώθη διισχίλια ιβ ». *Le sujet des verbes n'est pas donné.*

2. Cf. Introd., § 58, et plus bas. p. 153.

3. Cf. Thuc., II, 13.

4. Cf. Foucart, BCH, 1888, p. 287. Pourtant, le fragment 331ᵃ serait plutôt du temps de la paix de Nicias : on aurait achevé alors les Victoires. Mais la plupart existaient en 431 : IG, I, 176 (cf. Introd., § 18, 62).

5. Thuc., II, 13. Il faut retrancher les dépouilles médiques, dont on ignore le prix.

C'est à cette époque 434-3, que l'on est amené à placer le décret de Kallias [1].

Il contient deux renseignements capitaux sur le sujet qui nous occupe : la mention des 3.000 talents, celle des restitutions aux autres dieux.

1° Le décret constate que 3.000 talents ont été apportés à Athèna sur l'Acropole, conformément à un décret, en monnaie nationale [2]. Dans quelles conditions ont été versés ces 3.000 talents ?

Nous avons vu que pendant les années précédentes, on s'explique aisément de gros excédents de recettes.

Quant aux travaux engagés, on constate, dans les comptes des Propylées, une tendance à verser directement les recettes aux épistates, et à ne recourir au trésor d'Athèna qu'à la dernière extrémité [3]. Nous verrons tout à l'heure comment on avait pendant quelque temps négligé les autres divinités. Enfin, il y avait bien d'autres constructions, palestres, gymnases, etc. [4] : mais nous constatons une fois de plus qu'il ne faut pas s'exagérer le coût de ces travaux, puisqu'ils n'ont pas empêché d'amasser, pendant qu'on les poursuivait, un trésor considérable.

Quoi qu'il en soit, le fait est dûment attesté : *en une dizaine d'années* [5], *3.000 talents de monnaie attique ont été apportés à Athèna.*

Ces 3.000 talents ont été retenus par la tradition attique, et nous expliquent les chiffres donnés par les orateurs du ivᵉ siècle pour les richesses accumulées sur l'Acropole sous Périclès, chiffres qui ont été ensuite appliqués au trésor transporté de Délos. On a simplement additionné les chiffres donnés vers 443 et les 3.000 talents amassés sous Périclès ; de là viennent les 8.000 talents d'Isocrate [6]. Puis on s'est avisé qu'il y avait déjà auparavant sur l'acropole des « richesses sacrées », sur lesquelles on n'était pas très ren-

---

1. Cf. Introd., § 9.
2. IG, I, 32, A, l. 3-4.
3. Cf. plus haut, p. 102 (et Introd., § 58).
4. Judeich, TA, p. 76.
5. Cf. plus bas, p. 110.
6. Isocr., VIII, 126.

seigné : on a alors adopté le chiffre rond de 10.000 talents [1]. Mais ensuite on a parlé de 16.000 talents, *sans les richesses sacrées* [2]. Le passage de Démosthène montre bien comment ces talents auraient continué à croître et à multiplier, si la rigueur des temps n'avait arrêté à ce moment les harangueurs et publicistes de la démocratie athénienne.

Les Athéniens du IVe siècle oubliaient que, si d'une part le trésor avait été ainsi rempli, d'autre part, pendant le même temps, il supportait les dépenses de la guerre de Samos, de la statue, du Parthénon et des Propylées, etc., sinon entièrement, au moins en grande partie. Nous comprendrons tout à l'heure pourquoi un décret, quelque peu antérieur à celui de Kallias [3], avait arrêté à 3.000 talents le chiffre des versements.

2° Kallias propose de rendre aux divinités autres qu'Athèna Polias l'argent que l'État leur doit [4]. Comment faut-il comprendre ces dettes envers les dieux secondaires de l'Attique?

Nous ne savons sur ces petits cultes que ce que nous enseigne l'analogie avec Athèna. Tous les sanctuaires avaient été profanés lors de l'invasion des Perses : de l'argent s'amassa probablement aux mains des clergés locaux, dans la période qui suivit, en vue de réparer les ruines. Mais il fallut que la cité intervînt pour qu'on pût élever des temples comme ceux d'Héphaistos (que nous appelons improprement Théséion [5]), comme celui de la Némésis de Rhamnonte ou du Poseidon de Sounion [6] : la théorie fut que ces monuments s'élevaient avec les dépouilles des Barbares.

Les légendes pullulèrent en Attique, précisant cette tradition générale par des détails pittoresques. Ainsi l'Odéion avait pour poutres de plafond les mâts des vaisseaux de Xerxès [7]. A Rhamnonte, la statue de Némésis était faite d'un bloc de Paros apporté par les Perses à Marathon [8]! Et de même au temple d'Eukléia [9] et ailleurs.

---

1. Isocr., XV, 234. Éphore parle toujours des 10.000 talents (Diod., XII, 40; XIII, 21 : dans le premier passage, la mention des 4.000 t. dépensés est probablement le fait de Diodore, qui connaissait Thucydide).
2. Démosth., III, 24 = [XIII], 26 : *Plus de 10.000 talents...*
3. Cf. p. 110.
4. IG, I, 32, A, l. 2 et l. 5 sqq.
5. Judeich, TA, p. 326.
6. Frazer, *Pausanias*, II, p. 2-3, p. 451 sqq.
7. Frazer, *Pausanias*, II, p. 19.
8. Frazer, *Pausanias*, II, p. 456.
9. Pausanias, I, 14. Cf. Malinin. *Hat Dörpfeld die Enneakrunosepisode... gelöst*, Vienne, 1906, p. 31.

Or, au moins dans la période d'économie qui suivit la
guerre de Samos, l'État, absorbé par le souci de tenir rempli
le trésor d'Athèna, avait payé les travaux avec l'argent amassé
dans les caisses des divinités, caisses qui avaient dû se trouver assez vite épuisées : pour que ces temples fussent vraiment des ἀναθήματα d'Athènes, et d'abord pour qu'ils pussent
être achevés, il fallait remplacer dans les trésors des dieux l'argent qu'on y avait pris. Dès que l'État fut en règle avec
Athèna, il apura ses comptes avec les autres dieux : il est très
naturel du reste qu'on ait profité de l'occasion pour centraliser tous ces petits trésors et pour les soumettre au contrôle de
l'État. Tel est l'objet du décret de Kallias [1].

Si Kallias a insisté ainsi sur l'idée que l'érection de ces
temples était une *dette* des Athéniens, c'est surtout pour
répondre à l'opposition que rencontraient ces travaux de luxe
(voir ci-dessus).

Il ne semble pas, au reste, qu'il s'agisse de sommes bien
importantes, car évidemment on compte régler ces dettes
avec les revenus de l'année : avec ce qui restera, on procè-
dera à des travaux de réparation aux murs et à l'arsenal [2].

La construction des temples des autres dieux, de l'Héphes-
tiéion à Athènes, des temples de Rhamnonte et de Sounion,
était déjà assez avancée lorsqu'elle fut interrompue par la
guerre en 432 [3]. Pourtant le trésor qui leur avait été constitué était encore bien garni : l'État lui empruntera 7-800
talents pendant la guerre archidamique [4].

Il y avait un culte dont la situation était spéciale, parce que
c'était un culte d'État : celui d'Athèna Nikè. Nous avons dit
qu'une vingtaine d'années auparavant on avait voté un temple
à cette déesse : mais il avait fallu attendre que les fonds
suffisants fussent réunis, car le temple ne s'est élevé qu'après
le commencement de la construction des Propylées [5]. A ce

1. Remarquer que c'est exactement ce qui s'est passé pour Athèna (cf.
plus haut, p. 93).
2. IG, I, 32, A, l. 30-32.
3. Le fait qu'on a travaillé à ces monuments, surtout après l'achèvement du
Parthénon est prouvé, non seulement par leur caractère artistique, mais
encore par le fait qu'on a dû reprendre les travaux à la paix de Nicias (cf.
p. 138), et que la plupart de ces monuments sont restés inachevés. L'histoire
de nos églises est pleine de ces constructions faites en plusieurs fois, selon
l'état des ressources.
4. Cf. p. 134.
5. Cf. Judeich, TA, p. 201, n. 8; Br. Keil, AA, p. 322. Cf. surtout Köster,
Jahrb. d. arch. Inst., p. 129 sqq.

moment, un décret, proposé par le même Kallias (lequel allait comme stratège tomber sur le champ de bataille de Potidée), décida que la prêtresse d'Athèna Niké serait désormais payée par l'État, par les soins des côlacrètes : le petit trésor de la déesse put être reconstitué ainsi après les dépenses de la construction [1].

Il semble bien, à lire le décret de Kallias, que, quand ces mesures furent prises, l'administration des trésoriers d'Athèna fonctionnait déjà régulièrement dans le Parthénon complètement aménagé, telle que nous la montre la série d'inventaires qui commence en juillet 434 [2]. Comme d'autre part, le décret en question coïncide visiblement avec le moment où rentrait le gros des recettes [3], au printemps, nous le placerons au printemps de 433.

Il explique les emprunts contractés pour l'expédition de Corcyre. En effet, pendant que les Athéniens étaient occupés à organiser leurs finances en vue d'un avenir que la plupart d'entre eux, sans doute, envisageaient encore avec sécurité, des nuages s'étaient amassés du côté du Péloponnèse [4]. Dans l'été de 433, les ambassadeurs de Corcyre vinrent demander une alliance, qu'Athènes accorda au risque d'irriter Corinthe. On envoya aussitôt 10, puis 20 trières [5]. Mais, comme les fonds qui étaient rentrés dans la caisse des hellénotames avaient été affectés aux restitutions envers les autres dieux, il fallut faire appel au trésor d'Athèna pour subvenir aux frais, d'ailleurs minimes, de l'expédition [6].

III

LES 5.700 TALENTS DE THUCYDIDE, II, 13

Au moment où fut rendu le décret de Kallias, on espérait encore, à Athènes, avoir devant soi tout le temps nécessaire pour restituer aux divinités secondaires, comme à Athèna, leurs sanctuaires profanés par le Barbare. Mais déjà les hommes plus clairvoyants, un Périclès, un Kallias, pouvaient prévoir

1. Michel, RIG, n° 671. On a emprunté à Athèna Niké dans la guerre archidamique : cf. p. 133.
2. IG, I, 32, A, l. 28-9. Cf. Introd., § 13 sqq.
3. IG, I, 32, A, l. 7.
4. Plut., Pér., 8.
5. Thuc., I, 31 sqq. Sur la date, Busolt, Gr. Gesch., t. III 2, p. 769, n. 2.
6. IG, I, 179.

que ces réserves serviraient un jour de trésor de guerre : le conflit avec Corinthe donna très vite raison à leurs craintes. Dès le printemps de 432, on se trouva en présence du soulèvement de Potidée. Le siège de cette ville allait immobiliser une forte escadre, et 3.000 hoplites que l'on dut payer 2 drachmes par jour, et coûter près de 100 talents chaque mois [1]. Les emprunts au trésor d'Athèna commencèrent dès le mois d'août ou septembre 432 ; dans l'année 432-1, nous trouvons une somme de 250 talents et plus, et les chiffres sont mutilés [2].

On sait que le conflit se généralisa vite et qu'à l'automne de 432 Sparte déclara qu'Athènes avait violé la paix de trente ans. Dès ce moment, on put se tenir pour certain de la guerre : Périclès, à Athènes, multiplia les exposés pour attester qu'en embellissant la ville, il n'avait pas oublié la défense nationale, et que l'on pouvait envisager sans trouble l'avenir qui s'ouvrait [3]. L'homme qui avait formé dès ce moment le projet singulier d'examiner en pur historien la crise grandiose qui commençait, Thucydide, n'a pas reproduit littéralement tous les discours où se reflétait la pensée de l'homme d'État, mais il a noté tous les chiffres.

Malheureusement, le passage où Thucydide place dans la bouche de Périclès l'énumération des ressources d'Athènes nous est parvenu altéré. Au temps où les Alexandrins commentèrent Aristophane, on lisait encore, d'après le manuscrit de Ravenne (xe siècle), qui nous a conservé leurs scholies [4] :

[Périclès encourageait les Athéniens à avoir bon espoir, les revenus d'empire étant de 600 talents], ὑπαρχόντων δὲ ἐν τῇ ἀκροπόλει ἀεί ποτε [5] ἀργυρίου ἐπισήμου ἑξακισχιλίων ταλάντων (τὰ

1. Thuc., I, 56 sqq, cf. II, 2 ; Thuc., III, 17 (le chapitre est apocryphe, mais les données en peuvent être vraies) ; II, 70. Cf. Isocr., XV, 113.

2. IG,I Suppl., p. 161, 179 ª, l. 1 sqq. Sur la date, Busolt, *Gr. Gesch.*, III ², p. 594.

3. Thuc., I, 144. Remarquer la tournure singulière employée par l'historien, Périclès renvoyant lui-même à un discours prochain. Cela indique qu'il ne faut pas prendre à la rigueur la date assignée au discours II, 13.

4. Schol. Aristoph., *Plut.* 1193. Sur le manuscrit, Martin, *Les scholies du manuscrit d'Aristophane à Ravenne*, p. 27. Dans son édition du manuscrit (Leyde, 1904), M.v. Leeuwen dit (préf., p. x-xi) que *pour les scholies*, l'autorité en est inférieure à celle du *Venetus*. Cf. l'édition de celui-ci par MM. White et Allen (Londres et Boston, 1902), p. 6 : le texte qui nous intéresse y est reproduit comme dans le *Ravennas*.

5. ἀεί ποτε est une expression très familière à Thucydide pour indiquer un état habituel dans le passé (cf. I, 13 : II, 102 ; IV, 57 : VI, 82, etc.).

γὰρ πλεῖστα τριακοσίων ἀποδέοντα περιεγένετο, ἀφ'ὧν ἐς τὰ προπύλαια τῆς ἀκροπόλεως καὶ τἆλλα οἰκοδομήματα καὶ ἐς Ποτίδαιαν
ἐπανηλώθη).....,

c'est-à-dire : « et étant donné qu'il y avait toujours eu sur
l'Acropole 6.000 talents d'argent monnayé : or la plus grande
partie de cet argent restait, à 300 talents près qui avaient
été dépensés pour les Propylées et autres constructions, et
pour le siège de Potidée..... »

Or, l'archétype unique de tous les manuscrits de Thucydide qui ont survécu reproduisait ainsi le texte, semble-t-il[1] :

[Périclès encourageait les Athéniens à avoir bon espoir, les
revenus d'empire étant de 600 talents], ὑπαρχόντων δὲ ἐν τῇ
ἀκροπόλει ἔτι τότε ἀργυρίου ἐπισήμου ἑξακισχιλίων ταλάντων (τὰ
γὰρ[2] πλεῖστα τριακοσίων ἀποδέοντα μύρια ἐγένετο, ἀφ'ὧν ἐς τε
τὰ προπύλαια τῆς ἀκροπόλεως καὶ τἆλλα οἰκοδομήματα καὶ ἐς Ποτείδαιαν ἀπανηλώθη)....,

« et étant donné qu'il y avait encore sur l'Acropole
6.000 talents d'argent monnayé (en effet, le maximum avait
été de 10.000 talents moins 300 talents, sur lesquels on
avait pris pour les Propylées et autres monuments, et pour
le siège de Potidée)..... »

De là sont venus, dans toutes nos éditions de Thucydide,
les 9.700 talents.

Il n'y a pas à hésiter, pensons-nous, entre les manuscrits
d'Aristophane et ceux de Thucydide. Paléographiquement,
le changement s'explique par un très léger « coup de
pouce ». Psychologiquement, on comprend ce qui est arrivé :
un copiste érudit a introduit les 10.000 talents (dont la tradition attique parlait sans cesse) dans le texte de Thucydide, qu'il
a supposé altéré. Ce n'est pas le seul endroit où la chronique
semi-officielle d'Athènes et l'histoire nationale telle qu'elle
était enseignée aux jeunes Athéniens du IVe siècle ait cor-
rompu le texte du grand historien.

Thucydide avait donc entendu Périclès dire *qu'il y avait
toujours eu sur l'Acropole 6.000 talents, et qu'il n'en manquait que 300, qu'on avait pris pour les Propylées et les autres*

---

1. Thuc., II, 13. Cf. Thucydide, édition Hude, t. I, p. VII sqq. On sait que le
texte de Thucydide était constitué, à peu près tel que nous l'avons, dès le début
de l'ère chrétienne: cf. *Rhein. Mus.*, 1898, p. 309.

2. Remarquer que le γὰρ, ici, est inattendu.

monuments, et pour le siège de Potidée. Ce renseignement éclaire rétrospectivement toute l'histoire financière que nous venons de parcourir en y laissant quelques points en suspens.

Avec le butin fait sur les Perses, les Athéniens avaient commencé à constituer à Athèna un trésor qui, au bout d'une trentaine d'années, permettait d'entreprendre le temple de 1.000 talents dont parlait Thucydide, fils de Mélésias, mais qui fut insuffisant quand on se trouva en présence des dépenses de la statue. D'autre part, le trésor d'empire, constitué à partir de 477 et apporté de Délos à Athènes, atteignait peut-être 4-5000 talents vers le temps où la paix générale ouvrait pour lui une période d'accroissement plus rapide. Lorsque l'ostracisme de Thucydide (début de 443) permit à Périclès de fondre toutes ces réserves en un seul trésor consacré à la déesse, le total était de 6.000 talents. Ce fonds fut diminué tout de suite par les dépenses du temple et de la statue, puis par la guerre de Samos, *mais on considéra les 6.000 talents comme le chiffre normal auquel devait être maintenu le trésor,* au moyen d'excédents de recettes qui devinrent plus abondants à partir de 439. C'est pour cela que le décret, antérieur à 433, auquel fait allusion celui de Kallias, avait fixé à 3.000 talents le chiffre que devaient atteindre ces versements, chiffre qu'ils atteignirent en 433 : on évaluait évidemment à ce taux les dépenses du trésor depuis 443 environ [1]. La guerre de Samos, en effet, lui avait coûté 1.300 talents et peut-être plus ; sur les 2.012 talents que représentaient la construction du Parthénon, de la statue et des Propylées, la plus grande partie a été dépensée dans cette période ; le trésor n'en avait pas fait directement tous les frais, mais en revanche il avait payé les Victoires en or et la plus grande partie des offrandes dont la valeur était estimée à 500 talents au moins en 431.

Le fonds de 6.000 talents était donc reconstitué, au printemps de 433, quand on résolut d'affecter les excédents à remplir les caisses des autres divinités : le trésor continuait, il est vrai, à être mis à contribution pour les Propylées et quelques autres travaux, mais on pensait que les excédents de recettes continueraient aussi, permettant de le maintenir au chiffre

---

1 Cf. plus haut. p. 93.

normal. Au lieu de cela, l'expédition de Corcyre arriva, puis le siège de Potidée, et la période des grands emprunts s'ouvrit.

C'est ainsi que, dès le mois de juin ou juillet 431, le trésor d'Athèna se trouvait réduit à 5.700 talents (voir p. 114).

Quant aux autres divinités, Périclès dit seulement qu'il y a dans leurs temples des richesses qui ne sont pas négligeables [1] : visiblement les inventaires prescrits par Kallias ne sont pas encore achevés. Le trésor constitué en vertu du même décret s'ajoutait à ces ressources dispersées.

Tout ce capital sacré est, en somme, un don très récent de l'État, qui entend bien y faire appel maintenant que la nécessité le presse, mais qui néanmoins s'engage à payer les intérêts des sommes empruntées [2]. Il est à remarquer que les adversaires d'Athènes parlaient de se servir des biens d'Olympie et de Delphes [3], mais c'étaient là des sanctuaires panhelléniques, qui n'auraient prêté sans doute que difficilement leurs réserves non monnayées.

Quant aux revenus annuels, Périclès les évalue à 600 talents venant des tributs : le mouvement de relèvement commencé en 439 s'est accentué lors des révisions de tarifs de 435 et 431 [4]. C'est un total théorique : dès le début de 431, les tributs de Chalcidique manquent [5], et les premiers effets de la guerre se font sentir. Mais il faut ajouter les revenus de la cité même, domaine, droits, prytanies, et Xénophon n'exagère certainement pas en donnant 1.000 talents *au moins* pour l'ensemble [6].

Mais c'est avant tout sur les 6.000 talents presque intacts d'Athèna Polias que Périclès fondait ses espérances pour une guerre qui, comme toutes les luttes entre une puissance exclusivement maritime et une puissance exclusivement continentale, devait être pour l'empire attique une affaire de patience et d'argent [7].

---

1. Thuc., II, 13. Cf. plus haut. p. 106.

2. Cf. plus haut, p. 93. n. 1.

3. Thuc., I, 143. Les emprunts des Syracusains (Thuc., VII, 48) ont été contractés probablement auprès de l'Olympiéion. L'intérêt usuel pour les temples, au ve siècle, semble avoir été 10 °/₀ (Billeter, *Gesch. des Zinsfusses*, p. 9).

4. Thuc., II, 13. Cf. Introd., § 32.

5. En revanche il faut ajouter l'indemnité samienne.

6. Xén., *Anab.*, VII, 1, 27 : ἀπό τε τῶν ἐνδήμων καὶ ἐκ τῆς ὑπεροπίας (donc avec les tributs). Cf. p. 51.

7. Cf. Thucyd., 1, 141 ; II, 13.

CHAPITRE IV

La guerre
(431-404)

La Lacédémonienne : Τὸν τῶν ᾽Ασαναίων γα μὰν ῥυάχετον
Πᾶ καί τις ἂν πείσειεν αὖ μὴ πλαδδιῆν ;
Lysistrata : Ἡμεῖς ἀμέλει σοι τά γε παρ ᾽ἡμῖν πείσομεν.
La Lacédémonienne : Οὐχ ἁς σποδᾶς ἔχωντι ταὶ τριήρεες
καὶ ταργύριον τὥδυσσον ἢ παρὰ τᾷ σιῷ.
Aristoph., *Lysistrata* (412-11 av. J.-C.),
v. 170-174.

Ἱδρυσόμεθ᾽ οὖν αὐτίκα μάλ᾽, ἀλλὰ περίμενε,
τὸν Πλοῦτον, οὖπερ πρότερον ἦν ἱδρυμένος,
Τὸν ᾽Οπισθόδομον ἀεὶ φυλάττων τῆς θεοῦ.
Aristophane, *Plutus*
(408 ou 388 av. J.-C.),
v. 1191-3.

  La situation en 431.

I.   *431-422.* — Première période (jusqu'en 426) : l'eisphora. — Deuxième période (jusqu'en 422) : augmentation du tribut (424).

II.   *422-413.* — L'Erechthéion ; le décret annexe au décret de Kallias (419-8). — Expédition de Sicile.

III.   *413-404.* — Les 1.000 talents de réserve. — 1) La ville : les revenus d'Athéna. — 2) La flotte : la dime de l'Hellespont. — 3) Les subsides perses.

D'après l'étude qui précède, la situation financière d'Athènes, en 432-1, était la suivante :

1° Il n'avait été constitué, avec les excédents de la période de paix, aucun trésor de réserve d'Etat ou d'Empire ; tout le capital accumulé avait été mis sous la garde des dieux, l'Etat athénien se réservant d'y faire appel, en cas de besoin, par des emprunts[1].

2° Athéna avait naturellement la presque totalité de ce capital. Nous avons vu qu'on avait cherché à maintenir son trésor au chiffre de 6.000 talents, et qu'il atteignait ce chiffre

---

1. Cf. p. 93.

en 433. Depuis, il avait été entamé quelque peu ; il était
réduit à 5.700 talents en juin ou juillet 431 [1].

3° On avait décidé en 434-3 de restituer aux autres divinités de l'Attique les sommes qui avaient été prises dans
leurs trésors pour la construction de leurs temples. Nous ne
pouvons savoir ce que contenait le trésor ainsi formé en 432-1,
car les opérations de recensement général prescrites par le
décret de Kallias n'étaient pas encore achevées, et visiblement
Périclès ne savait pas encore exactement à quoi s'en tenir sur
ce point. On peut affirmer seulement que ces richesses étaient
très inférieures à celles d'Athèna [2].

4° Les réserves monnayées d'Athèna et celles des autres
dieux avaient été laissées probablement dans l'ancien temple ;
elles étaient déposées au même endroit, mais administrées
séparément.

5° A côté de l'argent monnayé, il y avait les métaux précieux non monnayés, les offrandes, etc. La valeur de celles
qui appartenaient à Athèna était estimée 500 talents, sans
parler de l'or qui recouvrait la statue : pour les autres divinités, on était encore mal informé.

Périclès comptait pouvoir, avec de telles réserves, pro-
longer la lutte et lasser l'adversaire, sans être obligé d'augmenter les charges des Athéniens ni celles des alliés [3].

En juillet 431, un décret mit à part 1.000 talents, qui ne
devaient être employés qu'en cas de péril extrême : il y eut
peine de mort contre quiconque proposerait de s'en servir
pour les besoins ordinaires de la guerre. Ces 1.000 talents
furent prélevés sur le seul trésor d'Athèna [4].

Quant aux revenus qui accroissaient alors ces trésors, si
nous prenons, par exemple, ceux qui rentrèrent au printemps
de 431, nous sommes arrivés aux chiffres suivants :

1° Les revenus d'Athèna peuvent être évalués à 100 talents

1. Thuc., II, 13 (cf. p. 109 sqq.). — J'ai restitué d'après Thucydide l'Anonyme
de Strasbourg, § 3 (cf. Introd., § 61) : comme ce texte paraît bien provenir
des décrets mêmes de juillet 431, il donne la date exacte à laquelle se rapporte le chiffre de 5.700 talents.

2. Cf. p. 106.

3. Cf. Busolt, *Gr. Gesch.*, III [2], p. 893, n. 3 : l'auteur remarque avec raison
que Périclès, dans la réalité, n'a même pas pu prévoir l'emploi des richesses
non monnayées.

4. Thuc., II, 24. Ce sont les trésoriers d'Athèna qui disposent du fonds de
réserve (IG. I, 181 l. 5), quoiqu'en dise M. Bannier (*Rhein. Mus.*, 1906, p. 213-4).

environ ; nous verrons tout à l'heure qu'après la conquête de Lesbos (427), ce chiffre fut notablement dépassé[1].

2° Pour les revenus des autres dieux, nous n'avons vraiment aucune indication : le chiffre de 13 talents, qui a été proposé, est d'accord avec la proportion que nous constaterons plus tard entre les deux trésors sacrés[2].

3° Les dépenses auxquelles les trésors sacrés ont à faire face sont réduites à très peu de chose, par l'achèvement ou l'interruption des grandes constructions religieuses[3].

4° Parmi les revenus d'Athènes même, figurent d'abord les tributs, qui théoriquement dépassent 500 talents, mais qui en fait sont fort diminués par les défections de Chalcidique. Si l'on ajoute l'annuité samienne, on trouve pour les revenus d'empire le chiffre indiqué par Thucydide : 600 talents. Les revenus de l'Etat athénien, parmi lesquels ceux du Laurion seuls atteignent au moins 50 talents, portent la somme à plus de 1.000[4]. On ne songe pas encore à l'impôt direct, d'autant qu'aux frais des liturgies ordinaires la guerre va ajouter, pour les citoyens riches, la charge si lourde de la triérarchie.

I

431-422

Aussitôt que la surprise de Platées par les Thébains (avril 431) eut fait disparaître tout espoir d'accommodement et rendu l'état de guerre flagrant, les dépenses d'Athènes, diminuées par la cessation des travaux qui avaient été menés si activement pendant la paix, se trouvèrent augmentées d'autre part par les nécessités multiples de la guerre. Essayons un calcul, en nous servant des données de l'écrivain réactionnaire cité par Aristote[5].

---

1. Cf. p. 103, et plus bas, p. 153-4. La conquête de Lesbos n'a pu augmenter les revenus d'Athéna de plus de 10 talents (Thuc., III, 50).
2. Il est proposé par M. Busolt, *Gr. Gesch.*, III[1], p. 457, n. 1.
3. Les dépenses d'entretien des monuments sacrés n'étaient pourtant plus absolument négligeables.
4. Cf. pp. 11, 111. Sur le chiffre des tributs, cf. en dernier lieu Francotte, *Musée belge*, 1907, p. 184.
5. Arist., 'A. π., XXIV. Le total est d'accord avec les chiffres de détail.

Nous nous souvenons qu'il donne des salariés de l'État la liste suivante :

Juges	6.000
Archers	1.600
Cavaliers	1.200
Conseil	500
Gardes des arsenaux	500
Gardes de l'Acropole	50
Fonctionnaires en Attique	700
Fonctionnaires dans l'empire	700 (?)
	11.250

plus les personnes nourries au Prytanée, etc. Nous évaluons à 100 talents le salaire des seuls juges, celui des autres à 100 talents *au maximum* [1].

Par suite de l'état de guerre il fallut ajouter à la liste :

Hoplites	2.500
Pour les 20 trières de garde	4.000
Pour les vaisseaux chargés de lever le tribut	2.000
	8.500

plus les orphelins publics, les geôliers, etc. Avec la solde de 3 oboles par jour, cela fait près de 300 talents par an [2]. Quant aux diverses escadres d'Athènes, on estimait, en temps de paix, que 60 trières tenaient la mer pendant les 8 mois d'été, ce qui implique une dépense de 240 talents ; il va de soi que ces dépenses allaient être augmentées sans cesse par les opérations engagées partout.

De ces opérations, la plus importante était le siège de Potidée. Cette ville, maintenant bloquée, immobilisait une force de 3.000 hoplites et de plusieurs trières, et, sous ce rude climat, dans un pays où l'approvisionnement était difficile, on payait l'hoplite et son valet 1 drachme par jour. Le siège seul représentait une dépense de 1.000 talents pour un an [3], et en 431 une armée de 1.600 hommes, sous Phormion, fut jugée nécessaire pour appuyer les assiégeants [4].

---

1. Cf. p. 54.
2. C'est un minimum : la solde était en général plus haute pour les hoplites (cf. Thuc., III, 17, et V, 47). Cf. aussi IG, I Suppl., p. 7, 22ᵃ, l. 12.
3. Cf. p. 108.
4. Thuc., I, 64 ; II, 29, 58 ; III, 17. Les deux derniers passages sont interpolés.

En juin 431, les Péloponnésiens et les Béotiens s'abattirent sur les campagnes de l'Attique; conformément à la tactique de Périclès, les Athéniens évitèrent tout engagement sur terre, et envoyèrent une flotte ravager, par représailles, les côtes du Péloponnèse. La flotte était de 100 trières [1] et opéra pendant les mois de juillet, août et septembre [2] : la dépense ne peut être évaluée à moins de 200 talents [3].

Cependant, une autre flotte de 30 trières avait ravagé les côtes de Locride, et établi à Atalante, pour couvrir l'Eubée, une garnison permanente [4]. Si l'on songe aux opérations de détail que les historiens n'ont pu mentionner, on estimera que, dès cette année, les dépenses durent excéder les revenus d'Athènes de plus d'un millier de talents. C'étaient par des emprunts aux réserves de l'Acropole qu'on avait couvert ce déficit.

Ces emprunts ont été inscrits, à partir du moment où l'on comprit que la guerre allait durer des années, sur une grande stèle, commençant en juillet 432. Nous avons un fragment des emprunts contractés pour la guerre « en Macédoine, à Potidée et autour du Péloponnèse » en 432-1 [5]. Les trésoriers d'Athèna inscrivent d'abord un versement fait aux stratèges qui partaient pour la Macédoine, Eukratès et ses collègues, en août ou septembre 432. Puis viennent une série de versements aux hellénotames, pour l'armée de Potidée : le troisième est compris entre 10 et 50 talents, le quatrième est de 165 talents, le cinquième de 20 talents, le septième et le huitième, pendant la prytanie de la tribu Hippothontide (juin 431 [6]), comprennent ensemble 60 talents 5.535 drachmes; le neuvième enfin, de 15 à 20 talents, est fait en vue de la cavalerie. Pour l'expédition du Péloponnèse, on trouve :

d'abord un versement direct aux stratèges Sokratès, Protéas et Karkinos, au printemps de 431 ;

puis des versements aux hellénotames, pour les stratèges commandant l'expédition déjà partie : il y en a quatre men-

---

1. Thuc., II, 23.
2. Cf. Busolt, *Gr. Gesch.*, III², p. xxiii.
3. Cf. plus bas, p. 120.
4. Thuc., II, 26, 32. Cf. Diod., XII, 44.
5. IG, I Suppl., p. 160-1, 179ᵃ ᶜ. Cf. Introd., § 21, 23.
6. Cf. Busolt, *Gr. Gesch.*, III², p. 914, n.

tionnés sous la prytanie de l'Hippothontide, qui était la dixième (juin-juillet 431).

Cet état de choses s'aggrava naturellement par la prolongation de la lutte. La chute de Périclès (430) contribua sans nul doute à accélérer le délabrement des finances d'Athènes ; mais les événements successifs qui vinrent augmenter le poids d'une lutte déjà très lourde auraient suffi à multiplier les embarras dans des proportions qu'on ne pouvait prévoir au début. Etudions d'abord le contre-coup de la guerre sur les revenus d'Athènes, avant tout sur les tributs.

L'année 431 se trouvait être précisément une année de révision des tarifs : il n'y a pas lieu d'être surpris que les charges des alliés aient été, dans l'ensemble, augmentées. Malheureusement, nous avons vu que les listes de la période précédente étaient presque entièrement perdues : il est donc impossible de les comparer en détail avec celles de la période nouvelle, dont une au moins, celle de 427, est à peu près conservée [1]. Dans les îles, Syra ; — en Ionie et en Carie, Colophon, OEnéa d'Ikaros, Ephèse, Pitane, Astypaléa, Lindos, Myndos, Phasélis ; — dans l'Hellespont, Kallipolis, Sestos, Madytos, Parion ; — en Thrace, Maronée, Berga, Sané, Asséra, Mékyberna, Stolos, Skabla, Spartolos, Mendé, etc., — ont vu augmenter leur tribut. Il est à remarquer pourtant qu'on n'a pas rétabli partout les tarifs antérieurs à 450. Et d'autre part, sans parler d'Egine (transformée en clérouchie en 431 [2]), Marathus, Lampsaque, Chalcédoine, Sélymbrie, Ænos, Sermylia, etc., semblent avoir été dégrevées.

Mais l'écart était grand désormais entre le chiffre théorique et le chiffre payé réellement. Les retards de paiement se multipliaient : sur la liste de 425, on ne trouve plus que 150 noms au maximum [3]. L'empire avait perdu dès 432 le tribut de Potidée et des villes moins importantes qui s'étaient associées à sa révolte. En Carie, on n'obtenait le tribut qu'au prix d'expéditions militaires, qui parfois se terminaient mal. Dès l'hiver de 430, il fallut envoyer Mélésandros avec 6 vaisseaux, en Carie et en Lycie, pour lever le tribut. Mélésandros

---

1. Cf. Introd., § 27 sqq.
2. Thuc., II, 27.
3. IG. I. 257. Cf. Introd., § 29.

s'avança dans le pays avec ses hommes et quelques contingents alliés : il fut tué dans un combat contre les montagnards [1]. Dans l'hiver de 428, on avait expédié 5 vaisseaux, sous Lysiclès, pour réclamer les tributs en retard : cet officier fut défait et tué par les Cariens et les émigrés samiens retranchés à Anéa, à quelques kilomètres de la côte [2]. Quoi qu'il en soit, à partir de 430, le chiffre de 600 talents, indiqué par Thucydide pour les recettes d'empire, n'a jamais été atteint dans la réalité.

Les revenus propres de l'État athénien ont diminué également. La culture des parties du domaine situées en Attique, l'exploitation du Laurion, souffraient des ravages des Péloponnésiens. Quoiqu'Athènes fût toujours maîtresse incontestée de la mer, les droits de douane ne pouvaient pas ne pas se ressentir de l'inquiétude causée par les corsaires péloponnésiens. Dès le début de la guerre, ceux-ci avaient commencé à se montrer, pillant les vaisseaux marchands et massacrant les équipages [3]. L'escadre de Mélésandros (hiver 430) avait pour mission subsidiaire de balayer la péninsule de Cnide et les côtes voisines, où des corsaires péloponnésiens guettaient les vaisseaux d'Orient qui apportaient le blé d'Égypte aux ports de l'Archipel [4]. En 426, les trophées conquis par les Athéniens en Étolie furent pris en mer [5]. Le chiffre annuel de 1.000 talents, qui était dépassé au début de la guerre, doit être considéré, pour cette période, comme un maximum.

Il était à prévoir que les dépenses de la guerre iraient croissant sans cesse. Nous avons vu à quels chiffres elles s'élevaient dès 431 : au fur et à mesure des événements, il fallut construire de nouveaux forts, y établir des garnisons (à Minoa par exemple en 427 [6]), envoyer des escadres supplémentaires pour lever le tribut en Carie (430 et 428), etc. On en arriva très vite à prélever les frais des grandes opérations exclusivement sur le trésor de réserve.

Ces opérations nous sont bien connues, mais, pour nous faire une idée de ce qu'elles représentaient au point de vue

1. Thuc., II, 69.
2. Thuc., III, 19.
3. Thuc., II, 67.
4. Thuc., II, 69.
5. Thuc., III, 114.
6. Thuc., III, 51. Cf. Thuc., IV, 3, sur ce que coûtaient ces postes.

financier, il nous manque des éléments importants, par exemple le taux de la solde dans chaque circonstance. En principe, celle-ci était de 3 oboles pour les matelots : mais nous savons que, dans certains cas, elle a été augmentée, portée parfois jusqu'à 1 drachme [1]. Les évaluations que nous allons tenter, basées sur le tarif de 3 oboles, ne donnent donc que des minima. —— Remarquons aussi que si, presque toujours, nous sommes exactement renseignés sur les effectifs athéniens, il arrive souvent que nous ne le soyons pas sur les contingents des alliés, parfois très importants [2]. Il faut se souvenir de ces points en consultant le tableau suivant :

TABLEAU DES FRAIS DES GRANDES EXPÉDITIONS [3]

433	Corcyre [4]	30 t.
432	Expédition de Thrace [5]	100 t.
	Siège de Potidée (à partir de septembre) [6]	500 t.
431	Siège de Potidée [7]	1.000 t.
	De juin à septembre, 100 trières [8]	200 t.
	De juillet à septembre, 30 trières en Locride [9]	30 t.
430	Siège de Potidée	1.000 t.
	150 trières sur les côtes du Péloponnèse (juillet), puis à Potidée (jusqu'en septembre) [10]	225 t.
	20 vaisseaux à Naupacte pendant l'hiver [11]	40 t.
429	4.000 hopl. et 400 cav. en Thrace jusqu'en juin [12]	120 t.
		3.245 t.

1. Thuc., III, 17 (interpolé, mais probablement exact).
2. Cf. p. 58, n. 6.
3. Se rappeler aussi, en consultant ce tableau, que, lorsqu'on avançait aux stratèges l'argent nécessaire à une expédition, on ne savait pas exactement ce qu'elle coûterait. En règle générale, on avançait probablement plus d'argent qu'il n'était nécessaire : les stratèges versaient ensuite ce qui restait à d'autres caisses (cf. IG, I, 82 + 35ᵉ, rapprochés par M. Wilhelm). De là, certaines divergences entre les frais des expéditions, calculés d'après les données des historiens, et les chiffres des inscriptions.
4. Cf. p. 107.
5. Cf. p. 108.
6. Cf. p. 108.
7. Cf. p. 116.
8. Cf. p. 117.
9. Cf. p. 117.
10. Thuc., II, 56, 58.
11. Thuc., II, 69.
12. Thuc., II, 79 (les généraux sont les mêmes qu'à Potidée : II, 70).

Report :   3.245 t.

	Les 20 trières de Phormion à Naupacte jusqu'au printemps de 428 [1]	120 t.
	Les 20 trières envoyées à Phormion (octobre 429) jusqu'au printemps [2]	40 t.
428	40 trières, armées contre le Péloponnèse, vont à Lesbos (juillet) : solde d'une dr. par jour [3]	150 t.
	30 trières d'Asopichos : il en reste 12 [4]	30 t.
	100 vaisseaux contre les Péloponnésiens (août) [5]	100 t.
428 (hiver)	5.000 hoplites de renfort à Mitylène, à ajouter aux 40 trières; siège de Mitylène [6]	200 t.
	12 vaisseaux de Naupacte [7]	24 t.
427	Siège de Mitylène (jusqu'en juillet [8])	200 t.
	60 vaisseaux envoyés à Corcyre (août) [9]	30 t.
	12 vaisseaux de Naupacte [10]	75 t.
	20 vaisseaux envoyés en Sicile (septembre) : 1 drachme de solde [11]	100 t.
426 (jusqu'en juillet)	12 vaisseaux de Naupacte	24 t.
	20 trières de Sicile	80 t.
	Argent donné d'avance aux stratèges de Sicile [12]	480 t.
	Nicias part avec 60 trières et 2.000 hoplites, opérations d'un mois [13]	35 t.
	Démosthène avec 30 trières en Étolie, où il reste jusqu'en hiver [14]	65 t.
		4.998 t.

Nous trouvons, depuis 430 jusqu'aux grandes Panathénées de 426, un total de près de 3.000 talents, qui, comme nous

1. Thuc., II, 102-3.
2. Thuc., II, 85.
3. Thuc., III, 3 ; III, 17.
4. Thuc., III, 7.
5. Thuc., III, 16-17.
6. Thuc., III, 18-19.
7. Thuc., III, 69.
8. Busolt, *Gr. Gesch.*, III², p. 28.
9. Thuc., III, 80, 85.
10. Il semble qu'on porta la station à 20 vaisseaux en 426 (Thuc., III, 105).
11. Thuc., III, 86. La solde dut être la même que dans la seconde expédition.
12. Cf. p. 122-3. Les villes de Sicile, en dépit des allusions d'Aristophane (*Vesp.*. 891 sqq.), n'ont probablement pas plus contribué alors que dans la seconde expédition.
13. Thuc., III, 91.
14. Thuc., III, 91, 98, 114.

l'avons indiqué, ne représente qu'un minimum [1]. Et il n'est pas besoin de rappeler que bien des opérations de détail ne sont indiquées que brièvement ou incidemment par Thucydide, sans parler de celles qui sont totalement inconnues.

Quoique nous soyons renseignés sur ces années avec une abondance et une précision inaccoutumées, il reste encore tant d'éléments incertains dans ces évaluations que nous ne les aurions pas tentées, s'il s'agissait d'établir des chiffres inconnus. Mais il s'agit seulement ici d'expliquer et de répartir entre les différentes années des chiffres connus par ailleurs.

En effet, ce qu'on ne payait pas au moyen des ressources annuelles était payé au moyen d'emprunts aux trésors d'Athéna et des autres dieux. Or, sur ces emprunts, nous sommes renseignés directement.

La grande stèle sur laquelle étaient inscrits les emprunts à Athéna est malheureusement perdue pour la période qui suit l'année 432-1 : un fragment relatif à une des années immédiatement suivantes indique seulement le total, qui est de 1.267 talents au moins [2]. Une partie des emprunts de 427-6 est conservée : on y voit que certaines sommes ont été envoyées en Sicile au début de 426, et que Démosthène a reçu de l'argent dès le printemps de cette même année [3].

Quant aux autres dieux, nous pouvons constater que les inventaires prescrits par le décret de Kallias étaient tenus au courant dans la période panathénaïque de 430-26. La stèle‘ malheureusement mutilée, semble contenir la mention de certains prêts aux hellénotames [4]. Mais aucun chiffre n'est conservé.

Heureusement, après la paix, les logistes ont procédé à une récapitulation des emprunts faits aux dieux, et inscrit le résultat de leur comput sur d'autres stèles. De celle qui portait les emprunts de 433-426, nous n'avons qu'un petit fragment [5] : il est relatif à l'année 427-6, et mentionne les sommes élevées (30 t., 160 t., 50 t.), expédiées alors en Sicile, où évi-

---

1. Nous défalquons du total du tableau les dépenses supportées de 433 à 431.
2. IG, I, 186. D'après l'écriture, ce fragment se placerait sous IG, I Suppl., p. 161, 179 A. Le chiffre doit appartenir à l'année 431-0.
3. IG, I Suppl., p. 160-1, 179 B. Ceci est pourtant douteux : cf. *Rhein. Mus.*, 1906, p. 215-6.
4. IG, I, 194 sqq. Cf. Introd., § 19.
5. IG, I, 541. Cf. Introd., § 22.

demment on prévoyait une longue campagne. Mais la stèle relative aux années 426-2, conservée presque en entier, résume les emprunts contractés dans les sept années précédentes [1]. Nous apprenons ainsi que, de 433 à 426, on a emprunté à Athèna (Polias ou Nikè) plus de 4.000 talents, aux autres dieux plus de 700. Si nous défalquons les sommes empruntées pour l'expédition de Corcyre (433), et les premières sommes empruntées pour le siège de Potidée (seconde moitié de 432), il restera plus de 4.000 talents empruntés de juin 431 à juin 426.

Les évaluations que nous avions essayées pour les années 431 et 430-26 nous indiquaient un excédent de dépenses encore supérieur à ce chiffre, puisqu'elles ne représentent qu'un minimum. Mais il faut se souvenir qu'à la fin de cette période, en dehors des emprunts, les Athéniens avaient eu recours à une ressource nouvelle et extrême : l'*eisphora*.

Thucydide nous apprend qu'à l'automne de 428, à l'occasion du siège de Mitylène, on établit *pour la première fois* un impôt direct sur le capital des citoyens athéniens, et que cette première eisphora fut de 200 talents [2]. Ce chiffre était fort élevé par rapport à la richesse de l'Attique, et n'a pas été dépassé.

Je ne crois pas que le chiffre rond de Thucydide indique que le produit de l'impôt fût fixé d'avance [3]. L'historien a fort bien pu arrondir un chiffre de 187 ou de 216 talents par exemple. Dans tous les cas, il fallut déterminer la quotité payée par chaque citoyen ou métèque.

Or, Aristophane, dans une pièce qui fut jouée en 422, mais conçue en 423 ou 424 [4], fait allusion aux « nombreux centièmes » que percevait l'État. Comme, dans ce passage, il énumère au complet les différentes sortes d'impôts indirects, je crois que le renseignement ne peut s'appliquer qu'aux *eisphoras* perçues avant l'augmentation des tribus [5]. C'est pour cela que, dans le pamphlet contemporain sur la *Répu-*

---

1. IG, I, 273 (p. 148-9).
2. Thuc., III, 19.
3. On chercha cependant à couvrir à peu près les frais du siège de Mitylène pendant l'hiver (Cf. le tableau, p. 121).
4. Cf. Wilam., AuA II, p. 245, n. 44.
5. Aristoph., *Vesp.*, 658.

blique d'Athènes, l'auteur, ayant à parler du droit de 1 %
perçu sur les marchandises, précise : « Le centième qui est
levé au Pirée... »[1]

Si une taxe de 1 % produisait 200 talents, c'est qu'alors
on évaluait le capital, sur lequel portait la taxe, à la somme
totale de 20.000 talents.

L'eisphora disparut après l'augmentation des tributs [2], mais
reparut au temps de la guerre décélique [3]. Nous n'avons pas
de renseignements sur les eisphoras levées alors, non plus
que sur celle qui servit à rembourser (en 403) l'emprunt con-
tracté à Sparte par les Trente [4]. Mais il en est autrement des
eisphoras levées dans la guerre de Corinthe [5]. Aristophane
nous parle alors de l'impôt du quarantième proposé par un
certain Euripide, et qui devait donner 500 talents [6]. Il serait
inexplicable qu'on ait pu prévoir le produit de cet impôt, s'il
ne s'agissait d'un impôt direct, portant sur une valeur qu'on
croyait connaître [7]. Or, si un impôt de 1/40 sur le capital devait
produire 500 talents, c'est qu'on évaluait ce capital à
20.000 talents. On se basait évidemment sur les souvenirs de
l'époque de Cléon : il n'est pas étonnant d'ailleurs qu'à l'époque
où parle Aristophane (vers 390), on ait éprouvé une décep-
tion.

Or, le prélèvement répété de 1/100 *du capital*, à un moment
où le capital foncier était en grande partie détruit, était déjà
par lui-même une charge énorme, même en tenant compte
de la rapidité avec laquelle ce capital se reconstituait par
l'usage, de plus en plus étendu, de la main-d'œuvre servile [8].
Il faut songer maintenant qu'à cette charge s'ajoutait, — pour
les plus riches, les frais de la triérarchie, qui, en temps de
guerre, s'élevaient jusqu'à 10 % du capital, et cela pendant
plusieurs années [9], — pour les riches, les frais des innom-
brables liturgies ordinaires [10], — pour les simples hoplites, les

1. [Xén], 'A. π., ch. 1, 17.
2. Cf. p. 132.
3. Lys., XXI, 3.
4. Cf. Guiraud, EE, p. 85.
5. Lys., *De bon. Aristoph.*, 19.
6. Aristoph., *Ecclesiaz.*, 823 sqq.
7. Ici encore, il faut revenir à l'opinion du grand Boeckh (SdA, I, p. 577).
8. P. Guiraud a mis ce point en valeur pour le IVe siècle (EE. p. 113). Mais,
au IVe siècle, l'argent se plaçait déjà plus facilement qu'au Ve.
9. Cf., p. ex., Lys., XXI, 1 sqq.
10. Id., *ibid.*

charges sensibles d'un service qu'on a comparé avec raison au service d'officier de réserve dans nos sociétés [1]. On comprendra alors pourquoi le chiffre de 200 talents ne put être dépassé, même par Cléon.

On voit que c'était là un assez faible appoint, par rapport aux sommes dont l'empire avait besoin : néanmoins, il permit, dans la période que nous étudions, de ménager les réserves, dont la diminution rapide commençait à inquiéter les successeurs de Périclès [2].

Nous arrivons à une période sur laquelle nous sommes mieux renseignés.

Une nouvelle révision du tarif des tributs (427) avait suivi la révolte de Mitylène [3]. Le Conseil des Cinq-Cents décréta encore quelques relèvements. Nous sommes mal informés pour les îles et pour l'Ionie. Mais, dans l'Hellespont, Lamponia, Dardanos, Byzance, Sélymbrie, furent taxées plus haut qu'auparavant. C'est surtout en Thrace que les relèvements ont été sensibles, à Samothrace, à Torone, Aiga, à Scione, à Thrambé. En revanche, Méthone, et d'autres villes encore, ont été dispensées de payer autre chose que l'ἀπαρχή [4]. Dans l'ensemble, la plus-value obtenue a été minime.

Par contre, les dépenses de détail s'accroissaient par suite de la prolongation de la lutte. Bien des postes, dont nous ne trouvons pas trace dans les historiens, avaient été établis sur les divers points de l'Archipel : c'est ainsi que nous apprenons incidemment qu'un détachement athénien opérait en 425 contre les habitants de la Chalcidique non encore soumis [5].

Pour les frais des grandes expéditions, nous possédons maintenant le détail des emprunts aux trésors sacrés.

Il est naturel que les principaux aient été contractés, en

---

1. Cependant, les charges de l'hoplite avaient été fort diminuées par l'établissement de la solde.

2. La réserve d'Athéna était réduite à moins de 1.000 talents, à supposer qu'on n'eût pas touché aux 600 talents de revenus qui étaient rentrés de 432-1 à 426 ; mais je pense qu'on avait pris l'habitude de se servir d'abord de ces revenus, et de ne toucher qu'en cas de nécessité à la réserve de l'opisthodome (c'est ainsi que j'expliquerais l'addition : *provenant de l'opisthodome*, IG, I, 273, l. 20).

3. IG, I, 259. Cf. Introd., § 29.

4. IG, I, 40 et 257.

5. Thuc., IV, 7.

426, au printemps, avant la fête des Panathénées (juillet),
à partir de laquelle nous sommes renseignés exactement. Il
est probable qu'ils furent alors considérables [1]. Mais dans
la seconde partie de l'année, on emprunta seulement à
Athèna :

1° en août ou septembre 426, pour Hippokratès et les
autres stratèges restés à Athènes, 20 t. ;

2° en août ou septembre 426, probablement pour les
mêmes, 50 t.;

3° en octobre 426, 28 t. 5078 dr. [2] ;

soit moins de 100 talents empruntés jusqu'au printemps
de 425.

Les chiffres de l'année 425, établis cette fois avec une
entière certitude, sont très caractéristiques. L'année fut
remplie par d'importantes opérations militaires. On est donc
surpris du faible chiffre des emprunts :

1° en mars 425, sans aucun doute pour l'équipement des
40 vaisseaux de Sicile, 44 t. 3.000 dr. ;

2° le lendemain, et sans doute pour le même objet, 100 t. ;

3° en juin 425, 18 t. 3562 dr. ;

4° en octobre 425, pour les stratèges qui opèrent autour
du Péloponnèse, Démosthène et ses collègues, 30 t. [3].

Ainsi l'on n'a pas même emprunté 200 talents cette année-
là. Si l'on se rappelle que, de 433 à 426, la moyenne des
emprunts annuels était de 800 talents, on sera étonné de ce
chiffre.

Il est manifeste que, dans cette période, les Athéniens ont
obtenu beaucoup de l'eisphora. Mais l'impôt frappait dure-
ment, non seulement les riches, mais encore les petits propriétaires : le mécontentement était assez répandu pour devenir
dangereux même à la démocratie. Il était de plus en plus
urgent, pour les hommes qui avaient à ce moment l'oreille
du peuple, d'augmenter par d'autres moyens les ressources
normales d'Athènes.

Le triomphe de Pylos avait porté à son apogée le pouvoir
de Cléon dans Athènes (septembre 425) : il eut la part princi-

1. Cf. plus haut, p. 121.
2. IG, I, 273 (p. 146).
3. IG, I, 273 (p. 146-7).

pale dans les innovations financières qui suivirent. Il devenait manifeste que le système des emprunts aux réserves ne permettrait pas de soutenir longtemps une guerre qu'on cherchait maintenant à pousser jusqu'à l'écrasement final de Sparte. Il valait beaucoup mieux accroître la plus importante des ressources régulières d'Athènes, le tribut.

Nous avons vu comment le tribut avait été originairement fixé à 460 talents. Le chiffre avait grossi par l'accession de villes nouvelles jusqu'en 454, puis avait été diminué en 450 et 446, puis avait augmenté de nouveau à partir de 439, mais le total, même sur le papier, n'avait jamais été supérieur à 560 talents. Malgré de multiples modifications de détail, c'était toujours le chiffre d'Aristide qui, *dans l'ensemble*, servait de base [1]. On allait cette fois l'augmenter considérablement.

Ce n'était pas sans raison. Le tribut était avant tout destiné aux dépenses de guerre. Or, au moment où il avait été établi, la solde des matelots, nous l'avons vu, était de 2 oboles : depuis, elle avait été portée à 3, et, dans des circonstances exceptionnelles, on allait jusqu'à 1 drachme [2]. D'une manière générale, dans cet intervalle de cinquante ans, le prix de l'argent, par suite de l'exploitation du Laurion et de diverses circonstances, avait sensiblement baissé dans l'Archipel. — Enfin, grâce à la paix athénienne, la richesse de toutes les villes égéennes avait crû notablement.

D'autre part, le succès prestigieux de Pylos donnait aux Athéniens la force nécessaire pour accomplir une réforme que les meilleures raisons n'eussent peut-être pas fait accepter. Il va sans dire que les députés des villes ne furent pas consultés : ils étaient depuis longtemps aussi passifs que ces *Babyloniens* sous les traits desquels Aristophane les représentait deux ans auparavant [3]. La révolte armée restait le seul recours des alliés mécontents, et ce recours paraissait n'avoir pour le moment aucune chance de succès. De tous les États qui étaient entrés dans la confédération primitive, Chios seul avait des forces suffisantes pour tenir tête quelque temps à Athènes : bien que non tributaires, les Chiotes s'alarmèrent

---

1. Cf. Introd., § 32. Cf. en dernier lieu : *Musée belge*, 1907, p. 177 sqq.
2. Cf. p. 44, et plus haut, p. 120.
3. Cf. Croiset, *Aristophane et les partis*, p. 63 sqq.

de l'augmentation projetée des tributs [1]. Ils ne se calmèrent que sur l'assurance formelle que rien ne serait changé à leur endroit.

Un premier décret du Peuple ordonna donc au Conseil de procéder à une refonte générale des listes de tributs, bien que l'époque normale n'en fût pas arrivée. La tâche fut achevée rapidement, et les résultats du travail consignés sur la grande stèle IG, I, 37 [2].

Le document porte le titre consacré Τάξις φόρου. Il reproduit d'abord le décret du Peuple, rendu sur la proposition de Thoudippos, sous l'archonte Stratoclès (425-4) [3]. Si mutilé que soit ce décret, la mention du mois Mémactérion (novembre 425) à la ligne 7, la hâte dont témoigne le passage l. 28-38 (en particulier la ligne 34), suffisent à montrer que la prytanie de l'Ægéis, sous laquelle il fut rendu, fut une des premières de l'année de Stratoclès (425-4), probablement la 4me (cf. IG, I, 273, fgts a-b, l. 16-20), et que le nouveau tarif entra en vigueur dès le printemps de 424.

Aux termes du décret, on doit élire d'abord deux taktai par district [4]. Divers amendements ont prévu la procédure, le règlement des difficultés, etc [5]. Suit la liste établie par le Conseil en 425-4 [6].

Cette liste est malheureusement plus mutilée encore que le dispositif. Cependant la liste du district des Iles est à peu près intacte [7]. Voici les chiffres qu'elle donne :

Paros paie	30 t.	au lieu de 16 t. 1.200 dr.
Naxos	15 t.	— 6 t. 4.000 dr.
Andros	15 t.	— 6 t.
Mélos	15 t.	—
Siphnos	9 t.	— 3 t.
Érétrie	15 t.	— 9 t.
Théra	5 t.	— 3 t.
Céos	10 t.	— 4 t.
Karystos	5 t.	— 5 t.

1. Thuc., IV, 51.
2. Cf. Introd., § 37. Je citerai d'après ma copie de l'inscription.
3. L. 58-60.
4. L. 4-6.
5. L. 50 sqq.
6. L. 58-60.
7. Col., I, l. 1-37.

Chalcis	10 t.	au lieu de	6 t.
Kythnos	6 t.	—	3 t.
Ténos	10 t.	—	3 t.
Styra	2 t.	—	1 t.
Ἀθηνῖται	1 t.	—	2.000 dr.
Syra	1 t.	—	1.500 dr.
Γρυγχῆς	2.000 dr. —		1.000 dr.
Rhénéa	1.000 d. —		300 d.
Διακρῆς ἀπ. Χ.	2.000 d. —		800 d.
Mykonos	?		
Sériphos	?		
Ios	?		
Διῆς (en Eubée)	?		
Anaphè	1.000 d.		
Kéria	10 d. 3 o.		
Pholégandros	2.000 d.		
Kimolos	1.000 d.		
Sikinos	1.000 d.		
Posidéion (d'Eubée)	100 d.		
Διάκριοι (Eubée)	1 t. 2.000 dr.		
Héphaestia	4 t. (?)		

   Manquent :

Hestiée

Koressia

Myrina (de Lemnos)

Imbros

   etc.

Dans l'ensemble, on trouve 156 t. au lieu de 65. Malgré
la disparition d'Egine (transformée en clérouchie en 431), *le
tribut a plus que doublé*.

Le tribut d'Ionie-Carie vient ensuite : les villes de l'une et
de l'autre région sont inscrites pêle-mêle [1].

Κινδύης paient	1 t. + ?	au lieu de	1 t.
Caryande	1.000 d.	—	500 d.
Βρυκούντιοι	500 d.	—	500 d.
Ταρβανῆς	1.000 d.	—	1.000 (?)
Myndos π. Τ.	2.000 d.	—	800 d.

1. Col. I, fin ; col. II ; col. III, l. 1-25.

Ἐδριὴς Ὑμησσῆς	6 t.		
Télos	2 t.		
Kélendéris	2 t.		
Ityra	4.000 d.		
Symé	3.000 d.	au lieu de	4.800 d.
Pédase	3.000 d.	—	1 t.
Ὑδαῆς	3.000 d.		
Éléonte	100 d.	—	100 d.
Κυλλάνδιοι	1 t.		2 t.
Kamiros	1 t.	—	3.000 d.
Ἐρινῆς	500 d.	—	1.000 d.
Ὑρωμῆς	2 t. + ?	—	2.500 d.
Χαλκήτορες	2.000 d. +	—	2.100 d.
Λημμανδῆς	2.000 d. +	—	1.000 d.
Κοδαπῆς	2.000 d. +	—	1.000 d.
Χαλκεᾶται	2 t. + ?	—	2.000 d.
Kyrbissos	2.000 d.		

Les noms des villes d'Ionie sont presque tous perdus, et l'on
n'en retrouve que quelques-uns sur les fragments de listes sub-
séquentes : leur tribut a été au moins doublé; Milet, particulièrement favorisée, est restée taxée au même chiffre [1]. Quant
aux villes cariennes, elles paraissent sur la liste au grand complet : mais beaucoup n'avaient pas payé depuis des années, et
la clause obscure qui précède la liste, relative à l'ἐπιφορά (taxe
additionnelle), semble les concerner [2]. Dans cette région,
beaucoup de tributs sont doublés, mais certains sont mainte-
nus, il y a même des réductions. Si le tribut de ce district
avait été doublé, il aurait produit près de 300 talents.

La liste de l'Hellespont est perdue. On trouve des chiffres
de 70 t., 60 t., sans les noms correspondants : ils ne peuvent
guère convenir qu'aux grandes villes des détroits, et, même
pour elles, sont énormes [3]. Il semble bien que les tributs de ce
district aient été particulièrement augmentés. Doublés, ils
donneraient 200 talents : au moment de la révision de 421 ou
de celle de 417, le total était de 296 talents [4].

La liste de Thrace est également perdue : les seuls noms

1. IG, I, 262.
2. Col. II, l. 1-10.
3. Col. III, l. 93 sqq.
4. Cf. Introd., § 38.

suivis de chiffre qu'on y lise ont peut-être été mal placés, lors de la reconstitution de la pierre [1]. Doublé, le tribut de ce district donnerait 200 talents environ.

Enfin, on a ajouté à la liste certaines villes du Pont-Euxin, qui n'avaient jamais payé tribut [2].

Au reste, le total général nous a été conservé, et c'est le point le plus important pour nous. Il est de plus de *960 talents*, soit le double, à peu près, du total d'Aristide [3].

Il y a une large part d'emphase démagogique et impérialiste dans tout cela. Bien des noms nouveaux ont été obtenus par ἀπόταξις, en dédoublant des États qui auparavant payaient ensemble [4]. Puis, on a été rechercher sur les listes des « années cinquante » bien des villes qui depuis ne se souciaient plus d'Athènes [5]. On en a même ajouté qui n'avaient jamais été liées à Athènes que par des traités de commerce. Sur les sommes qui devaient être encaissées « depuis le Pont jusqu'à la Sardaigne » [6], les Athéniens eux-mêmes s'attendaient sans doute à certaines désillusions.

L'intention des hommes d'Etat athéniens était certainement que le nouveau tarif entrât en vigueur dès le printemps de 424 : des précautions militaires étaient prises dès l'hiver pour réprimer les résistances qu'on prévoyait et assurer la rentrée de tous les tributs. Dans le courant de 424, on envoya en Carie, dans le Pont, des détachements pour contraindre les retardataires ou les récalcitrants [7]. On surveilla surtout la Thrace, où la réforme allait provoquer de nouvelles défections.

Un décret un peu antérieur à celui de Thoudippos, malheureusement très mutilé, parle de la situation particulière des Théréens et des Samiens, et l'on entrevoit que ces derniers avaient encore à verser l'annuité qui leur avaient été imposée en 439 [8]. Même en ajoutant cette somme au tribut, il est impossible que les revenus d'empire aient atteint, dès lors, les 12-1.300 talents dont parlent les orateurs du IVe siècle [9].

<hr>

1. Col. IV, l. 24-41.
2. Col. IV, l. 60-78.
3. Cf. Introd., § 37.
4. Cf. Busolt, *Gr. Gesch.*, III², p. 1119.
5. Surtout en Carie. Cf. Introd., § 32.
6. Aristoph., *Vesp.*, 700.
7. Thuc., IV, 50, 75 ; 103-4.
8. IG, I, 38, fgts c, l. 2, et d, l. 4 sqq. Cf. Introd., § 36.
9. Andoc., III, 9.

Néanmoins, les recettes annuelles d'Athènes se trouvaient singulièrement accrues.

Au début de 422, Aristophane les évaluait à « près de 2000 talents[1] ». On peut soupçonner le poète de quelque exagération. Mais il faut évaluer les revenus d'Athènes, après l'augmentation du tribut, sinon à 2.000 talents, du moins à 1.500.

Il est bien probable d'ailleurs que, grâce à cette augmentation, on put éviter désormais de lever l'*eisphora*, qui n'était qu'un impôt de guerre[2]. L'étude des emprunts contractés pendant la dernière période de la guerre archidamique ne permet pas de supposer un trop fort accroissement de ressources.

L'augmentation des revenus avait été immédiatement mise à profit par le démagogue régnant pour accroître les charges de l'Etat. C'est ainsi qu'on porta de 2 à 3 oboles le salaire des juges ; comme ils étaient 6.000, l'augmentation ne laissait pas d'être sensible pour le trésor (150 talents au lieu de 100 par an)[3]. Il est à croire que d'autres salaires furent également relevés.

Mais surtout, les dépenses de la guerre ont été énormes en 424, l'année de Mégare, de Délion, d'Amphipolis. On n'est donc pas étonné de constater que, malgré l'accroissement des revenus de l'empire, le chiffre des emprunts n'a pas sensiblement varié :

1° en mai 424, les trésoriers d'Athèna ont donné à Nicias et à ses collègues, pour l'expédition de Cythère...   100 t.

2° dans l'été de 424, aux hellénotames.........   ?

3° dans l'automne de 424 (?)..................   23-24 t.

4° à la fin de l'hiver de 424-3..... ....   ?

En tout, il a été emprunté à peu près 150 talents cette année-là[4].

Il en fut de même en 423 : les opérations militaires se trouvèrent, il est vrai, par suite de l'armistice, circonscrites à la

1. Aristoph., *Vesp.*, 655 sqq.
2. Cf. p. 123.
3. Busolt, *Gr. Gesch.*, III², p. 1121, et n. 3. Le chiffre donné par Aristophane (*Vesp.*, 655 sqq.) est généralement considéré comme un peu élevé.
4. IG.1. 273 (p. 147). Les chiffres des nᵒˢ 2 et 4 se déduisent approximativement des intérêts payés.

Thrace, mais il fallut avancer des sommes considérables aux officiers qui commandèrent le blocus de Scione. Aussi les emprunts restent-ils aussi élevés [1] :

1° au printemps de 423.....   une somme de 25 t. environ.
2° dans l'été de 423 ......   59 t. 4720 dr.
3° dans l'automne ou l'hiver 423   ..2 t. 5500 dr.
4° dans l'hiver de 423-2 ....   (?)

En outre, dans l'été de 423, 5 talents ont été empruntés au trésor d'Athèna Nikè [2]. Et, probablement dans l'automne [de 423, on recourut au trésor des autres dieux qu'on avait laissé se reformer pendant les dernières années : la somme empruntée était comprise entre 20 et 50 talents [3]. Le total est inférieur à 200 talents.

En 422, la trêve avec Lacédémone se trouva rompue après les jeux Pythiques (printemps de 422 [4]). Cléon partit aussitôt pour l'expédition qui se termina par la bataille d'Amphipolis (septembre), et le siège de Scione se prolongea jusqu'au printemps de 421. Il y eut donc encore de forts emprunts cette année-là :

1° au printemps de 422, évidemment pour Cléon, 100 t.
2° en juin 422, encore pour Cléon,... 30 t. (?) [5].

En outre, en juin 422, et toujours pour l'expédition de Thrace, on emprunta aux autres dieux une somme de 23 ou 24 talents [6]. Cela donne un total de plus de 150 talents. En revanche, à partir des Panathénées (juillet 422), les emprunts ont cessé [7].

On sait, en effet, que dès le lendemain de la bataille d'Am-

---

1. IG, I, 273 (p. 147). Le chiffre du n° 1 s'obtient par différence, les chiffres des n°s 3 et 4 restent inconnus, mais le total possible est circonscrit dans des limites assez étroites.

2. *Ibid.*, p. 147, *in fin.*

3. *Ibid.*, p. 148. L'emprunt pourrait être de l'année suivante.

4. Thuc., V, 1. La difficulté chronologique soulevée par ce passage vient de ce qu'on plaçait les jeux Pythiques à la fin de l'été : mais cette date n'est attestée que pour le III° siècle. M. Bourguet (*Admin. financ. du sanct. pyth.*, p. 142) a prouvé qu'au IV° siècle ils avaient lieu à une autre époque. Au V° siècle, ils pouvaient fort bien avoir lieu au printemps.

5. IG, I, 273 (p. 147). Le n° 2 n'est qu'approximatif.

6. *Ibid.*, p. 148.

7. IG, I, 273, fgt. *b*, l. 12-3. Cf. Introd., § 22.

phipolis, les négociations avaient été reprises entre Nicias et
le gouvernement de Sparte, et la paix générale fut conclue
en 421 [1].

II

422-413

Il importe de s'arrêter un instant sur la situation financière
d'Athènes au moment de la paix. Nous avons vu que la
majeure partie des réserves de l'Acropole était placée sous
la garde d'Athèna Polias. Nous savons aussi que ce trésor,
qui s'était maintenu à 6.000 talents pendant le gouvernement
de Périclès, était déjà entamé en 432-1, qu'après la constitution du dépôt intangible de 1.000 talents (juillet 431), on
peut évaluer à 4.700 talents les sommes disponibles pour la
guerre. Or, le total des sommes empruntées de 433 à 422
étant de 4.748 talents 5.700 drachmes (dont il faut défalquer
les sommes empruntées en 433 et 432), il semblerait qu'il
dût rester bien peu de chose dans le trésor au début de 421.
Seulement, il ne faut pas oublier que ce trésor d'Athèna s'augmentait chaque année des revenus de la déesse, revenus
encore accrus par la soumission de Lesbos en 427. Nous
avons évalué ces revenus à 100 talents environ en 432-1, et
nous pouvons les supposer plus grands après 427 : nous verrons pourtant tout à l'heure qu'ils n'ont pas dépassé beaucoup ce chiffre. Les revenus d'Athèna étaient donc énormes
par rapport à ceux d'Apollon Délien par exemple, lesquels
n'étaient que de 19 talents environ à cette époque [2]. En
revanche les dépenses d'entretien des édifices sacrés, depuis
la construction du Parthénon, n'étaient pas négligeables. On
peut, en somme, estimer à quelques mille talents les sommes
dont le trésor s'était accru de 431 à 421 [3].

Quant aux « autres dieux », nous avons vu combien
étaient vagues nos renseignements sur leur richese en 432-1 :
nous savons seulement qu'on avait pu leur emprunter plus de
700 talents entre cette date et 426. On avait ensuite laissé

1. Thuc., V, 18.
2. Homolle, BCH, 1884, p. 283 sqq.
3. Cf. plus haut, p. 125, n. 2.

leur trésor se reconstituer [1] ; le revenu de chacune de ces divinités secondaires devait être minime, bien plus faible encore que celui d'Apollon Délien, —— mais elles étaient nombreuses. Après les emprunts de 423-2, dont le total était supérieur à 50 talents, le trésor devait être à peu près vidé : nous constaterons plus tard des faits qui l'indiquent [2].

Ainsi, il pouvait rester plus de 1.500 talents, sur l'Acropole, sans compter le fonds mis en réserve en juillet 431. Le trésor avait donc suffi, comme l'espérait Périclès, à soutenir et à repousser l'assaut des Péloponnésiens, mais on avait dû, à partir de 428, recourir à l'eisphora, et surtout, en 425-4, se résoudre à la mesure dangereuse de l'augmentation des tributs. Cette dernière mesure restait acquise, et permettait de compter, une fois la paix signée, sur une reconstitution assez rapide du trésor.

En effet, les revenus d'Athènes devaient augmenter et augmentèrent par suite de la paix : d'abord les tributs qui, nous l'avons vu, avaient été fixés en dernier lieu à 960 talents, mais que les défections de Thrace empêchaient, en fait, d'atteindre ce chiffre. Il y eut une révision des tarifs pour la période 420-417, et certainement une augmentation : les villes de l'Hellespont, soit alors, soit en 416, payèrent à elles seules 296 talents [3]. Il n'est pas impossible que les revenus d'empire aient fini par atteindre sur le papier 12-1300 talents [4]. Pour les revenus de la cité même, la sécurité retrouvée ne pouvait avoir que d'heureux effets [5]. Nous avons admis vers 422 le chiffre de 1500 talents ; il fut certainement dépassé pendant la période de paix.

Mais les dépenses n'étaient plus les mêmes qu'au temps de Périclès. L'accroissement du salaire des juges et les autres innovations démocratiques du temps de Cléon restaient acquises. Les travaux publics reprirent : l'aqueduc de Méton par exemple date de ce temps [6] ; toutefois, les principales constructions de l'époque ont été à la charge des trésors sacrés.

---

1. IG, I, 273 (p. 148). Cf. p. 133.
2. Cf. plus bas, p. 138.
3. Cf. Introd., § 38.
4. Andoc., III, 9.
5. Thuc., VI, 26.
6. Judeich, TA. p. 78

Les charges militaires, malgré la paix, étaient devenues plus lourdes. Les garnisons s'étaient multipliées, à mesure que la politique d'Athènes vis-à-vis des alliés devenait plus autoritaire, et l'on ne pouvait, surtout en Thrace, les retirer sans danger [1]. Par une conséquence inévitable, le nombre des vaisseaux tenus en mer, sur le pied de paix, était maintenant plus considérable. Dès le moment de l'augmentation du tribut, le chiffre des dépenses courantes dépassait 1000 talents : il ne diminua pas sensiblement quand la lutte avec Sparte cessa.

Mais les grandes expéditions s'arrêtèrent. La paix avec Sparte avait été immédiatement suivie d'un traité d'alliance entre les deux cités (printemps 421). Après la prise de Scione, les Athéniens laissèrent enlever par les révoltés de Thrace les villes de Thyssos et de Mékyberna sans tenter aucun grand effort de ce côté [2]. Si l'on se rappelle que, dans les dernières années de la guerre, on avait suffi à des opérations prolongées avec des emprunts de moins de 200 talents, on ne doutera pas que, à partir de 421, il n'y ait eu des excédents de recettes à enregistrer.

Le traité d'alliance conclu avec Argos (printemps 420) stipulait que la ville secourue solderait, au moins en partie, les troupes de secours [3] : les frais des quelques expéditions des Athéniens dans le Péloponnèse, jusqu'en 418, se trouvèrent diminués d'autant. Ces expéditions peu importantes n'empêchèrent pas la politique d'économie de prévaloir : au printemps de 418 encore rien ne faisait prévoir que la liberté d'action d'Athènes ne resterait pas longtemps entière. La situation n'a changé qu'avec la bataille de Mantinée (août 418).

Aussi, non seulement il n'y eut pas d'emprunts dans la période comprise entre les Panathénées de 422 et celles de 418 [4], mais on put songer à rembourser aux dieux les sommes empruntées au cours de la guerre. Les logistes firent le relevé exact de la dette athénienne : elle s'élevait, vis-à-vis d'Athèna Polias, à 4.750 talents, vis-à-vis d'Athèna Nikè, à une trentaine de talents, et vis-à-vis des autres dieux à 800 talents environ [5]. Quoique le taux d'emprunt eût été abaissé,

1. IG, I, 260.
2. Thuc., V, 35, 39.
3. Thuc., V, 47.
4. Cf. Introd., § 22, quoi qu'en dise M. Bannier (*Rh. Mus.*, 1906, p. 212 sqq).
5. IG, I, 273, p. 119.

dans les quatre dernières années de la guerre au point de devenir purement fictif, les intérêts accumulés majoraient de beaucoup le total, et le portaient à 7.000 talents [1]. Il fut résolu qu'on reconstituerait en entier ce trésor de réserve [2] : la décision ne devait avoir qu'un commencement d'exécution.

La paix de Nicias avait rendu aux dieux de l'Attique la libre disposition de leurs revenus. Leurs représentants n'étaient pas embarrassés pour en faire usage, car il y avait partout des édifices à réparer, à achever, à construire en entier. Athèna attendait toujours un temple qui abritât son antique statue et le culte de son commensal Erechthée ; la construction de l'Erechthéion allait être désormais le principal travail [3].

La matière devait être le marbre pentélique : mais, l'entrée de l'Acropole étant maintenant reconstruite, l'apport des plus gros blocs était rendu beaucoup plus difficile que pour le Parthénon [4]. La main-d'œuvre devait probablement être payée plus cher : cependant, à cette époque, les artistes étaient encore des artisans, et payés comme tels. Les artistes qui ont fait les Caryatides, si célèbres parmi nous, étaient à certains égards des manœuvres : l'un d'eux a tracé les plis de derrière d'un manteau, qui ne devaient pas être vus [5], suivant les procédés enfantins de l'archaïsme.

Dans ces conditions, le travail semble avoir avancé lentement : le toit n'était pas posé en 414-413, quand les travaux durent être interrompus [6].

Le travail était-il fait, au début, par adjudication ou en régie ? Nous ne savons [7]. En tous cas, l'argent était fourni aux épistates par les trésoriers de la déesse.

Si l'on songe à ce qu'a coûté le Parthénon, il ne semble pas possible que l'Erechthéion ait coûté beaucoup plus de 100 talents par année moyenne. C'est dire que l'œuvre était parfaitement proportionnée aux revenus d'Athèna à cette

---

1. IG, I. 273, p. 149.
2. C'est cette résolution qu'Andocide a transformée en fait (III, 8).
3. Cf. Introd., § 4.
4. Je tiens ces renseignements de M. Balanos. Cf. Introd., § 4.
5. Lechat, *La sculpt. att.*, p. 497.
6. Choisy, *Études épigr.*, p. 114.
7. En 409, on a employé concurremment les deux systèmes (Choisy, *Et. épigr.*, p. 158-9).

époque. Mais la construction de l'Erechthéion, si elle constituait la principale charge de ce trésor, n'était pas la seule. Une lampe en or, chef-d'œuvre de Callimaque, devait orner le temple futur [1]. Les vases et tout l'appareil des processions ont été achevés ou réparés alors [2]. On a achevé les Victoires en or [3].

Les autres dieux avaient à bâtir, tout comme Athèna. Nous sommes particulièrement renseignés sur Héphaistos. Son temple, le prétendu Théséion, avait été achevé en 420 [4] : il s'agissait d'y mettre la statue, chef-d'œuvre d'Alcamène. Ce n'était là qu'une dépense de quelques talents [5]. Cependant, les trésoriers de la déesse, après avoir fourni l'argent nécessaire en 421-0 et 420-19, ont dû interrompre les paiements en 419-18 : ils n'ont pu les reprendre qu'en 418-7 et 417-6, nous verrons comment [6]. Ce fait est caractéristique ; il indique bien combien la richesse de ces divinités secondaires était disproportionnée aux ἀναθήματα qui leur ont été élevés. Aussi bien, la plupart de ces temples sont restés inachevés alors, même celui d'Éleusis [7]. Pour qu'ils pussent être seulement continués, il a fallu que l'État, qui avait maintenant pris en main l'administration de tous ces trésors, intervînt par ses largesses [8].

C'est dans cette période que nous sommes amenés à placer le décret inscrit au revers de celui de Kallias [9].

Les diverses allusions de ce décret nous paraissent s'accorder fort bien avec ce que nous savons de la situation vers le printemps de 418. Il est certain que, vers ce moment, on a achevé les Victoires en or, et il est fort possible qu'on ait eu des travaux accessoires à exécuter aux Propylées, achevés tout juste en 432. Quant aux travaux en cours sur l'Acropole, on songe tout naturellement à l'Erechthéion, et on en

1. Sur Callimaque, Lechat, *Phidias*, pp. 125-8.
2. IG, I, 320.
3. IG, I Suppl., 331ᵉ. Cf. Introd., § 62.
4. Judeich, TA, p. 326, n. 5.
5. IG, I, 318.
6. Cf. plus bas, p. 140.
7. Cf. *Le trésor sacré d'Éleusis*.
8. En dehors des sommes versées directement aux divinités, l'État intervenait en augmentant leurs domaines cf. IG, I Suppl., p. 67, 53ᵃ : en 418-7).
9. Cf. Introd., § 9 sqq.

restituerait volontiers la désignation aux deux endroits où il semble être question de l'achèvement d'un monument inconnu ; la somme de 10 talents, prévue pour chaque année, est faible, mais s'explique si le gros du monument était déjà élevé, et ferait comprendre d'ailleurs pourquoi les travaux ont traîné ensuite (nous savons que le toit n'était pas posé en 413). Au reste, il se pourrait fort bien que le maximum de 10 talents ne fût fixé que pour les sommes dépensées *en dehors des revenus annuels* [1]. Les précautions prises contre l'emploi du trésor d'Athèna à d'autres fins qu'à celles des constructions religieuses, ainsi que la mention de l'eisphora, s'expliquent bien par les souvenirs de la guerre archidamique [2] : on va voir que les sages résolutions prises allaient être bien vite rendues inutiles par les événements du dehors.

On est dans une période où il y a chaque année des excédents de recettes, et on se rappelle que leur affectation naturelle est la reconstitution du trésor d'Athèna. Sur les revenus de 418, on a cru pouvoir, sans préjudice des dépenses à prévoir, attribuer de suite 200 talents au trésor des autres dieux, qui était à peu près vide : au moment où ce trésor va être reconstitué, il est naturel qu'on rappelle une des règles anciennes de son administration [3]. Enfin, à ce propos, on prescrit d'achever les inventaires des biens sacrés : prescription inutile en ce qui concerne Athèna, mais non en ce qui concerne les autres dieux, pour lesquels les inventaires ordonnés par le décret de Kallias avait dû être interrompus par suite de la guerre [4]. En somme, le décret a pour objet général la réorganisation des deux trésors sacrés, et on s'explique très bien qu'à cette occasion, et pour éviter des redites, on ait recopié et gravé sur marbre le décret organique de 434-3.

Pour nous, l'intérêt du décret est dans le chiffre qu'il indique : on prévoit qu'il y aura des excédents de recettes chez les hellénotames, et pourtant on a cru pouvoir prélever de suite 200 talents sur les revenus d'Athènes. Ceci nous permet de préciser quelques chiffres que nous avions dû laisser incertains. En 421, 420, 419, les excédents de recettes ont été de 200 talents *et plus*, et on les a versés au trésor

1. Cf. Introd., § 10-11.
2. Cf. Introd., § 11.
3. Cf. Introd., § 11.
4. Cf. Introd., § 11.

d'Athèna, dont les revenus propres était absorbés par les travaux de l'Erechthéion ou autres. Au printemps de 418, on a pris des précautions pour que les dépenses fussent modérées, afin que ce trésor continuât à se reconstituer peu à peu. Maintenant, on songeait à remplir les caisses des autres dieux : on leur donna 200 talents en 418, et nous verrons qu'on a probablement continué ces largesses en 417, pour permettre d'achever les temples commencés sous Périclès [1]. Il faut se rappeler que le but final était de restituer aux dieux de l'Attique les 7.000 talents que l'empire reconnaissait leur devoir.

Les réserves d'Athèna, grâce à l'importance des revenus de la déesse, grâce à la lenteur avec laquelle étaient conduits les travaux de l'Erechthéion, ont pu s'accroître encore après 418, malgré les emprunts que nous allons constater. Quant à celles des autres dieux, depuis les versements de 418 et 417, elles ont dû être épuisées par les diverses constructions, qui n'ont été interrompues qu'en 413 : nous en aurons la preuve pour Éleusis [2].

La situation paraissait aux Athéniens assurée pour long-temps, lorsqu'elle fut changée complètement par le réveil imprévu de Sparte et la bataille de Mantinée (août 418), qui rétablit dans le Péloponnèse l'autorité de Lacédémone [3]. Dès 418, eurent lieu plusieurs expéditions dans le Péloponnèse, que les Athéniens, par suite de la rupture de l'alliance argienne, durent défrayer eux-mêmes. La conséquence fut que, non seulement les hellénotames ne purent verser de l'argent au trésor d'Athènes, mais encore les emprunts recommencèrent :

1° en septembre 418, les trésoriers ont prêté une somme inconnue aux hellénotames, pour la remettre à Démosthène. envoyé en Argolide. Il faut remarquer que le versement s'est trouvé inutile, et la somme a été finalement remise à un stratège qui commandait un poste en Thrace ;

2° en septembre 418, nouvelle avance à Démosthène. cette fois définitive, mais peu considérable (un peu plus de 4.000 statères de Cyzique) :

---

1. Cf. plus bas. p. 141.
2. Cf. *Le Trésor sacré d'Éleusis.*
3. Thuc., V, 75.

3° ultérieurement, une avance a été faite à un des stratèges, Autoklès, pour un objet inconnu [1].

Le total de ces emprunts a d'ailleurs été minime, inférieur à 55 talents.

En 417, se placent seulement l'établissement de quelques postes dans le Péloponnèse, et une expédition en Macédoine. On est étonné de constater quelques emprunts cette année-là :

1° au printemps de 417, sur les revenus qui venaient d'échoir au trésor d'Athèna, on a avancé à Nicias, pour son expédition (manquée) de Macédoine, une somme d'ailleurs minime ;

2° à l'automne de 417, les stratèges commandant sur la côte de Macédoine ont reçu une somme inconnue [2].

Si faibles que soient les emprunts, ils ne peuvent s'expliquer, je crois, que parce qu'au début de l'année on avait continué au trésor des autres dieux les versements commencés l'année précédente.

En 416, la politique d'Athènes redevint impérialiste, avec l'expédition de Mélos. Il est donc naturel que, cette année-là, des emprunts aient été nécessaires :

1° au début de 416, les stratèges de Mélos ont reçu 10 t. ;

2° au printemps de 416, il a été fait, probablement aux mêmes, un second versement ;

3° il y eut un autre versement en 416, et peut-être même plus d'un.

Les chiffres sont inconnus, mais ont dû être encore assez faibles [3].

Après la révision des tarifs en 417, les revenus d'Athènes atteignaient environ 2.000 talents. En continuant à éviter toute provocation directe à Sparte, et en laissant en paix les villes de Thrace, on pouvait espérer se passer des emprunts qu'avaient rendus nécessaires, l'an d'auparavant, l'expédition de Mélos, et même voir reparaître les excédents de recettes de 421-418. Mais, quelle que fût l'économie observée sur tous les autres points, on voit, par ce qui s'était passé les années précédentes, qu'il ne faut pas s'exagérer les sommes qui allaient rester disponibles, sur les revenus, pour l'expédition de Sicile.

---

1. IG, I, 180, l. 4 sqq., l. 14. Cf. Introd., § 21.
2. IG, I, 180-1.
3. IG, I, 181-2.

C'est en mars 415 que les Athéniens décidèrent l'envoi de
cette expédition. Les préparatifs occupèrent tout le printemps.
Au mois de juin 415, la flotte quitta le Pirée, et toute l'expédition se rassembla à Corcyre [1].

Elle se composait d'abord de 60 trières athéniennes de
combat, soit une masse de 12.000 hommes, dont 700 épibates
(soldats de marine). Ensuite venaient 40 vaisseaux hopli-
tagogues, portant chacun une centaine d'hoplites et quelques
archers, sans compter le personnel de rameurs. Les alliés
de Chios et de Méthymne avaient donné 34 trières de combat.
2 pentécontores rhodiennes portaient 700 frondeurs du pays.
Il y avait un navire hippagogue, portant 30 cavaliers [2]. Enfin,
nombre de navires de charge, pour le transport du matériel de
siège, suivaient l'expédition. En raison de l'éloignement et de
la longueur prévue de la guerre, Athènes allouait la haute
paye d'une drachme par homme et par jour [3]. On ne peut
donc évaluer la dépense à prévoir pour le trésor d'empire (qui
payait les forces athéniennes et les forces alliées) à moins de
135 talents par mois, 1620 talents par an [4]. Or, l'on prévoyait
certainement dès le début que l'expédition serait longue.

La caisse militaire qu'emportaient les généraux, Nicias,
Alcibiade, Lamachos, avait été remplie en partie avec les
revenus de l'année. Mais on avait dû faire largement appel au
trésor de réserve. Malheureusement, les chiffres qui nous
intéresseraient sont perdus. Une lacune, dont nous ne pouvons
mesurer l'étendue, nous dérobe cette partie de la stèle [5]. Pour
le premier versement à Nicias dont nous relevons la trace, le
chiffre est perdu. Les autres versements faits aux chefs de
l'expédition ne sont que des appoints : une vingtaine de talents,
14 ou 15 talents, quelques statères de Cyzique. Pour comble
de malechance, le chiffre total des emprunts de l'année 416-5
est perdu également [6].

Les Athéniens espéraient, sur la foi des Égestains, qui

1. Thuc., VI, 30.
2. Thuc., VI, 43-4.
3. Thuc., VI, 31.
4. M. Busolt (*Gr. Gesch.*, III², p. 1298) compte 100 t. par mois, parce qu'il
ne tient compte que des navires athéniens. Même opinion exprimée dans
Nöthe, *Bundesrath Bundessteuer und Kriegsdienst* progr. Magd., 1890),
p. 15. Cf. p. 58, n. 6.
5. IG, I, 182. Cf. Introd., § 21.
6. IG, I, 182, l. 6, 16.

avaient été les plus ardents à réclamer leur intervention, trouver en Sicile même de grands secours pécuniaires; ils furent détrompés dès qu'ils eurent atteint Catane. Égeste ne fournit que 60 talents [1]. Une expédition autour de la Sicile, et la vente des captifs d'Hykkara, parmi lesquels se trouvait la célèbre Laïs, ne donnèrent que 120 talents, la solde d'un mois [2]! Dans l'hiver, les Sicules apportèrent quelque argent pour la préparation du siège de Syracuse [3]. Mais, dès le début de 414, Nicias et Lamachos, restés seuls à la tête de l'expédition depuis la condamnation d'Alcibiade, attendaient avec anxiété les subsides envoyés d'Athènes [4].

Les mois qui avaient suivi le départ de la flotte avaient été pour Athènes une période de trouble intérieur, mais de tranquillité au dehors. Néanmoins, ce qu'on avait gardé des revenus de l'année ne fut pas suffisant, car de petits emprunts ont été contractés : en juillet 415, où les trésoriers de la déesse ont avancé à des stratèges inconnus 11 ou 12 talents et 248 statères ; peu après, 9 talents ont été prêtés pour la célébration des Panathénées (juillet ou août 415) ; à l'automne de 415 et au début de 414, quelques talents ont été empruntés pour la solde de certaines garnisons [5].

Avec le printemps de 414 arrivèrent les tributs et la majeure partie des 2.000 talents sur lesquels on pouvait compter pour l'année. On était tout occupé de Nicias à Athènes [6], et on lui envoya, en mars ou avril 414, une partie des fonds qui venaient de rentrer. Pour compléter la somme, on fit un nouvel emprunt au trésor de 300 talents ; un autre, de 4 talents 2.000 drachmes, paya les vaisseaux qui portèrent cet argent en Sicile [7]. Nicias et Lamachos touchèrent l'argent vers le mois de mai [8] et purent commencer aussitôt les opérations décisives contre Syracuse.

On sait comment, dans le courant même de l'été, le Spartiate Gylippe arriva à temps pour sauver la place menacée, et réduire rapidement les assiégeants à la défensive. Nicias,

1. Thuc., VI. 8, 46, 62.
2. Thuc., VI, 62.
3. Thuc., VI, 88.
4. Thuc., VI, 94.
5. IG, I, 183.
6. Cf. Aristoph., Aves., 363, 639.
7. IG, I, 183, l. 13-14 (8ᵉ prytanie).
8. Thuc., VI, 94.

resté seul chargé de toutes les responsabilités par la mort de
Lamachos, écrivit à Athènes une lettre qui arriva en novembre
414 [1], et dans laquelle il peignait sa détresse : entre autres
malheurs, la prise du fortin de Labdalon lui avait enlevé sa
caisse militaire [2]. Les Athéniens, pour lesquels la situation
générale paraissait encore favorable à ce moment, résolurent
séance tenante l'envoi d'une expédition de renfort sous
Démosthène, et firent partir dès le 20 décembre 414 Eurymédon avec de l'argent [3]. On avait encore emprunté, outre
l'argent pris sur les revenus, 140 talents au trésor, et
20 autres pour les navires qui emportaient ces sommes [4] : il
fallait une escorte solide, car la mer Ionienne était sillonnée
des vaisseaux qui partaient des ports du Péloponnèse au secours
de Syracuse menacée.

Nicias put ainsi se maintenir devant la place, malgré des
échecs répétés, jusqu'à l'arrivée de Démosthène en juillet 413 [5].
D'après ce que nous avons vu, on ne peut estimer ses dépenses,
en deux ans, à moins de 3.000 talents.

Il ne faut pas oublier qu'à partir de l'arrivée de Gylippe
(été 414) l'armée de Nicias s'est désorganisée peu à peu, et
que les effectifs à entretenir ont diminué. Nicias le constatait
déjà dans son rapport de l'automne 414, probablement en
exagérant [6] : « Notre marine a d'abord été florissante, vaisseaux
et équipages ; maintenant les vaisseaux commencent à moisir,
à force de rester dans l'eau, et les équipages à se désorga-
niser..... Ce qui les a décimés, et les décime encore, c'est
d'abord que, quand les matelots s'en vont au bois, à l'eau, en
maraude, ils sont détruits par la cavalerie. Puis les esclaves,
depuis que les forces se balancent, désertent. Parmi les étrangers, ceux qui ont été embarqués de force se dispersent déjà
dans les villes. Ceux qui ont été attirés par la haute paye et
qui espéraient du butin et peu de dangers, depuis qu'ils voient,
contre leur attente, les ennemis résister sur mer et ailleurs,
partent, les uns sous prétexte de chercher leurs esclaves
marrons, d'autres comme ils peuvent, et la Sicile est grande !

1. Thuc., VII, 16.
2. Thuc., VI, 97 ; VII, 3.
3. Thuc., VII, 16.
4. Je crois qu'on peut utiliser ainsi Diod., XIII, 8, § 7, et Thuc., VII, 16. § 2.
5. Busolt, *Gr. Gesch.*, III², p. xxix.
6. Thuc., VII, 12 sqq.

Quelques-uns enfin ayant acheté au camp même des esclaves d'Hykkara, persuadent aux triérarques de les prendre à leur place, au grand détriment de la régularité du service à bord. Or, je n'ai pas besoin de vous dire que la bonne tenue d'un équipage dure peu, et que c'est un petit nombre d'hommes seulement qui enlèvent le navire et entraînent les rameurs. Ce qu'il y a de pis, c'est que je ne puis, moi stratège, empêcher cela, car vous n'êtes pas faciles à mener, et que je ne sais où recruter des hommes, alors que l'ennemi en tire de partout : il faut, avec ce que nous avions en arrivant, suffire au service et combler les vides, car nos alliées actuelles, Naxos et Catane, ne donnent rien..... »

Malgré tout, les dépenses ont dû être énormes jusqu'à la fin. Les Syracusains, qui se bornaient à se défendre, évaluèrent les frais du siège à 2.000 talents, sans parler d'une dette écrasante [1].

L'année 414 s'était ouverte pour Athènes au milieu de grandes espérances. Aussi n'avait-on pas craint, dans le courant de l'été, d'envoyer au secours d'Argos 30 vaisseaux qui ravagèrent les côtes de Laconie, et, pour la première fois, de provoquer directement Sparte [2]. En même temps, on reprenait l'offensive contre les villes défectionnaires de Thrace [3]. Enfin, au cours de l'hiver, on rétablit une station de 20 vaisseaux à Naupacte, pour gêner les envois de secours du Péloponnèse à Syracuse [4]. Les revenus de l'année, déjà entamés pour l'armée de Sicile, ne suffirent certainement pas à ces dépenses multipliées : au printemps de 414, on avait emprunté quelques talents pour la flotte qui stationnait dans le golfe de Therma [5], et, si nous n'avions perdu la liste des emprunts de 414-3, nous y relèverions, surtout après l'envoi à Nicias, d'autres faits semblables.

Mais surtout, on fut réduit à la réserve pour armer, au début de 413, l'expédition de Démosthène, et constituer sa caisse militaire [6].

Démosthène partit du Pirée en mars ou avril 413, avec

1. Thuc., VII, 48.
2. Thuc., VI, 105.
3. Thuc., VII, 9.
4. Thuc., VII, 17.
5. IG, I, 183.
6. Thuc., VII, 16.

60 vaisseaux d'Athènes et 5 de Chios, portant 1.200 hoplites athéniens, sans parler des alliés[1]. Il opéra d'abord sur les côtes du Péloponnèse avec Chariclès, dont l'escadre de 30 vaisseaux rentra bientôt à Athènes[2]. A Corcyre, ils rejoignirent Eurymédon revenu de Sicile, et tous deux durent céder 10 de leurs meilleurs vaisseaux au commandant de la station de Naupacte[3]. Mais ils comblèrent les vides et au delà, grâce au secours qu'ils trouvèrent à Corcyre et en Italie, et, quand ils parurent devant Syracuse (juillet 413), ils étaient à la tête de 73 trières et de 5.000 hoplites[4]. On ne peut pas évaluer à moins de 280 talents les dépenses de Démosthène pendant ces quatre mois.

Après son arrivée, les Athéniens eurent sous les murs de Syracuse une masse dont l'entretien, malgré toutes les pertes subies, représentait encore 150 ou 200 talents par mois[5]. On sait que les événements se précipitèrent et que, dès le mois de septembre 413, c'en était fait des forces d'Athènes : au moment de la capitulation, l'ennemi remplit encore quatre boucliers avec l'argent pris[6].

Aussi à l'automne de 413, le trésor d'Athéna était vide, sauf le fonds de réserve constitué au début de la guerre[7].

III

413-404

La conquête de la Sicile était une entreprise parfaitement réalisable et qui aurait assuré à Athènes un accroissement énorme de puissance et de richesse. C'est la provocation

1. Thuc., VII, 20, 26.
2. Thuc., VII, 26.
3. Thuc., VII, 31, 34.
4. Thuc., VII, 42. Plutarque (*Nicias*, 21, 5) ajoute 3.000 gens de trait (d'après Philiste ?)
5. Cependant le chiffre de 40.000 hommes, donné par Thucydide (VII, 75), est exagéré pour la fin de l'expédition.
6. Thuc., VII, 82.
7. Thuc., VIII, 1. Si Démosthène a pu emporter une partie des tributs apportés à Athènes au printemps de 413 (Thuc., VII, 17, 1 : je ne puis suivre Classen pour l'explication d'αὐτόθεν,), les dépenses entraînées par l'occupation de Décélie (Thuc., VII, 28) ont été payées par le trésor. — Quant au trésor des autres dieux, cf. p. 140.

imprudente à Sparte qui, en réveillant l'ennemi principal de sa longue torpeur, et en déterminant les Péloponnésiens à occuper Décélie (mars 413), a changé complètement la situation. Les effets de cette occupation permanente, qui mettait véritablement Athènes en état de siège, se firent sentir sur toutes les sources de la richesse nationale. La culture du territoire devint impossible, et l'exploitation des mines du Laurion, qui était restée jusqu'alors en pleine activité, s'arrêta peu à peu : on évalua à 20.000 le nombre des esclaves qui s'échappèrent[1]. Le commerce du blé entre l'Eubée et Athènes, si important, fut rendu impossible par la voie de terre, par Oropos et Décélie : il fallut recourir au transport par mer et fortifier le Laurion[2]. Enfin, l'activité des tribunaux fut ralentie, et bientôt, presque complètement arrêtée, par l'incessant service de garde que rendait indispensable la proximité de l'ennemi, — et l'on sait quelle source importante de revenus étaient les πρυτανεῖα, depuis que les alliés étaient contraints de plaider devant les tribunaux d'Athènes[3]. Les effets de l'occupation de Décélie apparurent déjà lors des adjudications de la 2e prytanie (août ou septembre 413)[4]. On commença à se préoccuper d'ouvrir pour l'État des sources de richesse nouvelles.

Or, le moment était venu, précisément, où le Conseil avait à réviser les tarifs de tributs. Quelque grande que fut la tentation de les augmenter encore, on sentit la nécessité de ménager les alliés, qui avaient été mis si largement à contribution pour l'expédition de Sicile. On eut donc recours à un moyen détourné.

Nous avons dit que, grâce à la paix athénienne, le commerce égéen s'était considérablement développé, et que très probablement les droits de marché, de port, de douane, etc., étaient devenus le principal revenu des villes, celui sur lequel on prélevait en général le tribut ; l'accroissement particulier des tributs de l'Hellespont, qui se trouvait, comme on sait, sur une des routes principales du commerce,

1. Thuc., VII, 19, 27.
2. Thuc., VII, 28 ; VIII, 4. Cela supprimait les droits fructueux levés sur la route Chalcis-Oropos-Athènes.
3. Thuc., VI, 91.
4. Dès le printemps de 413, on dut renvoyer des mercenaires, parce que leur entretien eût été trop dispendieux (Thuc., VII, 27-30).

nous semble être un signe de ce phénomène [1]. Les Athéniens
pensèrent qu'en faisant de ces droits sur le commerce des
recettes d'empire, ils obtiendraient un rendement annuel supérieur à celui du tribut, tout en mécontentant moins les alliés.
Nous ne savons sur quoi fut basé le tarif uniforme de 5 %,
qui fut mis en vigueur partout [2] : le chiffre de 1/20e est compris entre celui qui était adopté pour la douane du Pirée
(1/100e) et celui qui fut adopté plus tard pour la douane du
Bosphore (1/10e). Il est fâcheux que nous n'ayons pas de renseignement précis sur le produit effectif de ce vingtième, qui
nous donnerait le mouvement général des ports de l'Archipel
à la fin de la thalassocratie athénienne [3]. Le vingtième fut
affermé, suivant l'usage athénien : le système avait l'avantage
de permettre à l'État de toucher en une fois et d'avance le
produit du droit, à la 9e prytanie (au printemps) [4]. Autrement,
la rentrée se fût répartie sur tout le cours de l'année, suivant
les particularités du commerce local : à l'Hellespont, par
exemple, le gros des revenus rentrait au passage des blés de
la Scythie, après la moisson, c'est-à-dire en plein été [5].

On espéra que l'accroissement des ressources d'empire
compenserait, et au-delà, le déficit des autres. Pour soutenir
en même temps la guerre contre Syracuse et la guerre contre
Sparte, on devait prévoir de bien autres dépenses qu'au temps
de la guerre archidamique même. La présence permanente
de l'ennemi en Attique forçait à des patrouilles de cavalerie
constantes [6]. Une forte croisière était nécessaire à Naupacte, tant que durait la guerre de Sicile, — on peut même
dire tant qu'Athènes n'avait pas renoncé à maintenir ses
positions dans l'Ouest [7]. Enfin, les alliés devaient être sur-
veillés de près.

Dans ces conjonctures, la nouvelle du désastre de Sicile
parvint à Athènes (octobre 413). Dans le premier moment
d'affolement, on craignait de voir les vaisseaux péloponnésiens

1. Cf. p. 135.
2. Thuc., VII, 28. On a conjecturé avec vraisemblance que ce fut une extension d'une mesure prise auparavant pour les clérouchies : il est certain
qu'Athènes tirait des revenus de ses clérouchies (Thuc., IV, 108, 1).
3. Pour l'Hellespont, cf. p. 155-6.
4. Cf. Arist., 'A. π., XLVII. Cf. l'eikostologue d'Aristophane, *Ran.*, 362-4.
5. Cf. Busolt, *Gr. Gesch.*, III², p. 1620, n. 1.
6. Thuc., VII, 27.
7. Thuc., VII, 34 ; VIII, 13 ; Diod., XIII, 48.

et siciliens paraître devant le Pirée : heureusement pour
Athènes, les vainqueurs étaient épuisés, et d'ailleurs la mauvaise saison arrivait. Mais il fallait s'attendre à une vigou-
reuse offensive de Sparte pour le printemps suivant. Or,
l'expédition de Démosthène avait achevé de vider le trésor,
et les revenus de l'année, diminués par suite de l'occupation
de Décélie, étaient eux-mêmes absorbés déjà par les dépenses
sans cesse croissantes : il fallut faire des prodiges d'économie,
supprimer tous les postes qui n'étaient pas indispensables,
pour préparer la résistance [1]. 160 trières avaient été perdues
en Sicile, et les chantiers étaient dégarnis : la première tâche
qui s'imposait était de reconstituer la flotte [2]. La réconciliation
avec la Macédoine mettait à la disposition d'Athènes les bois
du Nord, mais les communications avec cette région étaient
lentes en plein hiver ; quant à la dépense à prévoir, il nous est
difficile de l'évaluer : nous savons seulement qu'à la même
époque, les Péloponnésiens estimaient pouvoir équiper une
flotte nombreuse avec 25 talents [3]. On atteignit ainsi le
moment où arrivèrent les revenus de 412, mais ceux-ci
devaient être réservés pour les opérations multiples que faisaient prévoir les armements des Péloponnésiens et les mouvements des alliés. Les Athéniens, qui avaient été invités aux
jeux isthmiques (printemps 412), purent s'y renseigner exactement, et mesurer le danger.

Quand les Péloponnésiens ouvrirent la guerre maritime et se
risquèrent pour la première fois dans le domaine propre
d'Athènes, ils furent surpris de voir une escadre leur barrer
la route et les bloquer sur les côtes d'Argolide [4] : en même
temps, la station de Naupacte, qui avait été maintenue, infligeait un échec sensible aux forces qui, de Sicile, revenaient
dans les mers du Levant [5]. Mais presque aussitôt, un grave
événement détruisit l'heureux effet de ces premiers faits
d'armes : Chios, la plus grande ville d'Ionie, le dernier allié
non tributaire d'Athènes, la cité dont on associait le nom à
celui d'Athènes dans les prières publiques des Athéniens, pro-

---

1. Thuc., VIII, 1, 4.
2. Athènes n'avait jamais eu 400 trières (cf. Kolbe, M A, 1901, p. 400).
3. Thuc., VIII, 8. Mais la flotte péloponnésienne était sensiblement moins
nombreuse que celle qu'Athènes mit en ligne en 412.
4. Thuc., VIII, 10.
5. Thuc., VIII, 13.

clama sa défection [1]. C'était le signal de la dissolution de
l'empire. Il allait falloir une flotte formidable sur les côtes
d'Ionie, pour parer aux défections ultérieures, et une flotte
maintenue *en permanence* : dans le courant de l'été, elle
devait s'élever à 100 trières et au delà [2]. Même en se tenant
strictement au tarif normal de 3 oboles [3], la dépense était de
600 talents par an. Si l'on songe qu'au temps de la guerre
archidamique les stations permanentes étaient petites et que
les grandes flottes ne restaient en mer que deux ou trois
mois, on comprendra qu'en dépit de toutes les économies, les
dépenses allaient être presque égales à celles de l'expédition de
Sicile [4]. En même temps, l'ébranlement de l'empire, qui commençait, compromettait dès le début la perception du vingtième.

Aussi bien, à la première nouvelle de la défection de Chios
(juillet 412), les Athéniens avaient levé la peine de mort
prononcée contre quiconque proposerait de toucher au fonds
de réserve constitué par la prévoyance de Périclès : pour
accélérer les constructions navales, entretenir la flotte nouvelle, on ne pouvait plus s'en passer [5]. Le fonds de
1.000 talents constituait un appoint sérieux aux ressources
d'Athènes, mais il ne fallait pas compter sur lui pour plus de
un ou deux ans. En fait, il se trouva très réduit dès le printemps de 411 [6]. La question était de savoir si l'adversaire
s'épuiserait ou se lasserait plus vite, et malheureusement en
ce moment même, des négociations aboutissaient, lesquelles
dissipaient toutes les préoccupations financières qui avaient
jusqu'alors paralysé les Péloponnésiens : le roi de Perse avait
ordonné aux satrapes d'Asie-Mineure de reprendre les villes
grecques délivrées par Athènes soixante-cinq ans auparavant, et ceux-ci concluaient avec Sparte les premiers traités
de subsides. Beaucoup de gens, à Athènes, commencèrent
à douter qu'on pût maintenir la domination athénienne
contre les forces de la Grèce dorienne et l'or des Perses
réunis [7].

---

1. Thuc., VIII, 14-15. Philoch., fgt. 116.
2. Thuc., VIII, 30.
3. Thuc., VIII, 45.
4. Cf. p. 141.
5. Thuc., VIII, 15. Philoch., fgt. 116.
6. Cf. plus bas, p. 153, n. 3.
7. Thuc., VIII, 53.

1.

En 412, une révolution démocratique avait fait de Samos le quartier général des forces athéniennes [1]. Nous ne savons pas dans quelles conditions était perçu et centralisé le droit du vingtième, mais il n'est pas croyable qu'à partir du moment où il y eut à Samos comme une seconde Athènes, on ait fait rentrer tous ces revenus dans la capitale pour les renvoyer ensuite en Ionie : manifestement, la flotte touchait directement les droits acquittés en Ionie, en Carie, dans l'Hellespont. Il faut ajouter que déjà les soulèvements qui se multipliaient, et la désorganisation progressive de l'empire, faisaient d'une partie de ces revenus des contributions de guerre, à percevoir à la pointe de l'épée : dès 412, une partie de l'Ionie et de la Carie avait fait défection, et au début de 411, l'Hellespont, chose plus grave, commençait à suivre cet exemple.

C'est l'état de choses que font entrevoir, en termes généraux mais très lucides, les propos des matelots, lorsque le coup d'État des Quatre-Cents provoqua la scission entre la cité et l'armée (printemps de 411) [2] : « Nous avons tous les navires, et par conséquent nous pouvons forcer toutes les villes de l'empire à nous verser l'argent, aussi bien que si nous partions d'Athènes..... C'est en vérité peu de chose que ce que la ville peut nous fournir pour tenir tête aux ennemis, et nous ne perdons guère, puisqu'ils n'avaient plus ni argent à nous envoyer — c'est nous qui nous le procurons nous-mêmes, — ni directions utiles..... » Seuls, les revenus des îles et probablement de la Thrace continuèrent à rentrer à Athènes [3].

Nous n'avons pas à raconter ici les origines et les progrès du mouvement réactionnaire qui venait d'aboutir au coup d'État des Quatre-Cents (printemps de 411), et de renverser le gouvernement démocratique à Athènes et sur plusieurs autres points de l'empire. Rappelons seulement que ce qui irritait le plus les classes aisées, si lourdement atteintes par la triérarchie et les autres charges de la guerre, c'était le gaspillage démocratique ; les Quatre-Cents allèrent jusqu'à supprimer d'un coup tous les emplois rétribués par l'État [4]. Mais la

1. Thuc., VIII, 21, 63.
2. Thuc., VIII, 76.
3. Cf. l'eikostologue d'Égine en 405 (Aristoph., *Ran.*, 362-4).
4. Arist., 'A. π., XXIX.

minorité d'entre eux cherchait le rapprochement avec Sparte : la majorité plus modérée qui les renversa bientôt (automne de 411), si elle maintint toutes les réformes intérieures tendant à l'économie [1], se faisait encore des illusions sur la solidité de l'empire ; elle rétablit la communication avec Samos, et consacra l'argent à pousser plus énergiquement la guerre. On construisit de nouveaux vaisseaux, grâce à l'amitié du roi de Macédoine, Archélaüs, et Théramène fut chargé de les conduire dans l'Hellespont, devenu le théâtre principal des opérations [2]. Il commença par parcourir les îles et la Thrace, où des mouvements parallèles à celui des Quatre-Cents s'étaient produits en 411, et, par une action militaire énergique, assura la rentrée des taxes de ces districts au début de 410 [3]. On put ainsi armer, au printemps, une dernière expédition de 50 trières, portant 100 cavaliers et 1.000 hoplites, et sur lesquelles 5.000 rameurs avaient été munis d'une armure légère [4] : Thrasylle, qui commandait ces forces, gagna Samos et de là l'Hellespont [5].

Mais, à la suite de la victoire de Cyzique, la démocratie radicale fut rétablie dans Athènes (juin 410) [6], et le nouveau gouvernement se borna à maintenir les garnisons qu'Athènes tenait encore à Pylos, à Naupacte, etc. : son principal souci fut de procurer la subsistance à la foule de plus en plus misérable que l'occupation de Décélie avait entassée dans la ville, et de lui fournir régulièrement la *diobélie*, les 2 oboles par jour qu'elle réclamait [7].

Dans ces conjonctures, Athènes trouva encore d'utiles ressources dans le trésor d'Athéna. Au commencement de 411, on puisait toujours dans ce qui restait du fonds de réserve, mais déjà l'on employait les revenus de la déesse pendant l'année en cours [8] : les Quatre-Cents firent de

---

1. Thuc., VIII, 97.
2. IG, I, 82 + 35ᵉ, rapprochés par M. Wilhelm,
3. Diod., XIII, 47.
4. Xén., *Hell.*, I, 2, § 1.
5. Je suis M. Busolt, *Gr. Gesch.*, III², p. 1529, n. 1. L'histoire financière confirme la date qu'il a adoptée.
6. Andoc., *de Myst.*, 96. Busolt, *Gr. Gesch.*, III², p. 1541.
7. Cf. IG, I, 188.
8. IG, I, 184, l. 5. etc. J'ai déjà dit que je ne pouvais suivre M. Bannier (*Rh. Mus.*, 1906, p. 212 sqq.) au sujet de ce document.

même [1], et le gouvernement qui suivit, pour rétribuer les troupes mercenaires de la garnison, armer l'expédition de Thrasylle, etc., a épuisé les revenus de 411-0 [2]. 33 talents ont été dépensés en une fois et, si le chiffre total des emprunts est inconnu, nous savons que le reste du fonds de réserve y entra pour plus de 75 talents, tandis que les revenus fournirent une somme comprise entre 50 et 100 talents, —— sans parler d'un peu d'or, qu'on n'oublia pas [3].

Or, les revenus de 411-0 ont été employés en entier, car, l'an d'après (410-409), on fut réduit à emprunter l'argent à mesure qu'il entrait dans les caisses de la déesse [4]. Pour les Panathénées, pour la garnison de Pylos, pour le service de la cavalerie, pour la diobélie, etc., la démocratie restaurée emprunta plus de 83 talents. En outre, deux fonds spéciaux, appartenant à Athèna, ont été assignés directement aux officiers qui commandaient au dehors : l'un, provenant d'Érétrie, de quelques milliers de drachmes, l'autre, provenant de Samos, de plus de 95 talents. On estime avec raison que ce dernier devait être constitué par des fermages, des parts de butin, etc., qui s'étaient amassés dans les deux ou trois dernières années, sous la garde de la flotte de Samos [5]. Mais une partie de la somme était rentrée pendant l'année en cours : on voit donc que la somme disponible en une année, défalcation faite des dépenses d'ordre religieux (entretien des bâtiments sacrés, etc.), avait été de *100 à 150 talents*. Nous ne savons s'il est resté quelque chose dans les coffres, car les comptes des années suivantes sont en grande partie perdus ; la chose est peu probable, si l'on compare ce chiffre avec le chiffre des emprunts de 411-0 [6].

1. IG, I, 184, l. 11 sqq.; IG, I, Suppl., p. 160 (179ᵉ). Les Quatre-Cents empruntèrent 80 t. au moins. Cf. Busolt, *Gr. Gesch.*, III², p. 1508, n. 3.

2. C'est à l'expédition de Thrasylle, aux matelots armés comme peltastes, que je rapporte les mots κατὰ γῆν καὶ κατὰ θάλατταν (IG, I, 185 A, l. 38 et 62).

3. IG, I, 185 A, l. 40; B, l. 29; B, l. 22; B, l. 30 sqq. —— Du chiffre total des emprunts de 411-0, il ne reste que 160 t. (IG, I, 185 B, l. 29). Je ne sais pourquoi M. Busolt restitue 360 t. (*Gr. Gesch.*, III², p. 1523, n. 2). Sur la pierre, qui est au British Museum, on distingue, au-dessus de la cassure, l'angle supérieur d'un Γ (fig. 3) : ΨΗΡΔ, 660 t. Il devait rester une partie des 1.000 t. en 411, d'autant que les trésoriers avaient en outre à leur disposition les sommes qui s'étaient amassées pendant les derniers mois : tout cela a été employé pour les expéditions de Théramène et de Thrasylle.

4. IG, I, 188, en tête : ἐκ τῶν ἐπετείων.

5. E. Meyer, *Forsch. z. a. G.*, II, p. 121 sqq.

6. Cf. ci-dessus, n. 3. —— Pour les comptes des années suivantes, cf. Introd., § 21.

On voit à quel total s'élevaient les revenus d'Athèna, à un moment qu'on peut considérer comme l'apogée de sa richesse, mais lorsque déjà la désorganisation commençait. Au reste, une partie seulement de ces revenus était fixe, provenant de domaines fonciers qui avaient été assignés à Athèna dans toutes les parties de l'empire [1]. Ce qui provenait d'autres sources, des amendes par exemple, et surtout du butin [2], était naturellement beaucoup plus variable.

En 409, on trouva moyen d'utiliser les richesses d'Athèna pour l'entretien du peuple, sans les détourner de leur destination naturelle. L'Érechthéion était resté inachevé : on le reprit, et pendant deux ou trois ans on y employa une partie de la population. La dépense totale est malheureusement inconnue [3]. L'édifice était à peu près achevé lorsque brûla, en 406, le vieux temple qu'il était appelé à remplacer.

Il semble bien que la même idée ait été appliquée aux ressources d'Athèna Nikè : du moins la balustrade de son temple date-t-elle de ce temps [4]. On a même travaillé pour les autres dieux, par exemple à Eleusis [5]. Au reste, nous manquons de chiffres pour ces trésors secondaires, mais nous avons vu combien ils avaient toujours été minimes en regard des revenus, vraiment énormes, de la déesse nationale.

Avec ce qui rentrait encore des îles et de la Thrace, et ces emprunts aux dieux nationaux qu'on espérait, même alors, pouvoir rembourser quelque jour, on pouvait pourvoir à la défense et à la subsistance de la capitale, la flotte se pourvoyant elle-même. Mais, lorsqu'on voulut armer encore une escadre de secours, en 406, il fallut porter la main sur les richesses non monnayées des dieux, sur les Victoires en or [6] : Athènes connut même, pour la première fois, des monnaies fourrées. La rapidité du dénouement épargna aux Athéniens la tentation d'avoir recours au moyen suprême

1. Cf. IG, I Suppl., p. 36, 279ᵃ.
2. Ce qui provenait du butin pouvait être encore assez considérable : en 415, les Argiens, en une fois, tirent 25 t. du butin (Thuc., VI, 95), ce qui suppose une dîme de 2 talents 1/2.
3. Judeich, TA, p. 78. Cf. Introd., § 4, 61.
4. Judeich, TA, p. 79.
5. Cf. *Le trésor sacré d'Eleusis*.
6. Cf. Foucart, BCH, 1888, p. 283 sqq.

prévu par Périclès, et le chef-d'œuvre de Phidias survécut à la banqueroute finale [1].

2.

Nous avons vu que la flotte de Samos était presque réduite, dès le printemps de 411, aux taxes qu'elle avait à percevoir elle-même sur l'Ionie et l'Hellespont. La part principale était certainement payée par l'Hellespont, qui, quelques années auparavant, versait 296 talents de tribut et qui devait verser davantage encore, depuis que les droits sur le passage des blés de Scythie étaient levés en entier au profit de l'empire [2] : ce passage, qui avait lieu en août, était désormais la principale ressource des stratèges athéniens. On comprend quelle fut l'inquiétude lorsque la défection des principales villes, appuyée par la flotte péloponnésienne, le compromit en 411 [3] : à partir de ce moment, Alcibiade, rappelé par l'armée et mis à sa tête, ne pouvait continuer les opérations. Xénophon, qui a vécu ces événements dramatiques, nous le montre réunissant ses hommes, à la veille de l'action décisive, et leur disant brutalement : « Nous n'avons plus du tout d'argent. » La victoire complète de Cyzique (début de 410) sauva certainement la flotte d'une dissolution imminente [4].

En effet, aussitôt après cette victoire, Alcibiade se porta vers le Bosphore : les fortes places de Byzance et de Chalcédoine étaient bien gardées, mais l'essentiel était de tenir Chrysopolis, où le courant forçait tous les bâtiments de commerce à relâcher. On mit ce point sous bonne garde, et, quelle que fût l'importance de ce commerce pour l'approvisionnement d'Athènes, on n'hésita pas à frapper d'un droit de 10 0/0 tous les blés qui passeraient [5]. Pour entretenir des forces que la jonction avec Thrasylle (automne de 410) allait bientôt porter à 150 trières [6], il fallait environ 900 talents par an, soit un passage annuel d'une valeur de près de 60 millions de drachmes : en prenant pour base le prix du médimne de blé à Athènes à la fin du Ve siècle (2 à 3 drachmes [7]),

1. Cf. plus haut, p. 114, n. 3.
2. Cf. plus haut, p. 148.
3. Thuc., VIII, 99. Cf. Busolt, *Gr. Gesch.*, III², p. xxxiii.
4. Xén., *Hell.*, I, 1. Cf. Busolt, *Gr. Gesch.*, III², p. 594.
5. Xén., *Hell.*, I, 1, § 22.
6. Cf. plus haut, p. 152.
7. Cf. Beloch, *Studi di St. Ant.*, II (1891), p. 66-7.

cette somme représente la valeur d'une douzaine de millions
d'hectolitres. Le chiffre n'est pas invraisemblable, car le sud
de la Russie exporte aujourd'hui le blé par dizaines de millions
d'hectolitres [1]. Il est néanmoins très gros : Athènes, au IVe siècle,
ne tirait du Pont que 200.000 hectolitres [2]. Il était nécessaire,
en tout cas, que l'exportation des villes grecques du Pont ne
fût pas trop inférieure à ce chiffre, puisqu'à partir du mois
d'août 410 la dîme de Chrysopolis fut la seule source régulière
qui alimentât la caisse militaire des stratèges athéniens.

En fait, les succès de 409 ont permis à Alcibiade, lors de sa
rentrée à Athènes (juin 408), d'éblouir ses concitoyens par les
grosses sommes d'argent qu'il rapportait [3]. Mais, quand il
reprit la mer, à l'automne de la même année, nous le voyons
déjà réduit, pour entretenir ses troupes, à de véritables razzias,
et Conon, son successeur, ne put garder en mer que les
70 meilleurs vaisseaux de la flotte [4]. L'an d'après (406), lors
du dernier effort que couronna la victoire des Arginuses, il se
trouva encore 180 vaisseaux dans les eaux d'Ionie [5]. Manifestement, le commerce de l'Hellespont ne pouvait suffire à de
pareilles masses, et les expéditions de ces dernières années
de la guerre ont pris de plus en plus le caractère de pures
flibusteries. Malgré tout, la douane de Chrysopolis a été
jusqu'au bout la ressource principale des flottes d'Athènes, et
c'est en menaçant le passage, en août 405, que Lysandre a
obtenu le combat décisif qu'il cherchait [6].

Les soldats d'Athènes se sont battus plus d'une fois à jeun
dans cette période. Il est vrai que ces dernières flottes étaient
composées en grande partie d'éléments athéniens. Néanmoins,
le fait qu'une si longue prolongation de la lutte ait été possible
atteste l'attachement qu'Athènes avait inspiré à ces populations maritimes des villes de l'Archipel, habituées si longtemps à suivre son pavillon [7].

---

1. Hübner's *Géograph. Statist. Jahrbuch*, 1906, p. 82.
2. Cf. Perrot, *Revue histor.*, IV, p. 23.
3. 100 talents, dit M. Busolt (*Gr. Gesch.*, III², p. 1561), je ne sais d'après
quelle autorité.
4. Xén., *Hell.*, I, 5, *in fin.*
5. Xén., *Hell.*, II, 1, § 20-21.
6. Xén., *Hell.*, II, 1, § 17 (πρός τε τῶν πλοίων τὸν ἔκπλουν)
7. Cf. le décret pour Néopolis (IG, I, 51, et Suppl., p. 15).

3.

L'issue était pourtant certaine dès que les coalisés auraient les moyens nécessaires pour disputer à Athènes le champ de recrutement qui lui avait été jusque-là réservé : ce champ, la défection générale des éléments conservateurs, dans les villes alliées, le leur avait ouvert, l'or perse le leur assura.

Dès 412, les satrapes avaient reçu l'ordre de fournir des subsides aux Péloponnésiens. Mais ce n'est qu'en 408, lorsque le prince royal Cyrus eut été investi du gouvernement général de l'Asie-Mineure, que les paiements devinrent réguliers et larges [1]. Au même moment, Sparte avait trouvé le chef le plus apte à tirer bon parti des faveurs du Barbare : dès son arrivée, Lysandre alla à Sardes s'entendre avec lui. On racontait avec verve, dans les milieux spartiates, la scène décisive : « Quand Cyrus fut arrivé à Sardes, Lysandre alla l'y trouver avec les députés de Lacédémone. Là, ils se plaignirent de l'attitude du satrape Tissapherne, et sollicitèrent Cyrus de mener la guerre avec toute l'activité désirable. Cyrus répondit que les instructions du Roi son père étaient dans ce sens, et que lui-même partageait absolument cette manière de voir : « Je suis venu, dit-il, avec 500 talents ; si ce n'est pas assez, je donnerai les revenus qui m'ont été assignés ; et, si cela ne suffit pas encore, je ferai fondre ce trône sur lequel je siège (il était d'or et d'argent). » Les autres approuvent et demandent qu'on donne une drachme attique par jour aux matelots : « Si nous payons une telle solde, les matelots d'Athènes déserteront en masse, et finalement nous aurons réalisé une économie. » Cyrus dit qu'ils avaient raison, mais qu'il était forcé de s'en tenir aux prescriptions de son père : « Les traités de subsides portent qu'on donnera 30 mines par mois à chaque navire que les Lacédémoniens seront disposés à entretenir [3 oboles par jour et par homme]. » Lysandre alors se tut : mais à la fin du repas, comme Cyrus, dans un élan de cordialité, lui demandait ce qu'il pourrait faire pour lui être agréable, il répondit, le prenant au mot : « Donner une obole de plus à chaque matelot. » A partir de ce moment, la solde fut de 4 oboles au lieu de 3. De plus, Cyrus régla l'arriéré, et paya un mois d'avance, pour donner du cœur aux soldats. Cette

1. Thuc., II, 65.

nouvelle atterra les Athéniens, et ils eurent recours auprès du prince à l'entremise de Tissapherne : le satrape conseilla de suivre la tactique qu'il avait adoptée sur le conseil d'Alcibiade [de tenir la dragée haute aux coalisés], afin qu'aucune des puissances grecques ne prît le dessus et que toutes s'affaiblissent par la prolongation de leurs discordes : mais Cyrus l'éconduisit [1]. »

On estimait plus tard qu'il en avait coûté 5.000 talents au Grand Roi pour abattre Athènes [2]. Pour les huit années de guerre (412-404) cela représente une dépense annuelle de 625 talents, qui concorde à peu près avec ce que nous avons calculé pour les flottes d'Athènes : il est vrai que la solde fut payée irrégulièrement dans les quatre premières années, mais, par deux fois (410 et 406), il fallut refaire le matériel naval, et, à la fin, la solde était de 4 oboles [3].

Les matelots d'Athènes ne pouvaient résister, à la longue, à la surenchère. La dernière flotte d'Athènes fut manœuvrée en partie par ses esclaves, et Lysandre put attendre, sur ses ancres, la désorganisation finale qui « brisa la force des Cécropides ».

1. Xén., *Hell.*, I, 5.
2. Isocr., VIII, 97.
3. Il resta 470 t. à Lysandre après la fin de la guerre (Xén., *Hell.*, II, 3).

L'HISTO

n minimum

le signe

CNTS	
1000	
1250	
200	
1000	
000	
200	
200	
150	
150	
200	

TABLEAU DE L'HISTOIRE FINANCIÈRE D'ATHÈNES 431-409

Le signe +, après un chiffre, indique que le chiffre est un minimum. Le signe —, après un chiffre, indique que le chiffre est un maximum. Le signe +, devant un chiffre, indique que le chiffre s'ajoute à celui qui est au-dessus; le signe — indique qu'il se retranche. c, c' représentent des chiffres presque négligeables; x, x' etc., des chiffres tout à fait inconnus.

	Recettes d'Athènes	Dépenses d'Athènes	Emprunts	Restitutions	Trésor d'Athéna	Réserve de l'orge, de la laine et IG...	Trésor des autres dieux
Juillet 431					1700 ?	1000 ?	500 ? + c
431	1000 ? —	2000 ?	1000 ? —		+ 100 ? +		c c
430	1000 ? +	2000 à 2500 ?	1000 ? —		+ 100 ? + c		c c
429	1000 ? —	1000 ? +	200 ? —	100 ? — 600 ?	+ 100 ? +	— [c ?]	+ c
428	{ 100 ? / 200 ? }	2000 ?	1000 ?		+ 100 ? + c		+ c
427-début 426	{ 1000 ? / 200 ? }	{ 2000 ? — / 500 ? }	1000 ?		+ 100 ? +		+ c
Juillet 426					2000 ? —	1000 ?	c
426	{ 1000 ? — / 200 ? }	1000 ? +	200 ?		+ 125 ? +		+ c
425	{ 1000 ? / 200 ? }	1300 ? —	200 ?		+ 125 ? +		+ c
424	1800 ?	1500 ? —	150 ?	200 ?	+ 125 ? + c	— [500 ? + c]	c c
423	1800 ? +	1700 ?	150 ?		+ 125 ? + c		+ c
422	1500 ? +	2000 ? —	200 ?		+ 125 ? +		+ c
Commencement 421					4500 ? +	1000 ?	c
421	1500 ? +	1200 ? +		500 ? —	— 125 ? / + 1200 ? + c / + 125 ? +		— c / c c
420	1500 ? +	1500 ? +		200 ? +	— 125 ? / + 200 ? + / + 125 ? +		— c / + c
419	1500 ?	1500 ? +		200 ? +	— 125 ? / + 200 ? + / + 125 ? + c		— c / c c
418	1500 ? +	1500 ? —	x	200 ?	— [x ? — / x' — x] / + 125 ? + c		— x' / + 200 ?
417	1500 ? +	1500 ? —	c'	x'	x' — x / + 125 ? +		— x' / + x'
En 416					8000 ?	1000 ?	c
416	1500 ? +	1500 ? +	c		— c — x / + 125 ?		— x / + x
415	2000 ?	2000 ? +	125 ? +		— 700 ? + — x / + 125 ?		— x / — c
414-début 413	2000 ?	{ 2500 ? + / 700 ? + ? }	{ 500 ? + / 200 ? — }		— [500 ? + —] / — 200 ? + / + 125 ?		x' / + x
Octobre 413					c	1000 ?	c
413	2000 ?	2000 ?			— c / + 125 ? —		+ c
412	2000 ?	3500 ?	750 ?		— c / + 125 ? —	— 2 ? ?	— c
411-début 410	1000 ? —	1500 ? + c	600 ?		— 100 ? + c / + 175 ? —	— 100 ? ?	— c
410	1000 ?	1000 ? + c	200 ?		— 200 ? / + 80 ?		— c
En 409					c	c	c

1. De ce tableau.
2. Pour l'armée de Sicile.
3. Pour Démosthène.
4. Sans l'argent de Samos.

Conclusion.

Je me suis astreint, dans cette étude, à suivre l'ordre chronologique, parce que je crois que le grand danger, en un pareil sujet, est de reporter dans le passé des institutions, des faits, un état de choses, attestés par des documents postérieurs. Il faut maintenant dégager de la multiplicité des faits les traits principaux que je voudrais avoir mis en lumière, et qui expliquent l'histoire du trésor athénien, telle que je crois l'avoir établie.

Il n'y avait pas encore de trésor athénien au début du ve siècle : c'est la découverte de Maronée en 483 qui a seule permis la construction de la flotte nécessaire au salut de la ville. Les Athéniens ont eu à lutter avec les plus grandes difficultés lors des premières campagnes contre la Perse : ils ont dû se borner au strict nécessaire, dans les travaux de défense qui ont suivi l'invasion. — Il n'y avait d'ailleurs aucun trésor sacré *monnayé* en 480 : c'est ensuite que les Athéniens ont consacré les dépouilles des Perses et, d'une manière générale, toutes leurs ressources disponibles, à constituer des réserves en vue de la reconstruction du temple.

Au début de la ligue de Délos, le tribut fut calculé de manière à permettre d'armer des flottes de 200 trières. Mais des expéditions aussi importantes n'eurent lieu ensuite qu'exceptionnellement. Il ne faut d'ailleurs pas chercher à se faire une idée des frais des guerres, vers 460-449, d'après les chiffres du temps de la guerre du Péloponnèse : les conditions de la solde, par exemple, étaient tout autres. En somme, il est très naturel que des réserves considérables aient été réunies dans le trésor fédéral transporté sur l'Acropole.

Il y avait donc, vers 448, deux trésors distincts sur l'Acropole :

1° le trésor d'Athèna, avec lequel on devait élever le temple et la statue de culte, mais qui apparut bientôt insuffisant ;

2° le trésor d'empire, qui commençait à croître rapidement par suite du rétablissement de la paix générale, lorsque Périclès l'appliqua aux travaux de l'Acropole.

Les deux trésors furent réunis entre 443 et 440 en un seul, qui atteignait vers ce moment le chiffre de 6.000 talents. Il fut aussitôt diminué par la guerre de Samos, qui coûta plus de 1.000 talents, et par les grands travaux, qui finalement en coûtèrent 2.012. Mais, d'autre part, les excédents de recettes, surtout après la guerre de Samos, permirent d'y verser peu à peu 3.000 talents. En 433, il était ramené au chiffre de 6.000 talents : on résolut alors de consacrer désormais les excédents de recettes aux « autres dieux ». Dès 431, le trésor était réduit de nouveau à 5.700 talents.

En 431, il restait ainsi (après la mise en réserve des 1000 talents) 4.700 talents disponibles sur l'Acropole, — sans parler du trésor des autres dieux. La guerre archidamique enleva plus de 4.000 talents au trésor d'Athèna, et vida celui des autres dieux. Mais, sans parler des revenus particuliers des divinités, d'importantes restitutions furent faites, de 421 à 418 au premier trésor, en 418 et 417 au second (200 talents et plus) : elles permirent la reprise des travaux. C'est ainsi que se trouva reconstitué le trésor de 2.000 talents (au moins) que la guerre de Sicile vida (415-413). Quand les 1000 talents mis en réserve en 431 eurent disparu également, les gouvernants d'Athènes furent réduits à recourir aux revenus d'Athèna (qui atteignaient alors le chiffre de 100 ou 150 talents), et à abandonner à elle-même la flotte de Samos.

Il va de soi que plus d'un point de détail reste obscur ou douteux. Mais les traits importants de cette histoire financière me paraissent ainsi établis d'une manière qui ne laisse subsister aucune difficulté grave.

ANNEXE I

La population d'Athènes au Vᵉ siècle.

> Πολλοὺς γὰρ οἶκε εἶναι εὐπετέστερον
> διαβάλλειν ἢ ἕνα, εἰ Κλεομένεα μὲν τὸν
> Λακεδαιμόνιον μοῦνον οὐκ οἷός τε ἐγένετο
> διαβαλέειν, τρεῖς δὲ μυριάδας Ἀθη-
> ναίων ἐποίησε τοῦτο.
>
> (Hérod., V, 97, § 4).

Les classes de la population athénienne après 510. — Les deux dernières classes au vᵉ siècle.
  I. *Les hoplites.* — Les hoplites du catalogue. — Les 8.000 hoplites de Platées. — Les clérouques de Salamine et de Chalcis. — En 432-1 : les 29.000 hoplites de Thucydide et d'Éphore. — Contradiction apparente : MM. Beloch et Meyer. — Les 6-10.000 clérouques de 431. — La diminution de la valeur du cens : la solde.
  II. *Les thètes.* — Incertitude des chiffres : les 15-20.000 thètes de 480 et les 20.000 thètes de 431. — Les métèques et les esclaves affluent surtout après 480 : les métèques au vᵉ siècle; les esclaves au vᵉ siècle. — L'Attique nourrit plus de 100.000 personnes vers 480 ; la population et le blé jusqu'au ivᵉ siècle.
  III. Conclusion.

J'espère avoir démontré ailleurs [1] que :

1º les classes censitaires instituées à Athènes à la fin de la période médiévale avaient été, au viᵉ siècle, définies par les revenus suivants :

666,66   400   200   0

médimnes ou métrètes ;

2º après la réorganisation clisthénienne, on avait dû évaluer les tarifs en argent, et, au vᵉ siècle, on les estimait en gros comme suit :

1200   600   200   0 drachmes.

Je voudrais examiner maintenant quelle était la force numé-

---

1. *Revue de Philol.*, 1908, p. 36 sqq.

rique de ces classes. Je ne m'occuperai que des deux dernières,
les seules qui entrent en ligne de compte pour une étude de
population.

I

LES HOPLITES

On sait que, dans le régime républicain rétabli ou établi
après 511-10, les citoyens des trois premières classes formaient
seuls l'infanterie nationale, le corps des *hoplites* : quand un
jeune homme né dans ces classes arrivait à l'âge du service
(18 ans), on l'inscrivait sur le *catalogue*, où il figurait jusqu'à
60 ans. C'est uniquement sur le nombre des hommes en âge
de porter les armes que nous trouvons quelques renseignements dans les récits militaires : encore les chiffres qui sont
donnés ne s'appliquent-ils, en général, qu'à une fraction de
ce nombre.

Ce n'est pourtant pas le cas pour les chiffres relatifs aux
batailles des guerres médiques. Si l'on se représente ce que fut
cette crise, on jugera que l'État athénien dut mettre alors en
ligne toutes ses forces. Déjà, lors de l'invasion de Datis et de
la bataille de Marathon (en 490), Athènes, qui appelait Sparte
à l'aide et s'adjoignait les Platéens, commença sans doute par
envoyer tous ses hoplites : tout au plus garda-t-on quelques
forces dans la ville. Mais le fait est plus certain encore lors de
l'invasion de Xerxès (480-79). On se rappelle qu'à ce moment
toute la population s'enfuit d'Attique, et qu'ensuite, à peine
rentrés dans leur ville ruinée, les Athéniens durent encore
l'abandonner à Mardonius (479). On croira difficilement qu'en
de telles conjonctures un seul Athénien adulte et valide n'ait
pas paru sur le terrain de la lutte décisive, à Platées ou à
Mycale : il était inutile de veiller sur le tas de décombres
qu'était alors Athènes. Les chiffres des combattants sont, cette
année-là, ceux des citoyens en état de combattre.

Ces chiffres sont donnés par Hérodote. Il ne faut les
employer qu'avec précaution. Hérodote a certainement cherché
toutes les fois qu'il l'a pu (et Athènes était la ville où cela lui

était le plus facile) à s'informer des chiffres exacts : il est
remarquable qu'il n'en donne pas pour Marathon, pour
Mycale. Ailleurs, il s'est servi de chiffres empruntés probablement à la période 460-450, antérieurs en tous cas à son
départ pour Thurium (445-4) : il n'y a aucune raison de supposer en général, qu'il les ait rectifiés plus tard. Quant aux
erreurs qui ont pu altérer par la suite le texte, il y a tout au
moins une vérification possible dans le cas où l'on se trouve
en présence d'une addition : pour la liste des hoplites de Platée, les chiffres de détail concordent avec le total.

Hérodote est donc muet sur le nombre des combattants de
Marathon (les historiens postérieurs parlent de 10.000 Athéniens, soit avec les 1.000 Platéens, soit sans eux); à la bataille
de Platées, il parle de 8.000 hoplites athéniens [1]. Il ne faut pas
oublier que, en même temps, d'autres hoplites combattaient à
Mycale. Le nombre des vaisseaux athéniens qui prirent part à
cette bataille n'est pas connu, mais était au plus égal à 110 [2] :
étant donné qu'il servait 14 hoplites sur chaque trière [3], cela
suppose un maximum de moins de 1.600 hoplites : en somme,
on a l'impression très nette que les citoyens d'Athènes des
trois premières classes, âgés de 18 à 60 ans, n'étaient alors que
10.000.

Les chiffres qui nous sont donnés par la suite ne peuvent
servir, parce qu'on ne sait pour aucun d'eux quelle fraction
de la milice athénienne fut engagée : il en est ainsi des 4.000
hoplites que Cimon mène au secours de Sparte en 462 [4], des
14.000 Athéniens *et alliés* qui combattirent à Tanagra [5], etc.

Retenons donc seulement le chiffre rond de 10.000 en 480.

Mais dans ce nombre étaient comptés les *clérouques*. Ceux-
ci avaient été compris dans la réorganisation de la milice
nationale qui suivit immédiatement la réforme de Clisthène :
à ce moment-là, la seule clérouchie était Salamine. Peu après
une autre fut constituée à Chalcis. Hérodote en évalue l'effectif à 4.000 hoplites [6], qui combattirent à Marathon. Mais il

1. Hérod., IX, 28.
2. Chiffre des vaisseaux grecs (d'après Hérod., IX, 132). Ephore disait 250
(Diod., XI, 34).
3. Plut., *Thémist.*, 14.
4. Plut., *Cim.*, 16.
5. Thuc., I, 107.
6. Hérod., V, 77.

est fort possible qu'il ait déduit ce chiffre de celui des 20 trières sur lesquelles les Chalcidiens parurent à Salamine[1] : or, il est douteux que les équipages fussent composés uniquement des colons d'Athènes. Quant aux Lemniens et aux Imbriens, ils avaient été séparés de la cité athénienne à la suite de la chute des Pisistratides. Ils entrèrent dans la ligue de Délos au même titre que les autres cités : en 454-3, ils payaient le tribut[2]. En somme, je tiens pour probable qu'une petite fraction seulement des 10.000 hoplites, était, en 480, établie en dehors du territoire même de l'Attique.

Pour la période qui suit immédiatement les guerres médiques, nous avons déjà vu que nous étions mal renseignés. On a l'impression qu'en 457 par exemple, Athènes a dû mettre en ligne des forces beaucoup plus considérables qu'en 480. Mais, d'autre part, il ressort de certains détails conservés par Diodore que la lassitude fut extrême à ce moment dans le corps des hoplites[3]. En 446, on nous dit que Périclès emmena 5.000 fantassins en Eubée, et nous sommes autorisés à croire qu'il avait avec lui 7 régiments sur les 10 de l'armée athénienne, puisqu'il y en avait 3 à Mégare[4] : mais nous ne savons pas quelle portion du contingent avait été levée. D'une manière générale, nous n'avons pas, sur les guerres de cette époque, des renseignements aussi circonstanciés que sur la guerre archidamique.

Il faut arriver en 432-1 pour trouver un chiffre d'ensemble.

Thucydide fait dire à Périclès[5] : « qu'il y avait 13.000 hoplites, sans compter ceux qui étaient de garde aux murs — ensemble 16.000. Tel était le nombre des hommes de garde lors de la première invasion des Péloponnésiens, à savoir les plus jeunes et les plus vieux (des citoyens) et ceux des métèques qui étaient hoplites. [Il y avait en effet 25 à 30 kilomètres de murs à garder]. C'étaient bien là les forces des Athéniens, sans rien exagérer, lorsque commença la guerre. »

Un peu plus loin, Thucydide donne le nombre des métèques

1. Hérod., VIII, 1.
2. IG, I, 226 sqq.
3. Diod., XI, 81, 84.
4. Busolt, *Griech. Geschichte*, III¹, p. 426, n.
5. Thuc., II, 13.

aisés qu'on astreignait maintenant au service d'hoplites :
3.000[1].

Nous trouvons ailleurs les chiffres de Thucydide altérés par
ses copistes : il ne sera donc pas inutile de citer un autre
texte.

Diodore dit, en citant expressément Ephore[2] :

« Périclès montra que la ville disposait, en dehors des alliés
et des soldats en garnison, d'une armée de 12.000 hoplites,
et qu'il y avait en outre les soldats en garnison et les
métèques, au nombre de plus de 17.000. »

Nous retrouvons les deux catégories, avec les chiffres légère-
ment changés : 12.000 et 17.000 au lieu de 13.000 et
16.000.

On admet généralement qu'Éphore a suivi, en général,
Thucydide. *Il n'y a aucune preuve à l'appui d'une pareille
opinion.* Ephore, au contraire, représente une toute autre
branche de la tradition : la vulgate historique conservée par
les atthidographes. Ici, la légère variation des deux chiffres
devrait suffire à convaincre que ses renseignements sont indépendants de Thucydide.

Elle prouve en outre, à mon avis, que Thucydide et l'auteur
suivi par Ephore ont puisé l'un et l'autre à une source offi-
cielle, donnant les chiffres exacts, qu'ils ont arrondis différemment. Par exemple, le document en question donnait :

1° pour les hoplites citoyens de la 1re catégorie	12.503
	12.503
2° pour les hoplites citoyens de la 2e catégorie	13.612
3° pour les métèques	3.407
	17.019

Thucydide a noté : 13.000, 13.000, et 3.000 métèques.
L'auteur reproduit par Ephore a noté : 12.000, et plus de
17.000.

Ces deux textes, je crois, ne laissent place à aucun doute.
En 431, Athènes disposait de 13.000 hoplites prêts à faire
campagne, et de 13.000 autres (sans compter 3.000 métèques)
qui étaient : soit *dans les garnisons*, — soit sur les murs de

---

1. Thuc., II, 31. Cf. Beloch, *Bevölk. der gr.-röm. Welt*, p. 61 : je crois que
M. Beloch a eu tort de se corriger plus tard (*Beitr. z. all. Gesch.*, 1905, p. 358,
365).

2. Diod., XII, 40 (cf. 41).

la ville. (Remarquons que Thucydide, après avoir distingué ces deux dernières catégories, commet une inexactitude, puisque l'apposition : *c'étaient les plus jeunes et les plus vieux*, *etc.*, ne s'applique qu'à la seconde. Mais il est inutile, je crois, de changer son texte : l'inexactitude en question s'explique très bien, pour quiconque relit la phrase, par une simple inadvertance).

Athènes comptait, en chiffres ronds, 30.000 citoyens inscrits au catalogue en 431 [1].

L'augmentation de population d'Athènes pendant les 50 ans serait donc de 4 °/₀ par an, supérieur à celui de l'Allemagne contemporaine par exemple. Et cela, à une époque où Athènes s'était sans doute développée dans des proportions grandioses, mais, d'autre part, avait soutenu ses luttes les plus rudes : en 458 une seule tribu a perdu 177 hoplites [2], ce qui permettrait de supposer une perte de 1.700 hoplites pour la cité. Quoiqu'il ne faille pas s'exagérer l'influence des guerres sur la population au point de vue de la quantité (c'est surtout par la qualité physique des victimes qu'elles sont funestes), encore est-il que cette raison s'ajoute à d'autres pour rendre invraisemblable l'accroissement annuel de 4 °/₀ pendant cinquante ans.

Aussi bien, personne n'a admis la possibilité d'un tel accroissement. M. Beloch, qui adopte naturellement le chiffre le plus faible, s'en tient aux chiffres des guerres médiques, et rejette celui de Thucydide. Il corrige, sans qu'aucun indice paléographique l'y autorise, le chiffre 16.000 en *6.000*, ce qui est un moyen désespéré [3]. — M. Meyer part au contraire du chiffre de Thucydide, qu'il estime avec raison être une base plus solide. Mais il admet alors qu'au temps des guerres médiques Athènes comptait 25.000 citoyens des trois premières classes. Cependant, il parle ailleurs des 10.000 hoplites qui ont combattu contre les Perses [4]. Que faisaient donc les 15.000 autres ? — Personne, on le voit, n'envisage la possibilité d'une augmentation du triple en 50 ans, pour une classe

---

1. Sinon, il faut encore sacrifier Thuc., II, 20 (les 3.000 hoplites d'Acharnes), Aristote, 'A. π., 24 (les 20.000 salariés), etc. Cf. les plus récents efforts de M. Beloch (*Beitr. z. alt. Gesch.*, 1905, p. 370).
2. IG, I, 433.
3. Beloch, *Bevölk.*, p. 66. et *Beitr. z. alt. Gesch.*, 1905, p. 360 sqq.
4. E. Meyer, *Forsch. z. alt. Gesch.*, II, p. 183 sqq. — GdA, t. III, § 235.

de la population définie naturellement, comme seraient les
hommes de 18 à 60 ans : mais c'est le moment de nous souvenir que nous sommes en présence d'une classe définie *léga-
lement*, par un certain cens.

Or, d'une part, la classe des zeugites avait été augmentée
par la constitution de *clérouchies*.

Il ne me paraît pas douteux que Thucydide, comme Éphore,
n'ait compris parmi les « soldats en garnison » les clérouques.
La fondation des clérouchies, à côté du but social, avait un
but militaire avoué. Les clérouques figurèrent même parfois,
pendant la guerre archidamique, dans l'armée de marche. Il
n'y avait aucune raison de les négliger dans l'énumération
des forces de terre d'Athènes.

Le nombre des clérouques créés de 480 à 431 ne laissait pas
d'être considérable. Dès le temps de Cimon, on avait colonisé
Skyros. Mais c'est surtout sous l'influence de Périclès que se
produisit le grand mouvement de colonisation : 2.750 citoyens
d'Athènes furent établis en quelques années sur divers points
de l'Archipel[1]. Après la révolte de l'Eubée en 446, un grand
nombre de lots, peut-être 2.000, furent distribués dans l'île[2].
M. Meyer évalue à 6.000 le nombre des clérouques en 431 :
M. Beloch dit 8-10.000, parce qu'il compte dans ce nombre
(à tort selon moi) *tous* les habitants de Lemnos et d'Imbros
(voir plus haut), et non pas seulement les colons établis après
480[3]. On peut considérer 6.000 comme un minimum, 10.000
comme un maximum.

Les clérouques étaient pris d'abord uniquement parmi les
thètes, mais, dès 445-440, le décret relatif à Bréa, atteste qu'on
admettait au partage les plus pauvres des zeugites[4], dont la
situation économique était de plus en plus modeste (voir plus
loin). Pour les clérouchies constituées après 431, on peut
affirmer qu'elles ont eu le caractère d'indemnités à ceux qui
avaient le plus souffert des ravages de la guerre du Péloponnèse : dans l'ensemble, elles ont maintenu à leur rang des
hoplites appauvris, plutôt que créé des hoplites nouveaux.
Ainsi, un nombre considérable d'hoplites avaient — ou étaient

1. Plut., *Pér.*, XI, 5.
2. Cf. Swoboda, *Serta Harteliana*, p. 28 sqq.
3. *Bevölk. der gr. röm. Welt*, p. 83. Au ive siècle, il en aurait le droit.
4. IG, I, 31, B, l. 9-10.

censés avoir — leur domaine hors d'Attique, au moment où on fit le dénombrement de 411 : c'est ce qui explique que le chiffre des hoplites *présents à Athènes* n'ait été alors que de 9.000 [1] ; on expliquait malaisément ce fait par l'appauvrissement de la masse des zeugites, puisqu'à la fin du Vᵉ siècle il n'y avait guère que 5.000 prolétaires à Athènes [2].

Les clérouques sont donc compris parmi les 26.000 hoplites de 431, comme parmi les 10.000 de 480 : mais l'augmentation relative de la troisième classe reste à peu près la même. Il faut une autre raison pour l'expliquer.

Cette raison, *je la trouve dans la diminution de la valeur du cens dans cette période.* En 480 comme en 431, il fallait 200 drachmes de revenu pour figurer au catalogue. Or, à l'époque solonienne, 200 drachmes représentaient très probablemement une récolte de 200 médimnes ou métrètes. En 480, le même chiffre ne représentait vraisemblablement plus 200 médimnes d'orge, certainement plus 200 métrètes d'huile. Et, à partir de la découverte de Maronée (483), on sait avec quelle rapidité la valeur de l'argent baissa en Attique. En 431, un revenu de 200 drachmes était à peine supérieur à ce qu'on estimait strictement nécessaire pour vivre (3 oboles par jour, 180 drachmes par an).

C'est d'ailleurs pour cela qu'on institue, dans cette période, la *solde* pour les troupes de terre. Le texte qui attribue cette innovation à Périclès est certainement d'aloi inférieur, mais il concorde trop avec ce que nous savons par ailleurs pour n'être pas accepté [3].

<h1 style="text-align:center">II</h1>

LES THÈTES

Le changement de la valeur du cens ayant, en somme, étendu la classe des hoplites aux dépens de celle des thètes, nous devons en trouver la trace dans les chiffres relatifs à celle-ci. Malheureusement, ou était moins exactement ren-

1. Lys., XX, 13.
2. Lys., XXXIV, *prooem.*
3. Cf. p. 58.

seigné sur le nombre des thètes que sur celui des hoplites. Naturellement, l'autorité avait des moyens de vérifier, le cas échéant, leur titre de citoyens. Mais il n'exista jamais pour cette classe de document statistique aussi exact que le catalogue. Ce n'est pas une raison pour ne pas tirer parti des textes qui se rapportent à elle.

Les thètes n'apparaissent guère dans l'histoire qu'au moment de la création de la flotte athénienne (483), lorsqu'on mit la rame aux mains de ces hommes, dont la plupart avaient vécu jusque-là en louant leurs bras aux propriétaires fonciers. Nous sommes renseignés indirectement sur leur nombre au moment de l'invasion de Xerxès (480), quand « la cité entière vogua sur les flots ». Cependant il reste plus d'un point douteux. Les Athéniens avaient à l'Artémision 127 vaisseaux[1] : les Platéens avaient complété leurs équipages, mais ils n'apportaient qu'un faible appoint. Seulement, il n'est pas sûr du tout que l'équipage d'une trière fût, dès ce moment, fixé au chiffre de 200 hommes. En outre, si les thètes formaient la partie principale des chiourmes, ils n'étaient pas seuls. En un jour comme celui de Salamine, bien des hommes des premières classes durent prendre la rame : cependant, beaucoup d'hoplites étaient, comme chacun sait, à Psyttalie, et d'autre part les clérouques de Chalcis combattaient sur d'autres vaisseaux. En troisième lieu, la cité athénienne comptait déjà un certain nombre de métèques. Enfin des esclaves furent évidemment embarqués : ceux qui étaient tombés à Marathon avaient été enterrés côte à côte avec les combattants libres[2]. Somme toute, nous ne pouvons guère déduire du chiffre des 25.000 rameurs de 480 le nombre des thètes adultes : nous savons seulement qu'ils constituaient l'élément essentiel de cette masse.

L'an d'après, une grande partie d'entre eux se retrouvait à Mycale, mais ici nous ne savons même pas le nombre des vaisseaux d'Athènes : en tout cas, des milliers d'autres thètes servaient comme troupes légères à Platées, puis aidaient à reconstruire la muraille d'Athènes. Sans chercher à trop pré-

---

1. Hérod., VIII, 1. Cf. Bury, *Ann. of British School*, 1895-6, p. 83 sqq., qui a tort seulement de se fier au chiffre de 53 donné pour les vaisseaux de l'Euripe : ce chiffre est destiné à expliquer les 180 voiles qui, avec les 20 trières prêtées aux Chalcidiens (Hérod., VIII, 1), donnent le chiffre normal 200.

2. Paus., I, 32, 3.

ciser, nous pouvons affirmer ceci : quand les gouvernants d'Athènes se disposaient à construire 200 trières, à en mettre, en certaines circonstances, peut-être 100 à la mer, c'est surtout sur la quatrième classe des citoyens qu'ils comptaient. Les bornes des trittyes, retrouvées au Pirée, indiquent bien qu'au début elle était soumise à une sorte d'inscription maritime [1]. Bientôt les tributs de 200 villes, tout l'Archipel ouvert au recrutement athénien, permirent de ménager beaucoup les forces nationales. Mais tout d'abord, les Athéniens n'auraient pu s'engager dans la voie ouverte par Thémistocle s'ils n'avaient estimé disposer au moins de 15 à 20.000 thètes.

A première vue, et d'après les analogies modernes, on s'attendrait à un accroissement particulièrement rapide de ce prolétariat dans la période de développement urbain qui suivit. Les expéditions maritimes étaient en général beaucoup moins meurtrières pour les matelots que pour les hoplites. Les plus grandes pertes, celles de l'expédition d'Egypte, ont été singulièrement exagérées : il ne resta en Egypte que 40 vaisseaux, et le nombre total des prisonniers, lors de la catastrophe finale, ne dépassa pas 6.000 [2]. Puis vint la période de paix et de grands travaux à laquelle est attachée le nom de Périclès. On s'attendrait donc à trouver un nombre de thètes beaucoup plus grand vers 431 que vers 480.

Or, les quelques renseignements que nous possédons indiquent nettement le contraire. Le premier est relatif à la distribution du blé envoyé d'Égypte en 445-4 : on sait comment tous les pauvres qui se présentèrent alors durent justifier de leur titre de citoyens. Or, on nous dit que 14.240 furent reconnus, et 5.760 autres rejetés [3]. On a remarqué depuis longtemps que l'un des deux chiffres a été déduit de l'autre par soustraction du chiffre rond 20.000, et que le chiffre connu était évidemment celui des participants à la distribution [4]. Ce chiffre de 14.240 mérite d'être retenu. Mais le chiffre rond dont on a déduit le chiffre des exclus, 20.000, n'est pas moins intéressant, parce qu'il représente très probable-

1. Cf. Wilamowitz, AuA, II, p. 165.
2. Ctésias, *Persica*, 32, 34.
3. Philoch., fgt 90. Cf. Plut., *Pér.*, 31.
4. Cf. Beloch, *Bevölk.*, p. 76.

ment ce qu'on estimait être le nombre des thètes [1]. Nous le retrouvons, une vingtaine d'années plus tard, dans Aristophane, quand il estime à 20.000 le nombre des δημοτικοί [2].

C'est bien l'état de choses qu'il faut supposer, quand on voit la marine athénienne considérée très généralement, vers 431, comme une marine mercenaire [3]. Avec une vingtaine de milliers de thètes seulement, Athènes était forcée de compter, pour armer ses flottes très accrues, sur les matelots qui affluaient au Pirée, venant des îles et des ports de l'Archipel. Lorsqu'en 428 elle fut prise au dépourvu, elle ne put armer 100 vaisseaux, en sus de ceux qui opéraient déjà, qu'en embarquant les zeugites [4]. Nous ne parlons pas de la flotte des Arginuses, puisqu'alors d'effroyables désastres avaient passé sur la cité, frappant surtout la classe des thètes.

Mais le fait que la quatrième classe de la population attique n'a pas augmenté de 480 à 431 serait encore plus extraordinaire que l'accroissement anormal du nombre des zeugites, s'il ne s'expliquait par les mêmes raisons :

1º la constitution de nombreuses clérouchies ;

2º et surtout, le déplacement sensible de la barrière légale qui séparait les deux classes, par suite de la diminution de la valeur de l'argent.

En parlant des forces athéniennes à Salamine, nous avons admis implicitement qu'à cette date, où la cité n'avait pas encore à sa disposition les matelots de la mer Egée, elle n'avait d'autre part trouvé que fort peu de ressources parmi ses métèques et ses esclaves. Nous ne sommes pas renseignés directement sur la proportion numérique de ces classes au temps des guerres médiques : mais des indices très probants nous montrent qu'elles se sont surtout développées par la suite.

Nous savons, par exemple, que l'accroissement des grands centres de population au vᵉ siècle, Athènes, le Pirée, le Laurion, est dû avant tout à l'afflux des métèques et des esclaves.

<hr>

1. Cf. Beloch, *Bevölk.*, p. 79.
2. Aristoph., *Vesp.*, 709.
3. Thuc., I, 121.
4. Thuc., III, 16.

On a cherché à se rendre compte, par les listes de démotiques, de la répartition de la population entre les trois districts institués par Clisthène, Ville, Intérieur, Côte. On est arrivé au résultat suivant : un cinquième pour la Ville, deux cinquièmes pour l'Intérieur, deux cinquièmes pour la Côte [1]. C'est une proportion qui serait invraisemblable pour le ve et surtout pour le ive siècle, si l'on ne se souvenait qu'il ne figure dans ces listes que des citoyens. Le district urbain comprenait certainement plus du cinquième de la population totale avec les métèques d'Athènes et du Pirée. Le district côtier était certainement plus peuplé que l'intérieur, grâce aux esclaves du Laurion.

1° C'est à partir de 478 que, sous l'action d'une loi attribuée à Thémistocle, et qui les exemptait temporairement de droits [2], les métèques commencèrent à affluer dans les ports et même dans la ville haute. Or, même au temps de Périclès, il ne faut pas exagérer leur nombre. Ceux qui avaient le cens nécessaire étaient astreints au service d'hoplites : nous avons vu qu'ils n'étaient pas plus de 3.000 en 431 [3]. Il est vrai que la proportion des pauvres était, selon toute vraisemblance, plus grande dans cette classe que dans celle des citoyens. Mais il me paraît douteux qu'Athènes comptât alors plus que les 10.000 métèques qu'elle dénombrait à la fin du ive siècle [4].

2° C'est l'exploitation du Laurion qui a commencé à faire d'Athènes une ville à esclaves [5]. Mais on a relevé avec raison les indices qui montrent qu'elle n'avait pas encore, à la fin du ve siècle, pris ce caractère autant qu'on l'a cru jadis. Thucydide dit qu'au temps de la guerre de Décélie il s'échappa 20.000 esclaves [6], et considère évidemment que c'était une forte proportion : Platon estime qu'il faut être très riche pour en avoir 50 [7], et les zeugites modestes semblent n'en avoir eu, à l'ordinaire, qu'un ou deux. En somme il ne faut pas dépasser le chiffre de 100.000.

Il est à remarquer que le prix de l'esclave a baissé cons-

---

1. Milchhöffer, *Abhandl. der Berl. Akad.*, 1892, p. 44-5. — Cf. *Klio*, Beiheft 1901-5 : Sundwall, *Epigraph. Beiträge.* p. 90-1.
2. Diod., XI. 43.
3. Cf., plus haut, p. 165.
4. Athénée, VI, p. 272 B.
5. Cf. p. 11.
6. Thuc., VIII, 27.
7. Platon. *Républ.*, IX. 578^d.

tamment en Attique. Vers 500, il semble qu'il fût de 2 mines, comme dans le Péloponnèse [1]. On s'attendrait donc à ce qu'il fût de 3 mines à la fin du siècle, de 4 mines au siècle suivant. *C'est le contraire qui se produit* : on trouve dans les textes, à ces dates, des prix de 177 drachmes [2], et de moins encore.

Au IVe siècle, où la classe servile s'était encore accrue par le développement des fabriques, on trouve le chiffre de 150.000 esclaves [3], qui paraît assez bien établi.

Un dernier fait montrera que nous n'avons pas trop abaissé le chiffre de la population attique en 480 : on ne saurait assez contrôler les uns par les autres ces chiffres malheureusement trop indécis.

Nous avons évalué le nombre des citoyens adultes domiciliés en Attique à 25.000 environ, et supposé quelques milliers de métèques et d'esclaves seulement : ce qui donnerait une population totale un peu supérieure à 100.000 âmes.

Or, l'Attique a nourri sa population pendant longtemps. On prétend que Solon (vers 591) interdit l'exportation du blé, ce qui prouve qu'auparavant on en exportait encore [4]. Au temps des guerres médiques, Hérodote parle des vaisseaux qui apportaient le blé du Pont en Grèce, et il spécifie qu'ils allaient *à Égine et dans le Péloponnèse* [5] (sans doute à Argos, Corinthe, etc.). Il est vrai qu'à ce moment les Athéniens jetaient déjà des yeux d'envie sur les bonnes terres de l'Eubée. Tout indique que c'est là précisément l'époque où l'Attique *commençait* à ne plus suffire à sa population.

D'après les évaluations des anciens, une population d'un peu plus de 100.000 âmes peut être considérée comme se contentant de 700.000 médimnes par an (350.000 hectolitres environ [6]). Étant donnée la faible productivité de l'Attique (12 hectolitres à l'hectare [7]), cela suppose 300 k. c. consacrés annuellement à la culture des céréales, soit 600 k. c. si l'on tient compte de la jachère annuelle. Le chiffre ne représenet

1. Cf., p. ex., Hérod., V, 77.
2. IG, I, 277.
3. Hypéride, fgt 33 (édit. Didot).
4. Plut., *Solon*, 24. Cf. Gilliard, *Quelques réformes de Solon*, p. 141-2.
5. Hérod., VII, 147.
6. Cf. Thuc., IV, 16. Mais il ne faut pas oublier que les hommes libres ne se nourrissaient pas exclusivement de pain : pour eux, 5 médimnes par tête et par an auraient peut-être suffi (cf. Schol. Aristoph., *Vesp.*, 717-8).
7. Cf. Gilliard, *Quelques réformes de Solon*, p. 222.

pas beaucoup moins de la moitié *des plaines* de l'Attique
(1.400 k. c. environ [1]). C'est possible, —— mais c'est un maximum, si l'on songe à l'extension qu'avaient déjà prise les
olivettes, et d'autres cultures, par exemple le vin.

Vers 431, la population très accrue se nourrissait déjà en
grande partie avec du blé d'Eubée et du blé d'outre-mer.
Quant aux chiffres du IVe siècle, ils ont été souvent étudiés :
à cette époque, la culture du blé en Attique, découragée par
la concurrence, ne produisait plus que 400.000 médimnes,
tandis qu'il en venait du dehors 800.000 [2].

III

Nous résumerons les résultats obtenus dans le tableau suivant :

	Citoyens ayant plus de 200 dr. de revenu (avec les clérouques)	Citoyens ayant moins de 200 dr. de revenu
Vers 480	10.000	15.000-20.000
Vers 451	15.000	20.000
Vers 444	22.000	14.240
Vers 431	25.000-30.000	20.000

Les chiffres qui nous sont donnés pour les autres pays
grecs ne peuvent pas servir à contrôler ceux que nous venons
de discuter, car la statistique attique est de beaucoup la
mieux connue. D'après Hérodote [3], le Péloponnèse et la Béotie
auraient pu mettre en ligne, en 479, 40.000 hoplites : mais
nous avons dit qu'à notre avis, la plupart des chiffres de l'historien se rapportent en réalité à la date de 460-450 environ.
D'autre part, on nous parle [4] des 60.000 hoplites qui envahirent
l'Attique en 431 — sans que nous puissions dire si c'était là
la force réelle de l'armée d'Archidamos, ou bien le chiffre donné
par la *formula togatorum* de la ligue péloponnésienne. Il serait
bien téméraire de conclure de ces données trop peu sûres que
des phénomènes économiques analogues à ceux que nous avons
constatés à Athènes s'étaient produits ailleurs. Il est plus

1. Cf. Beloch, *Berölk.*, p. 56-7.
2. IG,II, 834^b ; Dém., XX, 31 sqq.
3. IX, 28.
4. Plut., *Pér.*, 33.

téméraire encore, à mon sens, de se servir des renseignements, plus nombreux et plus précis, que nous possédons sur les armées du ive siècle, pour critiquer les chiffres du ve : il ne faut pas oublier le développement qu'avait pris alors l'emploi des troupes mercenaires, et la moindre importance qu'avaient, par conséquent, les contingents nationaux.

ANNEXE II

La monnaie dans l'empire athénien.

I

LE MONNAYAGE D'ATHÈNES ET DES VILLES ALLIÉES
AVANT ET APRÈS 478/7.

1) *Athènes* [1].

Je n'ai pas à parler ici des pièces attribuées à l'époque pré-
solonienne ou solonienne. Le point de repère chronologique le
plus précieux est donné par les pièces d'Hippias, commémo-
rant son alliance avec Lampsaque, vers 513 (Babelon, *Origines
de la monnaie à Athènes*, p. 73, 77 ; cf. *Traité*, p. 751 sqq.).
Elles sont encore de style assez primitif et empêchent de faire
remonter très au delà de l'invasion de Xerxès les pièces les
plus soignées où Athéna apparaît couronnée d'olivier. M. Babelon (*Traité*, p. 762 sqq.) rattache ce nouveau symbole à la
victoire de Marathon 490 ; les décadrachmes que Beulé (*Les
monnaies d'Athènes*, p. 48 sqq.) expliquait par la découverte des mines de Maronée 483 (cf. chap. i, p. 11) auraient
inauguré le nouveau type. *Le moment où les types monétaires
d'Athènes*, comme les monnaies d'Égine au vi[e] siècle, *se sont
peu à peu fixés dans un archaïsme voulu, ne doit pas être de
beaucoup postérieur à 480*, à en juger par la comparaison
avec le Damarétion et les pièces syracusaines de cette
époque [2].

---

1. Cf. Beulé, *Les monnaies d'Athènes*, 1858. — *Catalogue of Greek Coins in
the British Museum*, vol. *Attica* (1888). — Babelon, *Les origines de la monnaie
à Athènes*, Athènes, 1905. — Babelon, *Traité des monnaies grecques et
romaines*, II (1907), pp. 697-778. — Cf. Kambanis, *Bull. de Corresp. hellén.*,
1905, p. 58.

2. On ne peut tirer de conclusions, pour l'expansion de la monnaie attique
avant 480, de la trouvaille de l'Athos, ces pièces ayant été dispersées aussitôt
après leur découverte.

On ne connaît pas de monnaie d'or frappée par Athènes avant 406.

On ne connaît pas de monnaie frappée par les colonies athéniennes au v⁰ siècle.

2) *Les villes alliées.*

Quant aux monnaies des villes qui sont entrées dans la première confédération athénienne, celles qui sont au British Museum sont publiées dans le *Catalogue of Greek coins* (1873 et années suivantes), et celles du Cabinet des Médailles dans l'ouvrage de M. Babelon [*Traité des monnaies grecques et romaines*, 2ᵉ partie, t. I (1907)], qui s'arrête malheureusement vers 475. Il m'a paru utile de réunir les résultats de ces travaux dans le tableau suivant qui indique :

1° si une ville a frappé monnaie ou non ;

2° quel étalon elle a adopté [1] ;

avant 478/7 et ensuite.

1. M. Beloch semble dire que le premier de ces points est seul important (*Griech. Gesch.*, t. I, p. 212, n. 2). La question de savoir si un État a cherché à rendre ses monnaies facilement interchangeables avec celles d'un autre n'est pas moins capitale.

	Avant 478/7.	Après 478/7.
I) ILES		
Chalcis	Étalon euboïco-attique.	Cessation du monnayage après 507.
Érétrie	»	Cessation du monnayage après 490.
Karystos	»	Étalon euboïco-attique.
Céos (Karthaia, Iulis, Koressia)	Étalon éginétique.	Cessation du monnayage.
Sériphos	»	»
Siphnos (mines d'argent)	»	»
Paros	»	»
Naxos	(1 statère milésiaque très archaïque) Étalon éginétique.	»
Délos	Étalon euboïco-attique.	»
Ténos	Étalon éginétique.	» (?)
Andros	»	»
Théra	»	Cessation du monnayage au cours du ve siècle (?)
Mélos	Le monnayage commence à la fin du vi^e siècle. Étalon milésiaque.	Continuation.
Knossos		Le monnayage ne commence que vers 478. Étalon éginétique (jusque vers 431 ?)

	Avant 478/7.	Après 478/7.
II) IONIE		
Samos	Étalon euboïco-attique (électrum et argent).	Étalon euboïco-attique.
Chios	Jusqu'en 494, étalon intermédiaire entre l'étalon milésiaque et l'étalon phocaïque (électrum et argent).	Étalon phocaïque affaibli.
Lesbos	1) Mitylène (au nom de toute l'île) : en électrum et en billon, étalon phocaïque. 2) Méthymne : en argent, étalon euboïco-attique.	Mitylène et Méthymne associées : en électrum, étalon phocaïque Les 2 villes gardent aussi leur monnayage en billon ou argent.
Milet	Jusqu'en 494, électrum et argent : étalon milésiaque (cf. Babelon, *Traité*, p. 6).	Recommence après 450 (cf. *Comptes rendus Acad. I et B.-L.*, 1906, pp. 524-5; *Rev. des Ét. grecques*, 1907, p. 80 ; cf. p. 40, n. 7). Étalon euboïco-attique.
Éphèse	Étalon milésiaque (quelques pièces d'étalon éginétique).	Étalon milésiaque.
Colophon	Étalon persique.	Étalon persique.
Téos	Étalon éginétique jusqu'en 494.	Étalon éginétique.
Erythrées	Étalon milésiaque.	Étalon persique.
Clazomène	Étalon milésiaque affaibli (quelques pièces d'électrum d'étalon phocaïque).	Étalon euboïco-attique.

	Avant 478/7	Après 478/7
PHOCÉE	Étalon phocaïque *pour* l'électrum. Systèmes multiples pour l'arg.	Étalon phocaïque pour l'électrum. Étalon milésiaque pour l'arg.
KYMÉ	Pièces très archaïques, étalon éginétique.	Étalon éginétique.

III) CARIE

	Avant 478/7	Après 478/7
KALYMNA	Étalon persique.	Cessation du monnayage (?).
COS	Étalon éginétique. L'atelier semble avoir été fermé quelque temps.	?
KARPATHOS	Étalon milésiaque.	?
KAMIROS	Étalon éginétique.	Les 3 villes continuent leur monnayage, mais frappent aussi des pièces au type commun de la protomé de cheval (bien avant le synœcisme de 408) : ces pièces sont de poids milésiaque.
IALYSOS	Étalon milésiaque.	
LINDOS	Étalon milésiaque affaibli.	

	Avant 478/7	Après 478/7
IASOS	Étalon éginétique (?)	Étalon éginétique (?)
TERMÉRA	Étalon persique.	Sous Tymnès, étalon persique. [M. Babelon (*Traité*, p. 118) croit que ce Tymnès est antérieur à 480].

	Avant 478/7.	Après 478/7.
HALICARNASSE	Monnayage tardif (commence vers 500), étalon persique sous Artémise.	Ne passe au système euboïco-attique que vers 425 (cf. *Hermès*, 1894, p. 249 sqq.).
CNIDE	Étalon éginétique.	Cessation du monnayage.
LYCIE	Étalon particulier, correspondant à la fois avec l'étalon éginétique et l'étalon euboïco-attique.	A partir de 469 environ, cessation de monnayage (?).
PHASÉLIS	Étalon persique, affaibli pour correspondre avec l'étalon lycien.	Cessation du monnayage.
KÉLENDÉRIS	Étalon éginétique.	Étalon persique.
IV) HELLESPONT		
TÉNÉDOS	Étalon phocaïque.	?
LAMPSAQUE	En électrum, étalon phocaïque réduit. En argent, étalon persique.	Continuation.
PARION	Étalon phocaïque.	?
CYZIQUE	En électrum, étalon phocaïque. En billon, étalon milisiaque.	Continuation.
CHALCÉDOINE BYZANCE	Ne monnaient pas.	?
SÉLYMBRIE	Étalons divers.	Étalon euboïco-attique.
CHERSONÈSE	Étalon euboïco-attique.	Continuation.
SINOPE	Étalon éginétique.	A partir de 453 environ, étalon euboïco-attique

	Avant 478/7.	Après 478/7.

V) THRACE

	Avant 478/7.	Après 478/7.
Maronée	Étalon lydien.	Continuation.
Dikéa-lès-Abdère	Étalon lydien.	Étalon milésiaque.
Abdère	Étalon phocaïque ou plutôt lydien, encore affaibli (les types pareils à ceux de Téos).	Continuation.
Néopolis	Étalon lydien.	Continuation.
Éïon	Étalon euboïco-attique.	Cessation du monnayage.
Acanthe	Le monnayage commence tard (vers 500) : étalon euboïco-attique	Étalon euboïco-attique jusque vers 424 (ensuite, étalon milésiaque).
Sermylia	Étalon euboïco-attique.	Continuation.
Torone	Le monnayage commence tard (vers 500) : étalon euboïco-attique	Continuation.
Olynthe	Étalon euboïco-attique.	Continuation.
Potidée	»	»
Scione	»	»
Mendé	»	»
Dikéa (col. d'Érétrie).	»	»
Skapsa	»	»
Aenéa	»	»
Thasos	Argent : étalon lydien. Pas de monnaie d'or.	Continuation.

Les catalogues indiquent aussi une multiplication des unions monétaires au v⁰ siècle, telles que celle de Lesbos et Phocée vers 400 (Michel, RIG, 58). Mais les exemples ne sont pas assez nombreux pour autoriser des conclusions statistiques.

<h2 style="text-align:center">II</h2>

L'EXPANSION DE LA MONNAIE ATTIQUE A PARTIR DE 478-7

La plupart des cités qui entrèrent dans la confédération de 478-7 avaient un monnayage assez ancien déjà, et assez abondant, pour que les exemplaires en soient répandus dans nos collections. Il suffisait aux transactions locales. Il est plus que probable qu'à l'origine, elles furent autorisées à acquitter en espèces nationales le tribut qu'elles envoyaient annuellement à Délos.

Mais là, les trésoriers fédéraux avaient à exécuter des opérations de change multiples et compliquées, car les matelots n'acceptaient comme solde que des pièces ayant un cours international, et réclamèrent de plus en plus exclusivement des chouettes d'Athènes. L'autorité fédérale dut donc chercher tout de suite à décourager les monnayages locaux, au moins ceux qui n'étaient pas étalonnés suivant le système attique, et à obtenir le paiement du tribut en espèces connues de tous ou facilement interchangeables avec les chouettes.

Les séries monétaires nous montrent les résultats rapides de ces efforts. Le monnayage cessa dans les îles, même à Siphnos, où d'ailleurs les mines d'argent se trouvèrent envahies par la mer vers cette époque (Pausanias, X, 2, § 2; cf. Ardaillon, *Les mines du Laurium*, p. 143). Les monnayages des villes d'Asie étaient trop anciens, et dès lors trop répandus, pour ne pas résister mieux. Mais, sur les côtes de Carie, de Lycie, etc., plus d'une ville se mit à tailler ses monnaies suivant le système attique. Pour des raisons que j'avoue ne pas apercevoir, il en fut autrement sur les côtes de l'Hellespont, sauf en Chersonèse. Quant aux villes de Thrace, elles conservèrent leurs monnaies, d'abord par suite du voisinage des riches mines du Pangée, ensuite parce qu'elles suivaient déjà le système eubéen, identique au système attique.

En revanche, une puissante impulsion fut donnée aux ateliers monétaires dont la réputation était générale dans le domaine égéen — en premier lieu à l'argent du Laurion. C'est pour cela que les types des monnaies d'Athènes se sont fixés de si bonne heure (cf. p. 177). Dix ans peut-être après la fondation de la ligue, les chouettes d'Athènes dominaient sur toutes les rives de l'Archipel. *Il me semble évident que le paiement du tribut et de la solde, les exigences de la gestion du trésor de Délos, ont été le facteur essentiel dans l'expansion rapide de l'étalon et de la monnaie attiques.* Cette expansion est sensiblement antérieure au grand essor du Pirée, lequel date de 455-450 environ (cf. p. 65 sqq.).

Par un contre-coup très naturel, l'expansion du monnayage perse fut arrêtée dans le domaine égéen : la darique recula et avec elle l'or. Athènes, maîtresse des mines du Pangée (463-442), n'en monnaya pas : les statères d'électrum de Cyzique et de Lampsaque suffirent toujours à l'empire. Aussi la valeur de l'argent par rapport à l'or, qui avait été fixée par Darius à 1/13, était-elle tombée, dans la seconde moitié du v⁵ siècle, à 1/14 (IG, I, 298; cf. Foucart, BCH 1887, p. 171, p. 172, n. 7). Au siècle suivant, un mouvement en sens inverse se produira, quand le Grand Roi répandra son or pour appeler à lui tous les mercenaires des pays grecs.

On s'explique donc que le trésor réuni sur l'Acropole aux environs de l'an 445 consistât presque uniquement en argent attique, ce qui lui assurait de très grands avantages pour la rapidité de la circulation. On s'explique aussi un certain nombre de faits que nous avons constatés au cours de cette étude, et que je rappelle ici.

1° Dans les comptes de la construction du Parthénon (447-431), on rencontre des statères d'électrum de Cyzique et de Lampsaque, qui reparaissent tous les ans. Manifestement, les ouvriers athéniens n'acceptaient en paiement que les chouettes.

2° Il était spécifié que les 3.000 talents qui seraient apportés à la déesse à partir de 442 environ seraient apportés « en monnaie nationale » (cf. p. 104). Nous sommes sûrs ainsi que la majeure partie des 3.700 talents réunis en 431 consistait en argent lauréotique.

3° Dans le petit trésor des « autres dieux », dont la formation remontait à la période 480-450 (cf. p. 105), il semble qu'il figurât, vers 430, beaucoup d'espèces étrangères (IG, I,

194 sqq.). Aussi ce furent les « restitutions » de l'État vers 433, puis vers 418, qui, opérées en monnaie nationale, permirent d'achever les temples commencés (cf. p. 106, 138).

En somme, le monopole de la monnaie athénienne était complet en Attique, et tendait à se faire dans tout l'Archipel, au temps de la guerre du Péloponnèse.

III

LE DÉCRET DE CLÉARQUE

La tentative qui fut faite, à l'époque de la paix de Nicias, pour établir ce monopole en droit, nous a été révélée par deux fragments d'inscriptions, de Smyrne et de Siphnos, qui ont été étudiés par M. R. Weil (*Zeitschrift für Numismatik*, XXV, pp. 52-62). Je résume ici les faits qui se dégagent de cette étude, parce qu'ils complètent ce que les documents précédemment cités nous ont fait entrevoir.

1° Le monnayage avait été rendu inutile en fait dans beaucoup d'endroits, mais n'avait jamais été interdit en droit, même dans les Iles. On a une ou deux monnaies de Siphnos, de Paros, etc., du ve siècle.

2° Le décret de Cléarque, rendu avant 414, interdit pour la première fois le monnayage aux villes alliées, et édicta des pénalités. Mais les monnaies frappées antérieurement continuaient à circuler, et probablement même d'autres furent émises malgré le décret.

3° Un second décret (celui dont nous avons des fragments) prit donc une série de mesures pour retirer partout de la circulation les monnaies non athéniennes. Mais, rendu au moment même où l'empire s'effondrait, il ne put recevoir qu'un commencement d'exécution.

4° Une exception avait été admise pour la frappe d'électrum de Cyzique et de Lampsaque, Athènes ne frappant pas d'or (jusqu'en 406).

Je crois que le décret de Cléarque avait été provoqué précisément parce que, déjà, le monopole de plus en plus étendu que la monnaie attique possédait depuis quelque temps s'était trouvé menacé par un commencement de réaction, depuis la révolte des villes de Thrace (se rappeler l'exemple d'Acanthe, p. 183). Athènes n'eut recours à la coercition que parce que son privilège monétaire, résultat naturel de prépondérance politique et économique, commençait à peser : d'ailleurs, il était trop tard pour arrêter le mouvement de réaction. Les Iles seules obéirent aux décrets, et elles-mêmes recouvrèrent bientôt, après 404, leur monnayage autonome.

Vu
le 10 décembre 1907.
Le Doyen de la Faculté des Lettres
de l'Université de Paris,
A. CROISET.

Vu
et permis d'imprimer.
Le Vice-Recteur de l'Académie
de Paris,
L. LIARD.

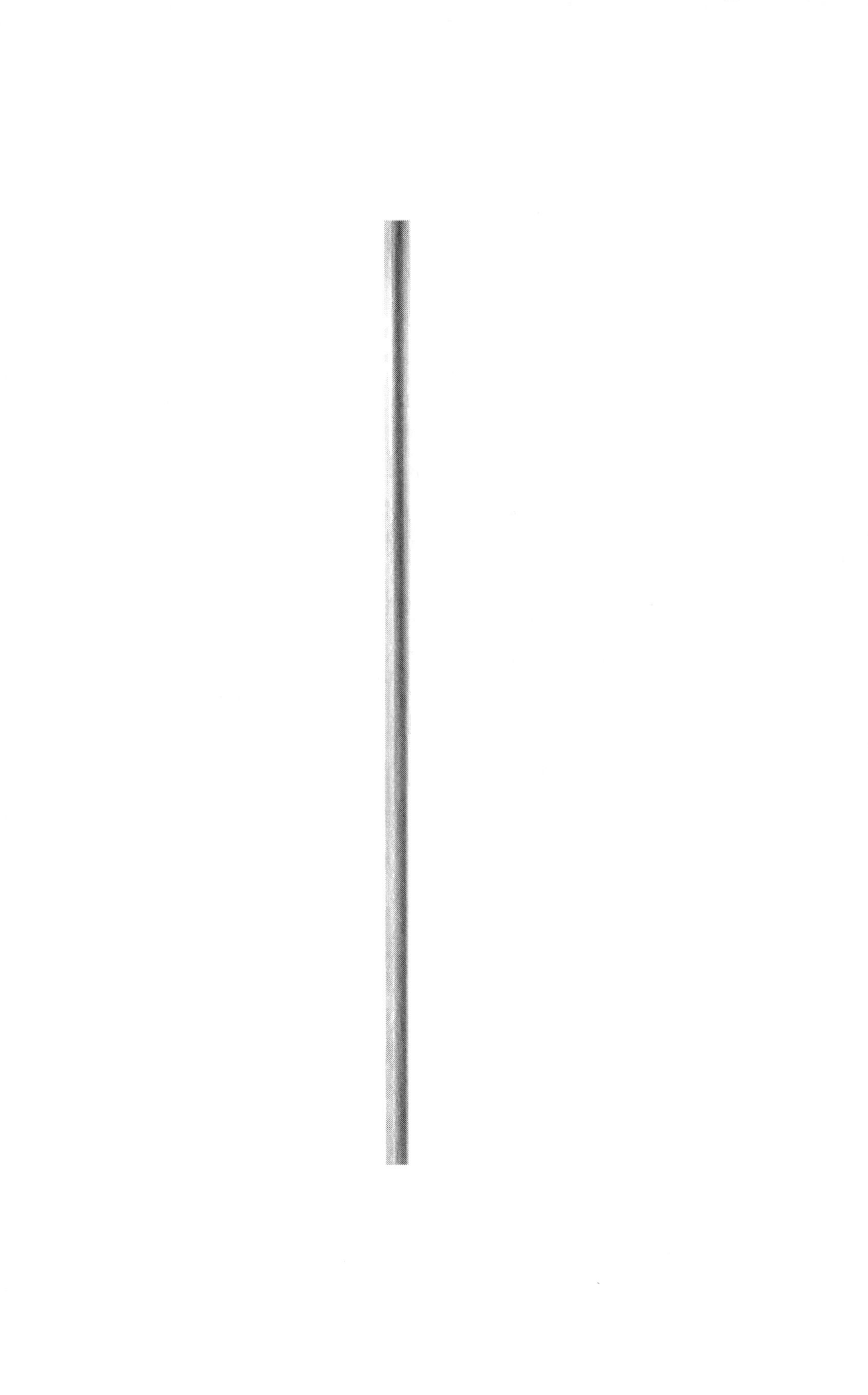

ERRATUM

P. xii, après l. 17. *Ajouter :*

Je n'ai pas connu assez tôt pour pouvoir l'utiliser dans le cours de mon travail l'ouvrage suivant : *Die Ausgrabung der Akropolis*, von P. Cavvadias et G. Kawerau, Athènes 1907.

P. xvi, l. 11, M. J.	*Lire :* Mr J.
P. xvii, l. 14, 131 sqq., Judeich.	» 131 sqq. ; Judeich
P. xvii, l. 32, Dörpfeld, s'est	» Dörpfeld s'est
P. xviii, l. 9, Judeich	» Judeich,
P. xviii, l. 29, douteux ; le	» douteux : le
P. xxiv, l. 11, à 422 sont	» à 422, sont
P. xxv, l. 15, 425), sont	» 425) sont
P. xxxi, l. 1, 177, M.	» 177, Mr.
P. xxxi, l. 12, ἀπαρχὴ le	» ἀπαρχὴ, le
P. xxxvii l. 1	*Après :* reste mystérieux, *ajouter :* (il appartenait peut-être à une τάξις φόρου antérieure à 425).
P. xxxviii, l. 6, E'λαιέα	*Lire :* Ἐλαιέα
P. xl, l. 16, col. II, Τήιοι	» Τήιοι
P. xliii, l. 41, col. II, Σίνος	» Σίνος
P. xliii, *avant* l. 1, col. II	*Ajouter :* Totaux (en caractères gras)
P. xliii, l. 3, col. II, Caire	*Lire :* Carie
P. xliv, l. 16, chap. III	» p. 91-2
P. xliv, l. 32, στρατία	» στρατιά
P. xlv, l. 13, 296 t.	» 295 t.
P. xlvii, l. 4-5, col. I, Γρίαπος	» Πρίαπος
Γαρὰ Γάριον	Παρὰ Πάριον
P. lii, l. 4, *B*	» B
P. lx, l. 1, l'intitulé	» la place
P. lx, l. 22, ce fragment	» celui-ci
P. lxv, l. 8, contenir	» contenir,
P. lxvi, l. 17, mais	» mais,
P. lxxii, l. 9, ces	» (ces
— — Kolbe (MA	Kolbe, MA

P. lxxv, titre courant, Papyrus   *Lire :* III. Papyrus de Strasbourg
   de Strasbourg
P. 11, notes, l. 1, Hérod., V, 79   »   Hérod., V, 97.
P. 51, l. 27, que tandis que   »   que, tandis que
P. 60, note 1, *Pér.*, 137   »   *Pér.*, 17
P. 61, l. 10, amphyctions   »   Amphictyons
P. 90, l. 7, 15. (8 ou 9) d.   »   15.. (8 ou 9) d.
P. 163, l. 9-10, Platée   »   Platées
P. 168, l. 4, expliquait   »   expliquerait
Planche II, sous la légende. *Ajouter :*
Les parties conservées sont comprises dans les contours, les parties
restituées sont en dehors.

TABLE DES MATIÈRES

MÂCON, PROTAT FRÈRES, IMPRIMEURS

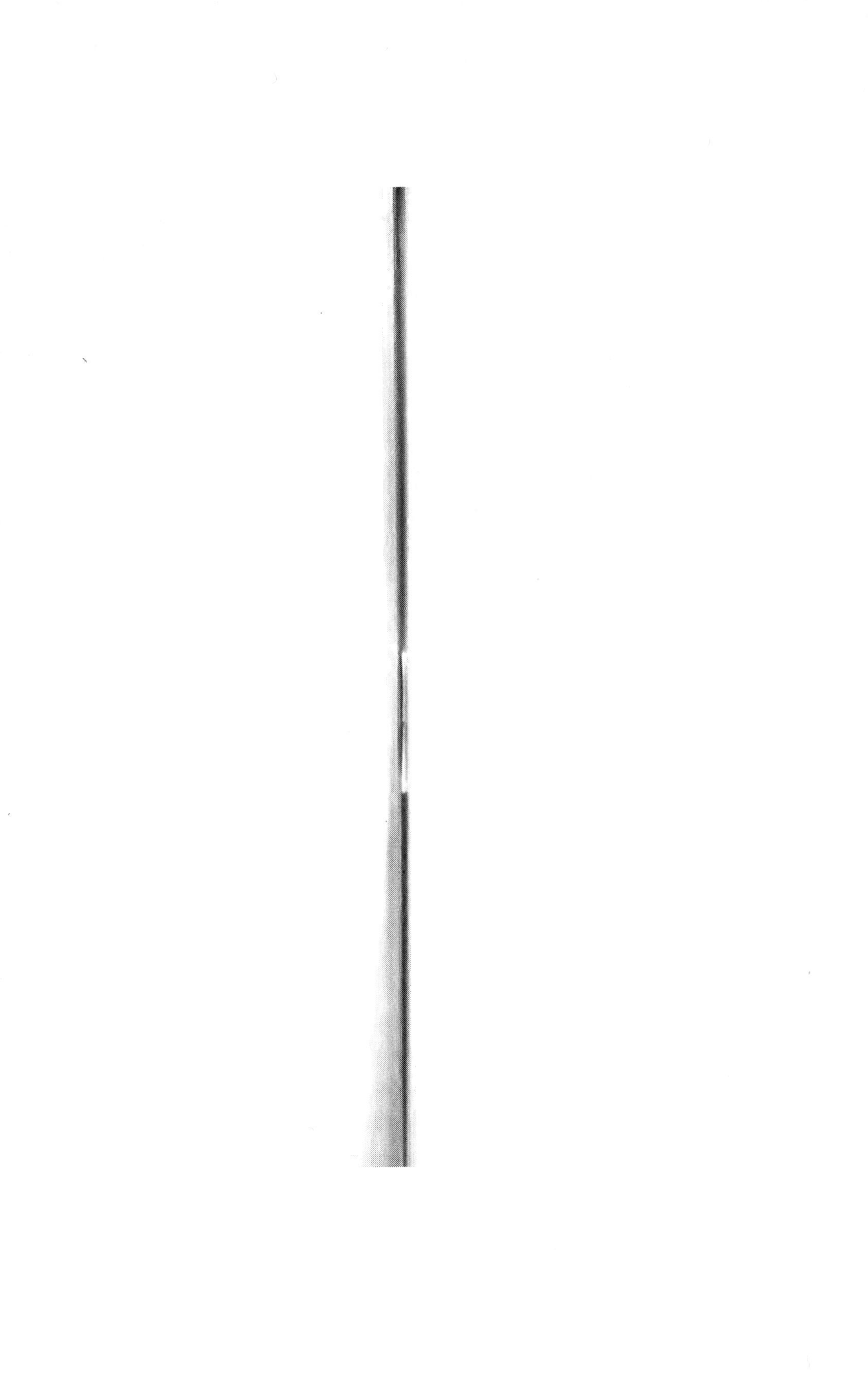

ERRATUM
(Suite.)

P. iv, l. 11, Callias   *Lire* :   Kallias
P. xxi, l. 13, δραχμᾶς   *Lire :*   δραχμὰς
P. xxi, l. 11-13, ἄλλοις etc., ἄδειαν   »   ἄλλοις, ἄδειαν
P. xli, col. II, l. 32, Ἀβυδηνοί   »   Ἀβυδηνοί
P. xlii, col. I, l. 25, Αἴνιοι   »   Αἴνιοι
P. xlii, col. I, l. 33, Πάρες   »   Πάρες
    »   l. 36, Σαμοθρᾶκης   »   Σαμοθρᾶκες
P. xlii, col. II, l. 10, Ἀκρόθοοι   »   Ἀκρόθοοι
P. xlii, col. II, l. 13, Δαῆς ἑ.   »   Δαῆς ἑ.
P. xlii, col. II, l. 22, Μηκυπερναῖοι   »   Μηκυπερναῖοι
P. xlvii, l. 1 : IG, I suppl.,   *Ajouter :*   p. 175,
P. xlvii, col. II, l. 14, Πολιχνῖται   »   Πολιχνῖται
P. xlviii, l. 25, mées   »   més
P. lxvii, l. 24, côlacrêtres   »   côlacrètes
P. lxvii, l. 30, ξεν[οδ]ἴκον]   »   ξεν[οδικῶν]
P. lxxiv, l. 24, τά ἐν.   »   τὰ ἐν
P. 1, l. 11, ἐστι,   »   ἐστί,
P. 35, l. 6, ἥ δ'ἔνεστιν   »   ἥ δ'ἔνεστιν
P. 43, n. 4, ἑξήκοντα   »   ἑξήκοντα
P. 61, n. 2, annulée   »   annihilée
P. 71, l. 8, ἀκρόπόλει   »   ἀκροπόλει
P. 71, l. 8, ἱξακισχιλίων   »   ἑξακισχιλίων
P. 83, n. 3, Ναούς   »   Ναούς
P. 84, n. 1, Cf. Croiset   »   Cf. M. Croiset
P. 103, n. 1, l. 3, παντελῶς   »   παντελῶς
    »   ἀνελούθη   »   ἀντιλόθη
P. 111, n. 6, ὑπερορίας   »   ὑπερορίας
P. 187, l. 2, de pré-   »   de sa pré-

Pl. I, nᵒ 1, l. 9, ἐπισ]τάτον   »   ἐπισ]τατῶν
Pl. I, nᵒ 2, l. 19, ἐν   »   ἐν
  »   l. 33, θέω   »   θεῶ
  »   l. 34, ἐπάναγχες   »   ἐπάναγκες
  »   l. 35, προτον   »   πρῶτον
  »   l. 58, τέι   »   τᾶι
Pl. I, nᵒ 2, col. I, l. 1, Νεσιοτικός φόρος   »   Νεσιοτικὸς φόρος
  »   l. 23, Διακρῆς   »   Διακρῆς
P. I, nᵒ 2, col. II, l. 1, τόν   »   τῶν
P. I, nᵒ 3, l. 16, Ἀμαχαῖτός   »   Ἀμαχαῖτός

N° 3

[illegible]

PLANCHE II

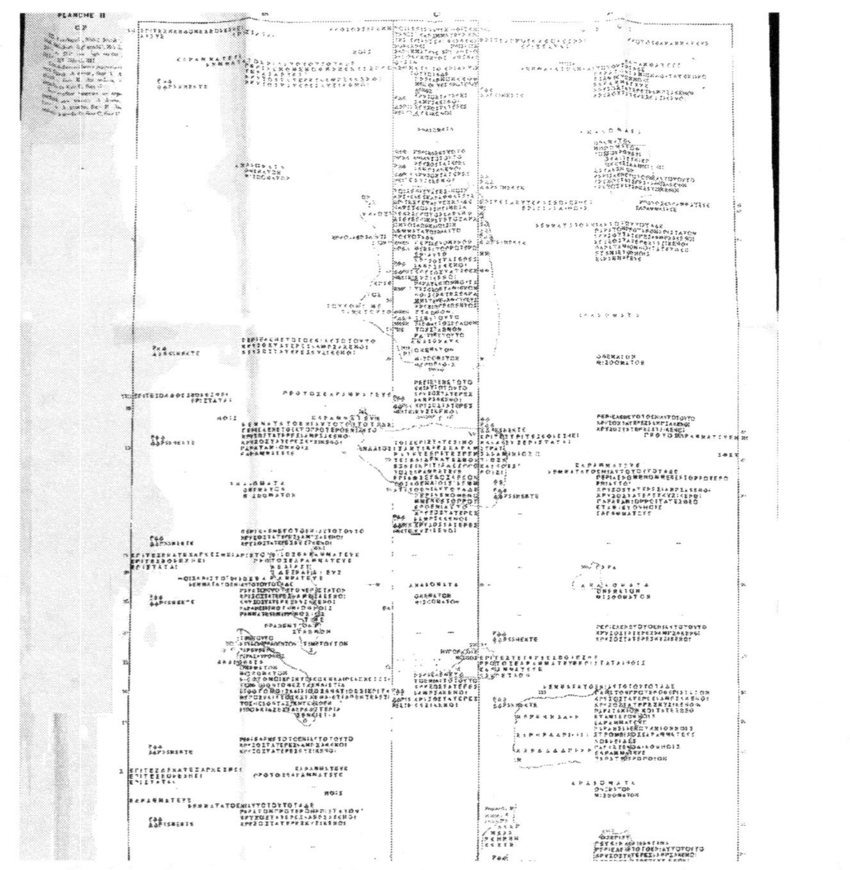